桂苑古代文学研究丛书

唐代骈体公牍文论稿

——以陆贽为中心

宁薇◎著

中国出版集团

世界图书出版公司

广州·上海·西安·北京

图书在版编目（CIP）数据

唐代骈体公牍文论稿：以陆贽为中心 / 宁薇著 . —广
州：世界图书出版广东有限公司 , 2025.1重印
ISBN 978-7-5100-7839-2

Ⅰ . ①唐… Ⅱ . ①宁… Ⅲ . ①骈文—文学研究—中
国—唐代 Ⅳ . ① I207.22

中国版本图书馆 CIP 数据核字（2014）第 081322 号

唐代骈体公牍文论稿——以陆贽为中心

策划编辑　刘婕妤
责任编辑　翁　晗
出版发行　世界图书出版广东有限公司
地　　址　广州市新港西路大江冲 25 号
http:// www.gdst.com.cn
印　　刷　悦读天下（山东）印务有限公司
规　　格　710mm×1000mm　1/16
印　　张　14.75
字　　数　213 千
版　　次　2014 年 5 月第 1 版　2025 年 1 月第 3 次印刷
I S B N　978-7-5100-7839-2/I·0306
定　　价　78.00 元

目　录

下编

陆贽骈体公牍文的影响

导　论

骈体公文在中国的政治领域中占有极其重要的地位。但是，受南朝缘情绮靡、秾艳浮丽文风的影响，骈体公文也日渐局促于格律辞藻的限制，越来越丧失反映现实政治生活的能力，更难以承担起文学引导现实政治生活、改变现实政治生活的重任。对此，唐初统治者虽想革新，也采取了种种措施，但在相当长一段时间里，唐朝文坛形势并不乐观。"梁、陈之间，时好词赋，故其俗以诗酒为重，未尝以修身为务。降及隋室，馀风尚存……皆以浮虚为贵。"[1]随着安史之乱的爆发和中唐政治局势的变化，唐朝统治者和文人们才痛定思痛，切实着手改变文风。李华说："文章本乎作者，而哀系乎时。本乎作者，六经之志也；系乎时者，乐文、武而哀幽、厉也。立身扬名，有国有家，化人成俗，安危存亡，于是乎观之。宣于志者曰言，饰而成之曰文。有德之文信，无德之文诈。"[2]元结称："是以所为之文，可戒可劝，可安可顺……故所为之文，多退让者，多激发者，多嗟恨者，多伤闵者。其意必欲劝之忠孝，诱以仁惠，急于公直，守其节分，如此非救时劝俗之所须者欤？"[3]可见，宗经重道、经世致用已成为中唐文人普遍认同的创作指导思想。

陆贽是中唐著名政治家、文学家。作为一代贤相，他的学养才能和品德风范，深得时人和后代称赞。权德舆比之为汉代的贾谊，苏轼认为"如贽之论，开卷了然。聚古今之精英，实治乱之龟鉴"[4]，"使德宗尽用其言，则贞观可得而复"[5]，还将

---

[1]　杜佑：《通典·选举五》（卷十七），景印文渊阁四库全书本，（台湾）商务印书馆1983年版，第188页。

[2]　李华：《赠礼部尚书清河孝公崔沔集序》，载董诰等编：《全唐文》（卷三一五），中华书局1983年版，第3196页。

[3]　元结：《元次山集·文编序》，孙望校注，中华书局1963年版，第154—155页。

[4]　苏轼：《苏轼文集·乞校正陆贽奏议上进札子》，孔凡礼点校，中华书局2004年版，第1012页。

[5]　苏轼：《苏轼文集·乞校正陆贽奏议上进札子》，孔凡礼点校，中华书局2004年版，第1012页。

家中藏有的陆贽奏议的善本，缮写进呈给宋哲宗，郑重地向宋哲宗推荐陆贽的奏议。司马光更在《资治通鉴》中大量引用陆贽的议论，数量多达 39 篇，长者近千言。作为中唐公文大家，陆贽的骈体公牍文也得到了历朝历代文人的认可与推崇。"宋人章奏，多法陆宣公奏议。"[1] 而在清人曾国藩眼中，陆贽骈体公牍文更是因为具有难能可贵的"光明俊伟"之象，古往今来，只有孟子、韩子能与之匹敌了。

过往的备受推崇反衬了今日的忽视与冷落。据不完全统计，1980 年至今，学界关于陆贽的专著只有 3 部，研究论文仅有数十篇。3 部专著中，一本为王素点校，中华书局 2006 年出版的《陆贽集》。该书点校了陆贽流传至今的 141 篇制诰和奏状、7 篇骈体小赋、3 首诗与 2 句残句，附录了从唐至清史书与文论中涉及陆贽的文章与评语，为深入研究、全面了解陆贽其人其文提供了良好的文献条件。另两本分别为于景祥的《陆贽研究》（辽宁人民出版社，1998 年）和王素的《陆贽评传》（南京大学出版社，2001 年）。前者从陆贽生平、陆贽思想、陆贽与唐代骈文革新、陆贽在唐代古文运动中的作用以及由陆贽看唐代骈文革新与古文运动的关系五个方面对陆贽做了深入研究。该书逻辑严密，思路开阔，对于陆贽思想和政绩的研究成果丰硕，但在陆贽骈体公文文学研究方面稍嫌粗略，虽然面面俱到，却有失之于简之感。后者治学功底深厚，写作态度严谨，通过以介寓评、以评助介的方式，历史素材与陆贽文章互为佐证，对陆贽的生平、思想做了详细深入且令人信服的介绍。但由于该书是将陆贽作为政治家、思想家立传，故而很少用"闲笔"触及陆贽作为文学家的一面，难免让人觉得遗憾。数十篇论文中，只有 10 余篇论文研究陆贽骈体公文，其余均从陆贽思想、历史、政治、学术、文化、人品等侧面展开，可见，对陆贽的文学研究相对薄弱，对于他在骈体公牍文发展史中的地位与影响、与古文和古文运动之间的关系也缺乏集中而清晰的分析与论断。

对唐代骈体公文的研究也不容乐观。据不完全统计，20 世纪 80 年代后，学界直接或间接涉及唐代骈体公文的著作近 15 部，论文 82 篇。主要涉及以下几种形式：一是对古代文体的研究（因为大部分的古代文体的研究都会涉及对公文的介绍）；二是对奏议、制诰、诏敕、诏令、敕书等具体公文形式的研究；三是对某个人的公文所作的专题研究；四是对唐代骈体公文相关规章制度、文化背景与氛围等的研究。总的来看，其中不乏亮点，但从文学角度，比较系统全面地论述唐代骈体公文的著作还比较少见。

---

[1] 钱基博：《骈文通义》，大华书局 1934 年版，第 68 页。

因此，从文学角度切入，研究陆贽骈体公文和唐代骈体公文面貌，继而探讨骈体公文在唐代中期产生的变化，以及这种变化在中国公文史乃至文学史上的地位和影响既有研究的空间，也有研究的意义和价值。

本书试图在"儒道与文学"的大背景下，以陆贽的文化品格为依托，探讨陆贽的人生观与文道观，力求对陆贽骈体公文各体文章的写作特点、文章风格、语言风格方面做出细致的分析和评价，总结出陆贽骈体公牍文的总体风格和语言特征；通过对照和比较，归纳出唐宋时期骈体公文转变轨迹，准确评价陆贽其人其文在这种转变中的作用和地位；以文本为依托，从公文变革入手，考察唐代骈体公文的整体风貌，做出具体、明晰的分析。

全书从以上主旨出发，分导论、主体与结论三部分。

导论部分叙述论文写作缘由、思路、目标和方法等，并对当前的研究现状进行综述。

主体部分分上、中、下三编共九章。

上编"陆贽之前唐代骈体公牍文"从唐前骈体公牍文文体与文风的嬗变、唐代骈体公牍文的社会文化背景和陆贽之前唐代骈体公牍文的新气象三个方面进行了论述，认为在陆贽之前，从内容、文体到风格，文坛上对骈体公牍文的改造一直在进行，但却没有一个作家能完满地解决骈体公牍文中骈与散的矛盾与纠结，完善并运用好骈体公牍文叙事、议论、说理的功能，形成符合时代发展需要的骈体公牍文。

中编"陆贽及其骈体公牍文"分析了陆贽的政治理想与文化心理，以及在其指导下形成的文章学观念。指出，从经世致用、教民化世的政治理想出发，陆贽形成了"文道结合"、"质素文风"、"辞贵真诚"的文学思想。延续前辈的优良传统，陆贽从文体形式到思想内容，对骈体公文进行了脱胎换骨的改造与革新：他规范了骈文创作的题材，即关注现实、叙事说理，为骈体公文乃至骈体文融入了深广的现实内容与社会关怀；确定了骈散结合、以散为主的语体；树立了骈文流畅自然、淳朴无华的文风，最终使骈体公牍文成为了一种情文并茂、华实相扶的实用性文体。作者还对陆贽的文章体式从情感态度、文章结构、语言运用诸多方面进行了分析，总结了陆贽骈体公牍文"正实切事、明晰峻切"的主导风格和"骈散相间、晓畅自然"的语言特征。

下编"陆贽骈体公牍文的影响"则探讨了陆贽之文对中晚唐文人、宋代文人及清代文人的影响。其中中晚唐文人分别以韩愈、柳宗元、元稹、白居易和李商隐为例，宋代文人主要以"唐宋八大家"中的欧阳修、"三苏"父子、曾巩、王安石为例，清代文人主要以曾国藩为例。后世文人对陆贽的推崇源于他们同受儒家思想的熏陶与指引，形成了大致相同的文道观。但因为时代、经历、性格、气质的差异，他们对陆贽骈体公牍文的理解与学习也各有不同，从而形成了各自骈体公牍文的不同面貌。

最后是结语部分。简要概括评价了陆贽其人其文的文学和文化地位以及在骈体公牍文改革中所取得的成就，以及对其研究的现实意义。

恩师戴建业教授十几年前在《澄明之境——陶渊明新论》后记中说："从伟大的作家身上不仅能见出我们民族文学艺术的承传，而且还可看到我们民族审美趣味的新变；他们不仅创造了永恒的艺术典范，而且表现了某一历史时期精神生活的主流，更体现了我们民族在那一历史时期对生命体验的深度。"由此出发，对古代作家的研究，不仅要立足于作品，对其人其文做出更缜密周详的论述，更要将其放在一个历史和时代的长河流动中，从历史的维度审视其人其文对文学、文化乃至对后世产生的影响、带来的启发。唯有如此，研究结论才会准确，研究结果才会有价值。

同理，对陆贽的研究，也应放在历史长河中来考量其对骈体公文及后世的意义和影响。

其一，陆贽对骈体公牍文的改造使骈文这一传统的文学体裁再次释放出活力，又体现出一种新变的特征。

由隋至中唐，随着儒家经世致用观念的回归和强化，文人们越来越看清了传统骈体文与现实社会政治需要之间的差距，意识到了骈文在议事说理方面的不足，并以不同方式对之进行了改革。但这种改革或是不彻底的，如初唐君臣理论上强调创作风格质实的文章，但实际创作时仍惯性地喜好华丽的文风；或是太走极端，如梁肃、独孤及等人干脆就全盘否定了骈文，转就一味创作内容上强调"载道"、形式上全无文学美感的古文。文坛上急需有人能完满地解决骈文骈散之间的矛盾，创作出优秀的、可供学习与效仿的骈文，并将骈文的发展引到正确的道路上，融入到时代发展的洪流之中。陆贽对骈体公牍文的改革正是发端于这样一个时期。

陆贽对骈体公牍文的改造使骈文这一传统的文学体裁再次释放出活力，在文学性与实用性等方面均得到了提升。他回归到了中国传统文化的大本营——儒家学说，选择以内容充实、形式优美的儒家经典为效仿、学习的榜样，强调文学作品一定要反映现实生活，积极发挥其经世致用、教民化世的社会政治功能；强调文学创作要情感真挚、语言质实朴素，不要让外在的形式之美掩盖、冲淡了内在精神、内容的表达。在陆贽之前，骈文多用来吟咏哀怨，摇荡性灵；在他之后，骈体在原有描摹风景、畅怀写情的功能上，更可用来叙事议论说理。可以说，至此，骈文已经完全具备了古文的表现功能，成为了情文并茂、华实相扶的实用性文体，这一改变挽救了岌岌可危的骈体文，重新巩固了骈体文的文坛地位和版图。

另一方面，陆贽对骈体公文的改造又体现出一种新变的特征。陆贽不是一个单纯的文人，他历任翰林，官至宰辅，经历、参与甚至影响了德宗朝很多重大的历史事件，堪称最深入地融入到了中唐的现实政治生活之中。经历的丰富、时局的变化使他虽是醇儒，却不同于那些一味崇古、夸夸其谈的腐儒，而是在知时、通变的思想指导下，具有很强的实践理性。在一准尧舜、探本六经的同时，他精习了孔孟以外的先秦诸子，另外又博采汉唐诸人，广泛吸收思想营养。博览群书、旁搜远绍的结果是其能融会贯通，并不抱残守缺、拘于成规。反映在骈体公文的创作中，则是具有一种开明通脱的文学态度。以这种文学态度，他将儒家"道"的内涵从纸上的理论学说落实到了现实生活中经世致用的具体内容上，强调表现丰富的社会、政治生活，从而极大地提高了骈文的实际应用功能，完成了骈文从形式美文到经世之文的转变。更难能可贵的是，他并没有因为对骈体公文功利价值的强调而忽略对其文学性的探索与追求。他坚持文道结合，却也重视性情与文学的本体特色，从文体形式到思想内容，对骈体公文进行了脱胎换骨的改造与革新：他规范了骈文创作的题材，即关注现实、叙事说理，为骈体公文乃至骈体文融入了深广的现实内容与社会关怀；他确定了骈散结合、以散为主的语体，既融散入骈，迭用奇偶，除去骈文板滞雕琢之弊，又运单成复，散句双行，保存了骈体整练排宕之美；他一扫骈文堆砌板滞之疵、绮罗香泽之态，不用典，不征事，树立了骈文流畅自然、淳朴无华的文风，使之成为一种平易自然、驱使自如的文体，极大地提升了骈文的表现功能。这种改革上承传统文论，下启中唐至宋代诗文革新运动的审美思潮，体现出了一种文学内部的传承。

其二，陆贽以儒为本的文化心理充分推动了后世文人承担与实践文化责任的自觉性。

陆贽的骈体公文不仅充分体现了公文文体的论辩及表情技巧和文体特征，还大大发挥了公文经世致用的应用价值，将骈体公文的创作推向了顶峰，成为唐代骈文最杰出的代表，在骈体公文史上影响极其深远。其个人思想、为人处世的方式方法也对中唐及以后的封建文人们产生了深刻影响。总体来说，陆贽最大的特点是思想纯粹、以儒为本，并将之贯彻落实到了为人为文的每一个细节之中。

（一）文道结合

儒家之道是陆贽立身处世之根本。随着中唐政治时局的变化，这种儒家之道日益与经世济民思想相结合，具有鲜明的实用性。反映在文学上，一是强调儒家文论的教化观，通过对儒家传统伦理道德的反复宣扬，发挥文学经世致用的功能。二是从文学要修身养性的目的出发，提出辞贵真诚，重视作家内在道德与文学修养。这种思想对后世文人产生了深刻的影响。后世文人对陆贽的推崇即是源于他们同受儒家思想的熏陶与指引，形成了大致相同的文道观。在他们看来，文学是改革现实的有益方式与手段，体现了他们对儒学和现实关系的思考，更是自身生命形式的忠实展现。只是对儒家思想理解的不同，以及将儒家思想更好地应用于现实、改变现实的方式不同决定了不同文人不同文学作品的独有面貌。

（二）骈散结合

从文学产生的那一刻起，所谓骈文与散文的优劣、正统之争就没有停止过。陆贽之前的文人各有偏废，但没有一人在理论与实践两方面均达到完美的平衡。直至陆贽，才开始真正撷取、综合骈体、散体两者之长，在实践中创作出了自然晓畅、开卷了然、言事议论、深中要害的骈体公文，为骈文的发展注入了新的生机与活力。在骈文革新方面，他确定了骈散结合、以散为主的语体，既融散入骈，迭用奇偶，又运单成复，散句双行，使得他所创作的骈体文在某种意义上成为骈体文的"变体"；在古文方面，他更是尊重古文作者，并不拘一格，作为科举考试的主考官选出了赫赫有名的"龙虎榜"，为中唐后期的古文运动拔擢、集聚了有生力量，体现出了难得的宽容胸怀与高远眼界。

这种思路很快在唐代找到了追随者。在陆贽革新骈文的启发下，中唐韩愈、柳宗元等不仅学习写作这种新型的骈体公文，还兴起了古文运动，把一些骈文创作的有益成分灌注到古文写作中，最终以突出的艺术成就受到了后世文人的赞誉与追捧。

这种思路也被后世文人广为接受。延续陆贽的改革思路，结合时代的新要求，以欧阳修为代表的宋代文人和以曾国藩为代表的清代文人均对骈体文特别是骈体公文做了更进一步的改革。从此以后，文坛上南朝那种全篇严格遵守骈体辞藻、声律、对偶、用典要求的骈文几乎不见，后继的文人们创作骈体公牍文均是在骈散结合的大的思想指导下前行，若有区别，则在于不同文人、不同作品中骈与散的比例分配、表现形式有所不同而已。骈体的艺术生命也因为这一变化而延续了一千多年。

（三）舍身为君、安身卫道

儒家非常强调君臣之间的礼义关系。作为儒家思想的忠实信徒，陆贽也不例外。在君臣之间，陆贽是"舍身为君"。"君之任臣，有优贤赐告之义；臣之事君，有量力知止之道。故能进退以礼，终始可胜。"[1] 但是，陆贽对君王的忠心是建立在爱国爱民和忠于尧舜之道的基础上的。所以，当君民之间有利益冲突，当君之行为不符合陆贽心中"道"之要求时，陆贽常常是舍"君"卫"道"。陆贽在三年为相期间尽心竭力，兴利除弊，凡是朝政中有不便国民之处便上书陈奏，有时甚至因为直谏而使德宗不快。亲友中有人曾为此规劝他，但陆贽回答说："吾上不负天子，下不负吾所学。不恤其他！"[2] 其公忠贞亮之节可以想见。在如何正确处理君臣关系，在君统与道统的抗衡之间做出符合儒家学说的选择并保持士大夫文人的独立人格，陆贽以其"舍身为君、安身卫道"的处理方式为后世文人做出了榜样。

此外，陆贽也特别注重以儒家伦理道德来要求、约束自己，有时甚至做到了苛刻而不近人情的地步。这种文化心理对后世文人特别是宋代文人影响极大，充分推动了士大夫阶层承担与实践文化责任的自觉性。

因此，通过对陆贽以儒为主的思想分析，以及用经世济用思想来考察他的文化活动，更能明了骈体公牍文的发展历程，总结陆贽骈体公文的成就，看到儒家思想在社会动荡时对现实社会政治的参与、反拨和无奈。

作为中唐公文大家，陆贽对骈文特别是骈体公牍文的改造与革新，交织在中唐社会革新、学术争论和政治思潮交流激荡等多种声音里，处于唐朝由盛转衰但又试图振作崛起的时期，更处于中国古代文化从唐型文化向宋型文化转变的特殊阶段，体现了中国古代知识分子试图以儒家之道拯时救弊的努力与尝试，蕴含着丰富的文化和文学意义，这种淑世精神与家国情怀，即使在今天，也是值得肯定与推崇的。

目前对陆贽及骈体公牍文的研究在深度与广度上都有很大的不足，但若本书的出版能抛砖引玉，带动更多人关注陆贽，关注骈体公牍文，著者也将如愿以偿，倍感欣慰了。

[1]　陆贽：《陆贽集·姜公辅左庶子制》，王素点校，中华书局 2006 年版，第 235 页。

[2]　刘昫：《旧唐书·陆贽传》（卷一三九），中华书局 1975 年版，第 3817 页。

上编

陆贽之前唐代骈体公牍文

第一章　唐前骈体公牍文文体与文风的嬗变

公牍文，亦简称公文，是古代朝廷、官府常使用的公事文。在某种意义上，它是人类生产、生活、管理的结晶，也是人类由混沌走向文明的标志。从远古起，这类文章就已产生并受到重视，《周易·系辞下》中记载："上古结绳而治，后世圣人易之以书契，百官以治，万民以察，盖取诸夬。"[1]《尚书序》中追溯："古者伏牺氏之王天下也。始画八卦，造书契，以代结绳之政，由是文籍生焉。"[2]说明公文在原始时代就已见雏形。而随着时间的推移，时代的进步，社会的更迭以及管理、交往的需要，公文的体制在不断演变，种类在不断递增，其地位也越来越重要。刘勰在《文心雕龙·章表》中指出："章表奏议，经国之枢机。"[3]北齐文学家颜之推在《颜氏家训·文章篇》中明言："朝廷宪章，军旅誓诰，敷显仁义，发明功德，牧民建国，施用多途。"[4]都深刻地道出了公文与国计民生息息相关，其作用是不可忽视的。

唐前，公牍文经历了一个漫长的发展历程，但总体而言，在文体上呈现出由散到骈的转变，而文风也相应地由质朴变为华靡。

第一节　文体：由散到骈

《说文解字》卷十："骈，驾二马也，从马，并声。"段玉裁注："凡二物并曰骈"，"两两相附则为丽"。[5]可见"骈"与"丽"均为对偶之意，"丽辞"在古人心中一个重要的意指就是偶句。刘勰在《文心雕龙·丽辞》中指出："造化赋形，

[1] 《周易·系辞下》，载阮元校刻：《十三经注疏》，中华书局影印本，1980年版，第87页。

[2] 孔安国：《尚书序》，载阮元校刻：《十三经注疏》，中华书局影印本，1980年版，第113页。

[3] 《文心雕龙注》，刘勰著，范文澜注，人民文学出版社2001年版，第407页。

[4] 《颜氏家训·文章篇》，载《颜氏家训集解》，王利器集解，上海古籍出版社1982年版，第221页。

[5] 《说文解字注》，许慎著，段玉裁注，上海古籍出版社1981年版，第465页。

支体必双；神理为用，事不孤立。夫心生文辞，运载百虑，高下相须，自然成对。"[1] 可见，成双成对是自然界中的普遍现象，对偶只是将客观世界中上述各种自然关系、法则、属性表现出来的一种人为手段而已。

公文是人类由个体信息阶段进入社会信息阶段，出于交流、管理的客观需要而产生的，属应用文体。在其他媒体普遍缺乏的时代，倘若没有奏议诏敕等公文为载体，就无以上传下达，国家机器就不能运转，日常政务无法处理，封建礼制无以彰显。既然要传递信息，加强交流，奏议文就逃脱不了传播的规律，在其文体上受到传播规律的制约。被誉为传播学奠基人的拉斯韦尔曾提出传播过程的五个要素，即谁（传播者）→说什么（讯息）→通过什么渠道（媒介）→对谁说（接受者）→产生什么效果（效果）。若以这五要素来衡量公牍文，则是要达到"易传、易记、易感"的传播效果。

最早的传播方式是口头传播。正如赵奎夫所说："文字产生以前已有祭祀，有氏族、部落的会议，氏族、部落的首领常常发布命令或就某些事情作训诰，于是祷辞和训诰命令等语言形式便产生了。与此同时，神话故事、传说、歌谣，作为早期自然科学知识结晶和社会礼俗成规的谚语也都产生了。这些言辞因为使用场合与使用对象的不同，从形式到语言风格上都会有所不同，这便形成了不同的'文体'，只是因为它们不是用文字固定下来的，还不能算是文章。其形式也只能说是约定俗成的表述方式，还不能说是'文体'。"[2] 随着历史的发展，公牍文传播的媒介也由以口头为主转向以书面为主。如《文心雕龙·奏启》中所载："昔唐禹之臣，敷奏以言；秦汉之辅，上书称奏。"[3]

口头传播固然要易传易记，公牍文变为书面传播，同样是如此。所以，在形式上，中国古代的公牍文，大量使用对偶或排比句式，因为这样一来，公牍文不仅在视觉上是整齐的，而且在听觉上也是对称的，方便记忆。同时，中国古代公牍文还充分利用了汉字的"声、韵、调"的特点，依其声和韵，组成双声词、叠韵词；依其调，促使语句的声音高低起伏。公牍文也由此具有了整齐之美和音乐之美。元代陈绎曾在《文筌·四六附说》中所说的"四六之兴，其来尚矣。自典谟誓命，已加

---

[1]　《文心雕龙注》，刘勰著，范文澜注，人民文学出版社 2001 年版，第 588 页。

[2]　赵奎夫：《先秦文体分类与古代文章分类学》，载孙以昭、陶新民主编：《中国古代散文研究》，安徽大学出版社 2001 年版，第 4 页。

[3]　《文心雕龙注》，刘勰著，范文澜注，人民文学出版社 2001 年版，第 421 页。

润色，以便宣读"[1]可为佐证。概括说来，先秦两汉时期，为便于宣读，加强感染力，公牍文已逐步呈现出"骈化"趋势。到了魏晋南北朝时期，以文才取士标准的推行、对公牍文本质认识的逐渐深入以及文吏阶层的兴起，最终导致了骈体公牍文的发展、成熟，并占据主导位置。

一、先秦两汉：萌芽期

为便于宣读，加强感染力，这一时期的公牍文已逐步呈现出"骈化"趋势。

先秦公牍文流传下来的不算太多，《尚书》中保留的"商诰殷盘"等诰令固然是"诘屈聱牙"、晦涩难懂，即使是《左传》《战国策》等历史散文中保留的大量的政治言辞，也只是作为记叙性文体中的片断，远未取得独立的朝廷应用之文的地位。但翻阅史书，可以发现一个倾向：春秋战国时期，或出于游说的需要，或为了更清楚地表达自己的政治、哲学见解，诸子百家们特别是纵横家们在向帝王的上书中，更加讲究遣词用句，更注意使用排比、铺陈、对偶等手法，多角度反复说理，以增强文章的感染力与说服力。"其时纵横者，抵掌摇臂，类多积句，偶丽致辞，适可称职。"[2]可见，先秦的公牍文中已经出现了骈俪化的文字。

如李斯《上秦王书》（又名《谏逐客书》），它也被后人誉为"骈体初祖"[3]。试看其中一段：

> 臣闻地广者粟多，国大者人众，兵强则士勇。是以泰山不让土壤，故能成其大；河海不择细流，故能就其深；王者不却众庶，故能明其德。是以地无四方，民无异国，四时充美，鬼神降福，此五帝、三王之所以无敌也。今乃弃黔首以资敌国，却宾客以业诸侯，使天下之士，退而不敢向西，裹足不入秦，此所谓藉寇兵而赍盗粮者也。[4]

该段文字汪洋恣肆、酣畅淋漓，有着强烈的纵横家气息，但第二句中排偶手法的运用又在相当程度上冲淡了文章的铺张扬厉、咄咄逼人之感，使之具有了雍容和顺、典雅中正之美。

---

[1] 陈绎曾：《文筌》，《续修四库全书》本，上海古籍出版社 1995 年版，第 451 页。

[2] 尹恭弘：《骈文》，人民文学出版社 1994 年版，第 52 页。

[3] 谭献：《李斯〈上秦王书〉评语》，载李兆洛选辑：《骈体文钞》，中州古籍出版社 1990 年版，第 166 页。

[4] 李斯：《谏逐客书》，载严可均校辑：《全上古三代秦汉三国六朝文》，中华书局 1999 年版，第 117 页。

西汉许多文人的公牍文也是如此，如晁错《上书言兵事》中论"得地形"一节：

> 臣又闻：小大异形，强弱异势，险易异备。夫卑身以事强，小国之形也；合小以攻大，敌国之形也；以蛮夷攻蛮夷，中国之形也。今匈奴地形、技艺与中国异，上下山阪，出入溪涧，中国之马弗与也；险道倾仄，且驰且射，中国之骑弗与也；风雨罢劳，饥渴不困，中国之人弗与也；此匈奴之长技也。若夫平原、易地、轻车、突骑，则匈奴之众易挠乱也；劲弩、长戟、射疏、及远，则匈奴之弓弗能格也；坚甲、利刃，长短相杂，游弩往来，什伍俱前，则匈奴之兵弗能当也；材官驺发，矢道同的，则匈奴之革笥、木荐弗能支也；下马地斗，剑戟相接，去就相薄，则匈奴之足弗能给也；此中国之长技也。以此观之，匈奴之长技三，中国之长技五。陛下又兴数十万之众以诛数万之匈奴，众寡之计，以一击十之术也。[1]

此节文字辞藻谐偶，句式铺排，层层比较叙述，具有鲜明的战国策士的纵横风气。

另一方面，先秦两汉时期，帝王们已经显露出对文学才能突出臣子的偏好偏爱之情，如先秦宋玉等人能凭借辞赋创作见称，成为楚王近臣：

> 屈原既死之后，楚有宋玉、唐勒、景差之徒者，皆好辞而以赋见称；然皆祖屈原之从容辞令，终莫敢直谏。[2]

又如两汉时期班彪班固也因文才倍受恩宠。《后汉书·班彪班固传》载：

> 及（窦）融征还京师，光武问曰："所上章奏，谁与参之？"融对曰："皆从事班彪所为。"帝雅闻彪才，因召入见，举司隶茂才，拜徐令，以病免。后数应三公之命，辄去。

> 固字孟坚。年九岁，能属文诵诗赋，及长，遂博贯载籍，九流百家之言，无不穷究。所学无常师，不为章句，举大义而已……及肃宗雅好文章，固愈得幸，数入读书禁中，或连日继夜。每行巡狩，辄献上赋颂，朝廷有大议，使难问公卿，辩论于前，赏赐恩宠甚渥。[3]

---

[1] 晁错：《上书言兵事》，载严可均校辑：《全上古三代秦汉三国六朝文》，中华书局1999年版，第227页。

[2] 司马迁：《史记·屈原贾谊列传》，中州古籍出版社1994年版，第747页。

[3] 范晔：《后汉书》，李贤等注，中华书局1965年版，第1324、1330页。

统治者这种"好文"的倾向无疑会在相当程度上影响、引导公牍文的创作，因为华美的文采已成为表现士人才干的重要辅助手段，所以文人们也开始自觉地修饰文采、重视文辞，使得公牍文的骈化色彩越来越浓。如东汉蔡邕的《荐黄甫规表》：

> 自是以来，方外有事，戎狄猾夏，进简前勋，连见委任。伏节举庵，感灵神行，演化凶悍，使为惠愿。爱财省稿，每有馀资；养术御众，悦以亡死。论其武劳，则汉室之干城；课其文德，则皇家之腹心。诚宜试用，以广振路西雍之美。[1]

在这篇公文中，蔡邕已经"纯以偶气行文"，而达到的效果就是"中郎之文，如平原大河，气脉绵远"，"纯懿闳远"，[2] 清人谭献在《骈体文钞》中的这番描述凸显了蔡邕骈体公文典雅雍容的风格，也是对蔡邕在公文骈化中所做贡献的高度肯定。

> 秦、汉以来，自李斯《谏逐客令》始点缀华词，自邹阳《狱中上梁王书》始叠陈故事，是骈体之渐萌也。符命之作则《封禅书》、《典引》，问对之文，则《答宾戏》、《客难》，骎骎乎，偶句渐多。沿及晋、宋，格律遂成，流迨齐、梁，体裁大判，由质实而趋丽藻，莫知其然而然。然实皆源出古文，承流递变。[3]

《四六法海》中做的这番描述表明，公牍文"骈化"的趋势是历史之必然。

二、魏晋南北朝：形成期—繁盛期

以文才取士标准的推行、对公牍文本质认识的逐渐深入以及文吏阶层的兴起最终导致骈体公牍文形成并占据主导位置。

元代陈绎曾在《文筌·四六附说》开头论"四六之法"："一、法：四六之兴，其来尚矣。自典谟誓命，已加润色，以便宣读。四六其语，谐协其声，偶俪其辞。凡以取便一时，使读者无聱牙之患，听者无诘曲之疑耳。"[4] 陈绎曾从便于宣读的角

---

[1] 蔡邕：《荐黄甫规表》，载严可均校辑：《全上古三代秦汉三国六朝文》，中华书局1999年版，第862—863页。

[2] 谭献：《蔡邕〈京兆樊惠渠颂〉评语》，载李兆洛选辑：《骈体文钞》，中州古籍出版社1990年版，第457页。

[3] 王志坚：《四六法海》，景印文渊阁四库全书本，（台湾）商务印书馆1983年版，第293页。

[4] 陈绎曾：《文筌》，《续修四库全书》本，上海古籍出版社1995年版，第451页。

度解释了骈体公牍文产生、繁盛的原因，但原因仅仅如此吗？

追源历史，骈体公牍文最终牢牢占据魏晋南北朝时期公文创作领域主流位置，与以文才取士标准的推行、对公牍文本质认识的逐渐深入以及文吏阶层的兴起等原因密切相关。

自古以来，在重视德行的同时，统治者对于"文才"都非常重视。但在汉代，这种"文才"更多指的是经学之才或史学之才。到了魏晋南北朝时期，统治者、社会对"文才"的理解越来越向"文学"特别是现代意义上的"纯文学"靠拢。如《三国志·曹植传》载：

> 植既以才见异，而丁仪、丁廙、杨修等为之羽翼。太祖狐疑几为太子者数矣……廙少有才姿，博学洽闻。初辟公府，建安中为黄门侍郎。廙尝从容谓太祖曰："临菑侯天性仁孝，发于自然，而聪明智达，其殆庶几。至于博学渊识，文章绝伦。当今天下之贤才君子，不问少长，皆愿从其游而为之死，实天所以钟福于大魏，而永授无穷之祚也。"欲以劝动太祖。太祖答曰："植，吾爱之，安能若卿言！吾欲立之为嗣，何如？"廙曰："此国家之所以兴衰，天下之所以存亡，非愚劣琐贱者所敢与及。廙闻知臣莫若于君，知子莫若于父。至于君不论明暗，父不问贤愚，而能常知其臣子者何？盖由相知非一事一物，相尽非一旦一夕。况明公加之以圣哲，习之以人子。今发明达之命，吐永安之言，可谓上应天命，下合人心，得之于须臾，垂之于万世者也。廙不避斧钺之诛，敢不尽言！"太祖深纳之。[1]

可见此时的"文才"已经是指文章之才。

到了西晋以后，"博学善属文"更成为士人入仕的重要条件之一，如《晋书·何劭传》载：

> 劭博学，善属文，陈说近代事，若指诸掌。[2]

正因为如此，东晋时期，世族与皇室都很注重延引提拔有文才的寒士为自己所用。如《世说新语·文学》篇载：

> 袁虎少贫，尝为人佣载运租。谢镇西经船行，其夜清风朗月，闻江渚

---

[1] 庐弼：《三国志集解》，中华书局 2006 年版，第 479—487 页。

[2] 房玄龄：《晋书·何劭传》，中华书局 1974 年版，第 999 页。

间估客船上有咏诗声，甚有情致；所咏五言，又其所未尝闻，叹美不能已。即遣委曲讯问，乃是袁自咏其所作咏史诗。因此相要，大相赏得。[1]

又如《文心雕龙·时序》篇载：

> 元皇中兴，披文建学，刘、刁礼吏而宠荣，景纯文敏而优擢。逮明帝秉哲，雅好文会，升储御极，孳孳讲艺，练情于诰策，振采于辞赋，庾以笔才愈亲，温以文思益厚，揄扬风流，亦彼时之汉武也。[2]

统治阶层的重视使得专以"公文写作"为能的文吏阶层逐渐形成，在南朝时已经表现得非常明显。如《陈书·文学传序》载：

> 后主嗣业，雅尚文词，傍求学艺，焕乎俱集。每臣下表疏及献上赋颂者，躬自省览，其有辞工，则神笔赏激，加其爵位，是以搢绅之徒，咸知自励矣。[3]

可见南朝已经形成了以文才选拔官吏的社会风气，文学才能与仕途的联系也日益紧密。在这一背景下，应用文的骈化更为突出。统治阶层对"文才"的重视，促使文人们开始自觉地辨析公牍文的文体特征。刘勰《文心雕龙》的撰写以及梁代徐庾体的出现，就标志着骈文创作从理论到实践标准化的完成。

第二节　文风：由质朴到华靡

在这一背景下，随着魏晋南北朝文学观念的逐步确立，公牍文的写作也深受当时文章雕绘藻饰的影响，文风追求由质朴变为华美最终演变为华靡。

试看当时文人对公牍文文体特征的辨析：

> 琳、瑀之章表书记，今之隽也。
>
> 夫文本同而末异，盖奏议宜雅，书论宜理，铭诔尚实，诗赋欲丽：此四科不同，故能之者偏也；唯通才能备其体。[4]

---

[1] 刘义庆：《世说新语·文学》，载《世说新语笺注》，余嘉锡笺注，中华书局1983年版，第268页。

[2] 《文心雕龙注》，刘勰著，范文澜注，人民文学出版社2001年版，第674页。

[3] 姚思廉：《陈书》，中华书局1972年版，第453页。

[4] 《典论·论文》，载《曹丕集校注》，曹丕著，魏宏灿校注，安徽大学出版社2009年版，第313页。

诗缘情而绮靡，赋体物而浏亮。碑披文以相质，诔缠绵而凄怆。铭博约而温润，箴顿挫而清壮。颂优游以彬蔚，论精微而朗畅。奏平彻以闲雅，说炜晔而谲狂。[1]

章表奏议，则准的乎典雅；……符檄书移，则楷式于明断。[2]

成功臻而颂兴，德勋立而铭著，嘉美终而诔集……颂者，美盛德之形容……后世之为诗者多矣，其称功德者谓之颂，其余则总谓之诗。颂，诗之美者也。古者圣帝明王，功成治定而颂声兴。于是史录其篇，工歌其章，以奏于宗庙，告于鬼神。故颂之所美者，圣王之德也，则以为律吕。或以颂形，或以颂声，其细已甚，非古颂之意……夫古之铭至约，今之铭至繁，亦有由也……且上古之铭，铭于宗庙之碑。蔡邕为杨公作碑，其文典正，末世之美也。后世以来之器……咸以表显功德。天子铭嘉量，诸侯大夫铭太常勒钟鼎之义。所言虽殊，而令德一也。李尤为铭……而文多秽病；讨论润色，言可采录。[3]

魏晋群才，析句弥密，联字合趣，剖毫析理。[4]

理论的包容促使臣子们笔下的公牍文更加骈化，在帝王诏令、章表笺启中，骈偶句式更多，也更精美。如萧纲《与萧临川书》开头："零雨送秋，轻寒迎节。江枫晓落，林叶初黄。"[5] 措辞简雅清丽，寥寥几笔，就勾勒出深秋的清冷惆怅。又如徐陵《劝进梁元帝表》载：

---

[1] 陆机：《陆机集·文赋》，金涛声点校，中华书局 1982 年版，第 2 页。

[2] 《文心雕龙注》，刘勰著，范文澜注，人民文学出版社 2001 年版，第 530 页。

[3] 挚虞：《文章流别论》，载《文心雕龙注》，刘勰著，范文澜注，人民文学出版社 2001 年版，第 738 页。

[4] 《文心雕龙·丽辞》，载《文心雕龙注》，刘勰著，范文澜注，人民文学出版社 2001 年版，第 588 页。

[5] 萧纲：《与萧临川书》，载严可均校辑：《全上古三代秦汉三国六朝文》，中华书局 1999 年版，第 3010 页。

臣闻封唐有圣，还承帝喾之家；居代维贤，终纂高皇之祚。无为称于革舄，至治表于垂衣。而拨乱反正，非闻前古。至如金行重作，源出东莞；炎运犹昌，枝分南顿。岂得掩显姓于轩辕，非才子于颛顼，莫不因时多难，俱继神宗者也。伏惟皇帝陛下，出震等于勋华，鸣谦同于旦、奭，握襄秉钺，将在御天，玉滕珠衡，先彰元后。神祇所合，非惟太室之祥；图谍斯归，何止尧门之瑞。若夫大孝圣人之心，中庸君子之德，固以作训生民，贻风多士。[1]

　　除了"臣闻"、"至如"、"伏惟"等在句首起发端、承接、转折作用的虚字外，全篇已经是标准的四六句的格式，而且一篇之中，妙对频出。徐陵是公牍文大家，"凡梁陈禅让之诏策，及陈初之檄书诰命，皆出其手笔，盖犹任昉之于齐梁之际也"[2]。他的写作实践与倾向无疑会在相当程度上引导南朝及以后骈体公牍文的写作。

　　刘师培在《论文杂记》中，以对比的手法，概述了从东汉到魏晋的"文章变迁"情况：

　　东京以降，论辩诸作，往往以单行之语，运排偶之词，而奇偶相生，致文体迥殊于西汉。建安之世，七子继兴，偶有撰著，悉以排偶易单行；即非有韵之文，亦用偶文之体，而华靡之作，遂开四六之先，而文体复殊于东汉……

　　东汉之文，句法较长，即研炼之词，亦以四字成一语。魏代之文，则合二语成一意，由简趋繁，昭然不爽……

　　东汉之文，渐尚对偶。若魏代之体，则又以声色相矜，以藻绘相饰，靡曼纤冶，致失本真。[3]

　　细细品来，这不正是从东汉到魏晋乃至南北朝公牍文骈化的轨迹与脉络吗？

　　[1]　徐陵：《劝进元帝表》，载严可均校辑：《全上古三代秦汉三国六朝文》，中华书局1999年版，第3436页。

　　[2]　钱基博：《中国文学史》（上册），中华书局1993年版，第222页。

　　[3]　刘师培：《刘师培中古文学论集》，陈引驰编校，中国社会科学出版社1997年版，第233—234页。

第二章　论唐代骈体公牍文的社会文化背景

第一节　政治领域：对儒家思想政治功用的重新重视与尊崇

在中国古代社会，儒家思想地位非常之高，儒家经典所阐发的政治理念和道德规范，被视为公理，所谓"经者非他，即天下之公理而已"[1]。它既是广大文人安身立命的立足点，也是君王治理天下的根基。魏晋以降，儒学的统治地位虽然受到玄学、道教、佛教的猛烈冲击，但隋朝大儒王通的出现，使儒学经历了批判和兼容的升华，"对唐代儒学的复兴和宋代理学的形成，都起了不可忽视的启发作用"[2]。而随着政治局势的变化，唐朝统治者也越来越重视儒家思想的政治功用，大力提倡儒学。

"唐德勃兴，英儒间出，佐命协力，实有其人。"[3]唐代开国时，由于儒学与政治的天然联系，出于巩固统治的需要，唐代统治者特别崇奉儒学，重用儒士，兴办官学，整理儒经。

唐太宗从谏如流，雅好儒术。《贞观政要》卷六《慎所好》载，贞观二年，太宗谓侍臣曰："古人云：'君犹器也，人犹水也，方圆在于器，不在于水。'故尧、舜率天下以仁，而人从之；桀、纣率天下以暴，而人从之……朕今所好者，惟在尧舜之道，周孔之教，以为如鸟有翼，如鱼有水，失之必死，不可暂无耳。"[4]可知，唐太宗把尊儒崇经、推行仁政，定为了治国的基本方针。

为此，"贞观二年，停以周公为先圣，始立孔子庙堂于国学，以宣父为先圣，颜子为先师。大征天下儒士，以为学官。数幸国学，令祭酒、博士讲论，毕，赐以

---

[1]　纪昀：《四库全书总目提要》（第1册），河北人民出版社2000年版，第49页。

[2]　朱日耀：《中国古代政治思想史》，吉林大学出版社1988年版，第272页。

[3]　刘昫：《旧唐书·薛收、姚思廉、颜师古等传》（卷七十三），中华书局1975年版，第2604页。

[4]　《贞观政要集校》，谢保成集校，中华书局2003年版，第330—331页。

束帛。学生能通一大经已上，咸得署吏。又于国学增筑学舍一千二百间，太学、四门博士亦增置生员，其书算合置博士、学生，以备艺文，凡三千二百六十员。其玄武门屯营飞骑，亦给博士，授以经业；有能通经者，听之贡举。是时四方儒士，多抱负典籍，云会京师"[1]。

不仅尊奉儒学思想代表人物孔子等为圣人，出台种种优惠政策激励文人们修习儒学，选用颇识儒学素养的官员，太宗还"于宫城西起文学馆，以待四方文士"[2]。"又以经籍去圣久远，文字多讹谬，诏前中书侍郎颜师古考定《五经》，颁于天下，命学者习焉。又以儒学多门，章句繁杂，诏国子祭酒孔颖达与诸儒撰定《五经》义疏，凡一百七十卷，名曰《五经正义》，令天下传习。"[3]可以说，《五经正义》的修订与颁行天下是儒家思想在初唐政治思想领域的里程碑。

唐玄宗也以崇儒著称，"玄宗在东宫，亲幸太学，大开讲论，学官生徒，各赐束帛"。即位后，更是"数诏州县及百官荐举通经之士"，并"置集贤院，招集学者校选，募儒士及博涉着实之流"[4]。

唐朝统治者的想法，"简单地说，它是通过伦理和礼乐的内外配合，使社会成员的道德人格得到提高和完善，具有'真'的心地'善'的德行和'美'的形容，从而构成安定有序的社会关系"[5]。《旧唐书·张说传》卷九十七记载张说"喜延纳后进，善用己长，引文儒之士，佐佑王化，当承平岁久，志在粉饰盛时"[6]，正好证实了这一点。

统治者的提倡很快得到了儒士们的响应。一方面，他们不断上书，呼吁国家进一步重视儒学，如《旧唐书》卷八十一载唐时宰相刘祥道上疏，希望国家拔擢更多儒学之士，给他们更多的事业发展机会与更大的提升空间：

> 儒为教化之本，学者之宗，儒教不兴，风俗将替。今庠序遍于四海，儒生溢于三学，诱掖之方，理实为备，而奖进之道，事或未周。但永徽以来，于今八载，在官者以善政粗闻，论事者以一言可采，莫不光被纶音，超升不次。

[1] 刘昫：《旧唐书·儒学上》（卷一八九），中华书局1975年版，第4941页。

[2] 刘昫：《旧唐书·褚亮传》（卷七十二），中华书局1975年版，第2582页，

[3] 刘昫：《旧唐书·儒学上》（卷一八九），中华书局1975年版，第4941页。

[4] 刘昫：《旧唐书·儒学上》（卷一八九），中华书局1975年版，第4942页。

[5] 陈飞：《唐代试策考述》，中华书局2002年版，第17页。

[6] 刘昫：《旧唐书·张说传》（卷九十七），中华书局1975年版，第3057页。

而儒生未闻恩及，臣故以为奖进之道未周。[1]

另一方面，他们自觉地转变文风，希望以此促进思想界儒学地位的提升。"初唐四杰"中的杨炯在《王勃集序》中云："尝以龙朔初载，文场变体。争构纤微，竞为雕刻。糅之金玉龙凤，乱之朱紫青黄，影带以徇其功，假对以称其美，骨气都尽，刚健不闻。思革其弊，用光志业。"[2]唐高宗仪凤三年（678），魏元忠上书亦言："理国之要，在文与武。今言文者则以辞华为首而不及经纶，言武者则以骑轻为先而不及方略。是皆何益于理乱哉！"[3]都说明了文风与儒学之间的密切互动关系。

安史之乱发生后，面对朝纲不振、阉宦当权、藩镇割据的社会现状，"发吾君聪明，跻盛唐于雍熙"[4]成为儒士最迫切的心愿。效法魏晋以前的文风，对流行于时的骈文包括骈体公牍文进行改革也已经成为社会的共识。萧颖士《江有归舟三章序》说："文也者，非云尚形似，牵比类，以局夫俪偶，放于奇靡，其于言也，必浅而乖矣！所务乎激扬雅训，彰宣事实而已。"[5]独孤及《检校尚书吏部员外郎赵郡李公中集序》云："自曲谟缺，雅颂寝，世道陵夷，文亦下衰……及其大坏也，俪偶章句，使枝对叶比，以八病四声为梏拲，拲拲守之，如奉法令……亦犹木兰为舟，翠羽为楫，玩之于陆而无涉川之用。"[6]这种种观点都告诉我们，骈文以及骈体公牍文在唐朝的变革不可避免。

第二节　文化领域：谏议制度的完善与"重文观念"的传承

一、谏议制度的完善与发展对唐代公牍文的影响

历代君王为了维护与加强自己的统治，都比较注重纳谏，至唐代，尤其如此。而谏议制度在唐代的空前发展和完善，也使得公牍文作为一种特殊的公文文体，在唐代有了长足的发展。

---

[1]　刘昫：《旧唐书·刘祥道传》（卷八十一），中华书局 1975 年版，第 2752 页。

[2]　杨炯：《王勃集序》，载董诰等编：《全唐文》（卷一九一），中华书局 1983 年版，第 1931 页。

[3]　司马光主编：《资治通鉴》（卷二〇二），胡三省音注，中华书局 1956 年版，第 6387 页。

[4]　吕温：《祭陆给事文》，载董诰等编：《全唐文》（卷六三一），中华书局 1983 年版，第 6370 页。

[5]　彭定求等编：《全唐诗》，中华书局 1979 年版，第 1594 页。

[6]　董诰等编：《全唐文》（卷一九一），中华书局 1983 年版，第 3945—3946 页。

（一）谏议制度在唐代的空前发展和完善

从秦汉到隋唐，谏官制度经历了由草设到完善的过程。比较而言，唐代是谏官制度最成熟的时期，也是文人的政治地位真正得到制度上确认的时期。具体而言，谏议制度在唐代体现出以下几个方面的特点。

1. 职位多

在唐以前，由秦汉至隋朝，专司谏诤的主要是散骑、谏议大夫、给事中诸官职。但有唐一代，担当言谏之职的职位却多达十个，分别隶属于门下省和中书省。其中，隶属门下省的是给事中、左散骑侍、左谏议大夫、左补阙、左拾遗、起居郎；隶属中书省的是右散骑常侍、右谏议大夫、右补阙、右拾遗。从职位设置体制上来看，这十个职位官职从正三品到从八品，渗透到了朝政的各个层面，构成了一个相当严密完整的责权体系。

2. 对各个监管职位的人数和级别做出了明确规定，且有逐渐增加之势

唐以前，谏官职位不定、编制也不定。但唐时却对各个监管职位的人数和级别做出了明确规定，且有逐渐增加之势。根据《旧唐书·职官》《新唐书·百官》《唐六典》等书所记，汇集如下：

（1）散骑常侍。唐初置散骑常侍，从三品，仍为散官。贞观十七年（643）改为职事官，置二员，隶门下省。显庆二年（657）分左右置，中书、门下各二员。广德二年（764）升为正三品，加置四员。兴元元年（784）正月，左右各加一员。贞元四年（788）正月敕依旧四员。可见人数最多时为十人。

（2）给事中。唐高祖武德三年（620），改给事郎为给事中，定为四员，正五品上。可见人数为四人。

（3）谏议大夫。唐武德五年（622）复置，属门下，正五品上。龙朔二年（662）改谏议大夫为正谏大夫。后又置谏议大夫，属中书。开元以后废正谏大夫，以谏议大夫属门下，共四人。德宗贞元四年（788）五月分左右置，各四员，分属门下、中书两省。会昌二年（842）升左右谏议大夫为正四品下。可见人数最多时为八人。

（4）补阙、拾遗。补阙与拾遗创置于武则天垂拱元年（685）。初置时左右补阙各二人，从七品上；左右拾遗各二人，从八品上。天授二年（691），增置各五人。大历七年（772）加置各六人。可见人数最多时为二十四人。

综上所述，有唐一代，门下省和中书省谏官人数最多时可达四十二人。散骑常侍一职，职级为正三品，有职无权，而为尊贵之官，多为元老及罢政大臣的加官。

给事中一职，虽只为正五品上，但职责却非常重要，《唐六典》中明确规定：

> 给事中掌侍奉左右，分判省事。凡百司奏抄，侍中审定，则先读而署之，以驳正违失。凡制敕宣行，大事则称扬德泽，褒美功业，覆奏而请施行；小事则署而颁之。凡国之大狱，三司详决，若刑名不当，轻重或失，则援法例退而裁之。凡发驿遣使，则审其事宜，与黄门侍郎给之；其缓者给传，即不应给，罢之。凡文武六品已下授职，所司奏拟，则校其仕历深浅，功状殿最，访其德行，量其才艺，若官非其人，理失其事，则白侍中而退量焉。其弘文馆图书缮写、雠校，亦课而察之。凡天下冤滞未申及官吏刻害者，必听其讼，与御史及中书舍人同计其事宜而申理之。[1]

可见，其职责包括：审读奏章、驳封制敕、听讼断狱、考核官员、上书言事……恰如白居易在《郑覃可给事中制》一文中所说："给事中之职，凡制敕有不便于时者，得封奏之。刑狱有未合于理者，得驳正之。天下冤滞无告者，得与御史纠理之。有司选补不当者，得与侍中裁退之。"[2] "给事中"一职已不是普通意义上的侍从官，而是一个"集谏官、宪官、法官的某些特征于一身"[3]，责任重大、职权极高的职位。

王夫之云："夫谏官职在谏矣。谏者，谏君者也。征声逐色，奖谀斥忠，好利喜功，狎小人，耽逸豫，一有其几而必犯颜以诤；大臣不道，误国妨贤，导主贼民，而君偏任之，则直纠之而无隐。"[4] 可见，谏官的价值主要是在与皇帝和大臣的冲突中体现出来。但在君王权力至上、等级森严的封建政治体系中，谏官是个充满危险性的职业。没有皇帝的理解与包容，进谏等于找死；没有朝中大臣的庇护，进谏就是树敌。为了更好地发挥谏官的职能，行使监督朝政的权力。唐朝规定了皇帝回避制和大臣（尤其是宰相）回避制，保护谏官独立的谏诤权。应该承认，这两个制度在很大程度上保护了谏官的人身安全与谏议制度的推行与实施。

唐朝的统治者对谏官也显得非常"善解人意"。最典型的当属唐太宗。在他亲自编撰的帝王教科书《帝范》中，专门有一卷讲述了他对于帝王"纳谏"的观点与看法：

[1] 李林甫等：《唐六典·门下省》（卷八），陈仲夫点校，中华书局2008年版，第244—245页。

[2] 白居易：《白居易集》，顾学颉校点，中华书局1979年版，第1010页。

[3] 张忠刚：《唐代官职》，三秦出版社1987年版，第37页。

[4] 王夫之：《读通鉴论》（卷二十）"太宗"条，中华书局1975年版，第686页。

夫王者高居深视，亏聪阻明，恐有过而不闻，惧有阙而莫补。所以设
鞀树木，思献替之谋；倾耳虚心，伫忠正之说。言之而是，虽在仆隶刍荛，
犹不可弃；言之而非，虽在王侯卿相，未必可容。其议可观，不责其辩；
其理可用，不责其文。至若折槛坏疏，标之以作戒；引裾却座，显之以自非。
故忠者沥其心，智者尽其策。臣无隔情于上，君能遍照于下。

昏主则不然。说者拒之以威，劝者穷之以罪。大臣惜禄而莫谏，小臣
畏诛而不言。恣暴虐之心，极荒淫之志。其为壅塞，无由自知。以为德超
三皇，才过五帝。至于身亡国灭，岂不悲哉！此拒谏之恶也。[1]

在唐太宗看来，纳谏是君王了解国情、了解社会、了解民心的重要方式与途径，
如果统治者一味拒绝纳谏，下场必然是"身亡国灭"。所以，作为一国之君，唐太
宗不仅不拒绝纳谏，还主动寻求、接受、奖励臣下进谏。"太宗威容俨肃，百僚进
见者，皆失其举措。太宗知其若此，每见人奏事，必假颜色，冀闻谏诤，知政教得失。"[2]

即使是进谏者言辞之间有冒犯之处，唐太宗也能尽量克制自己，不发火，不迁
怒他人，生怕阻塞言路：

太宗谓侍臣曰："……又比见人来奏事者，多有怖慑，言语致失次第。
寻常奏事，情犹如此，况欲谏诤，必当畏犯逆鳞。所以每有谏者，纵不合朕心，
朕亦不以为忤。若即嗔责，深恐人怀战惧，岂肯更言。"[3]

如果臣子进谏合理，唐太宗还会给予赏赐，以资鼓励：

贞观八年，陕县丞皇甫德参上书忤旨，太宗以为讪谤。侍中魏徵进言曰：
"昔贾谊当汉文帝上书云云'可为痛哭者一，可为长叹息者六'。自古上书，
卒多激切。若不激切，则不能起人主之心。激切即似讪谤，惟陛下详其可否。"
太宗曰："非公无能道此者。"令赐德参帛二十段。[4]

贞观四年，张玄素上书谏阻太宗修洛阳乾元殿，太宗最终接受，并"赐绢二百
匹"[5]；贞观三年，李大亮谏阻太宗田猎，太宗"赐金壶瓶、金椀各一枚……兼赐荀

---

[1] 李世民：《唐太宗集》，吴云、冀宇编辑校注，陕西人民出版社1986年版，第221页。
[2] 吴兢：《贞观政要》，上海古籍出版社1978年版，第46页。
[3] 吴兢：《贞观政要》，上海古籍出版社1978年版，第52页。
[4] 吴兢：《贞观政要》，上海古籍出版社1978年版，第60页。
[5] 吴兢：《贞观政要》，上海古籍出版社1978年版，第57页。

悦《汉纪》一部"[1]；而如上文所引，贞观八年，陕县丞皇甫德参上书忤旨，太宗仍"赐德参帛二十段"[2]。做皇帝做到唐太宗这个地步，真可谓是从谏如流了，而君王的宽容也必然会极大地激励臣子撰写奏章的积极性，从而促进、推动公牍文的发展。

（二）谏议制度在唐代发展和完善对唐代公牍文的影响

1. 使更多的人士参与到公牍文的创作中

中国古代文人历有直言上谏的优秀传统，而谏议制度在唐代的发展与完善，特别是皇帝与大臣回避制的实行，也给了文人关心朝政、直言进谏的信心和勇气，使更多的人士参与到公牍文的写作中来，有时候表现得非常大胆直接。

皇帝回避制中很重要的一点就是当朝皇帝无权索看国史，但贞观十七年（643），唐太宗却想索看国史，时为谏议大夫的朱子奢毅然谏曰：

> 陛下圣德在躬，举无过事，史官所述，义归尽善。陛下独览《起居》，于事无失，若以此法传示于孙，窃恐曾、玄之后或非上智，饰非护短，史官必不免刑诛。如此，则莫不希风顺旨，全身远害，悠悠千载，何所信乎！所以前代不观，盖为此也。[3]

对于唐太宗"不合规矩"的行为，朱子奢不但明确拒绝，还分析、指出了事情背后的严重意义，真是理真情切。

据傅绍良在其专著《唐代谏议制度与文人》[4]中统计，在唐代谏官中于诗歌和散文方面有成就的文学家就有百余人，其中不乏一些文学史上响当当的大人物。如任过拾遗的有：陈子昂、张九龄、王维、杜甫、高适、皇甫冉、独孤及、令狐楚、白居易、元稹、李绅、柳公权、梁肃、郑谷等；任过补阙的有：张说、王维、岑参、梁肃、李华（未赴）、权德舆、李绅、杜牧、郑谷、柳公权、崔道融等；任过起居郎的有：沈佺期、岑参、韦庄等；任过谏议大夫的有：魏徵、高适、陆贽、卢仝、柳公权、李翱、姚合等；任过给事中的有：孔颖达、王维、姚合、卢延让等；任过散骑常侍的有：高适、贾至、李泌、李益、柳公权等。这些文人都有着极大的政治热情和参与意识，写作了大量的公牍文。如陈子昂任麟台正字、胄曹参军和右拾遗期

[1] 吴兢：《贞观政要》，上海古籍出版社1978年版，第59页。

[2] 吴兢：《贞观政要》，上海古籍出版社1978年版，第60页。

[3] 司马光主编：《资治通鉴》（卷一九七），胡三省音注，中华书局1956年版，第6203页。

[4] 傅绍良：《唐代谏议制度与文人》，中国社会科学出版社2003年。

间直接的谏疏和奏表就有 12 篇之多，陆贽流传下来的公牍文更多达 145 篇。

2. 增加了奏议写作的深度与广度

谏议制度的完善在一定程度上给予了文人们指陈时政的信心与勇气。另一方面，唐代君王在求谏上表现出来的高姿态（即使是表面上）也激发了文人们的政治意识和参与热情，创作了大量敢于针砭时弊、勇于直言进谏的公牍文。

唐代君王从理论上都把劝谏与纳谏作为为政之本和安邦图存的良药，因而从唐太宗、唐玄宗一直到唐懿宗、唐僖宗，都发布过劝谏求谏的诏令，甚至明确提出要"求直言"。如唐太宗在《求直言手诏》中说：

> 朕闻尧舜之君，自愚而益智；桀纣之主，独智以添愚。故异顺逆于忠言，则殊荣辱于帝道。朕登蹑宇宙，字育黔黎，恐大德之或亏，惧小瑕之有累。候忠良之献替，想英杰之谋猷。而谏鼓空悬，逆耳之言罕进；谤木徒设，悸心之论无闻。唯昔魏徵每显余过，自其逝也，虽有莫彰，岂可独非于往时，而皆是于兹日，故亦庶僚苟顺，难触龙鳞者欤？所以虚己外求，披衷内省，言而不用，朕所甘心；用而不言，谁之责也？自斯已后，各悉乃诚，若有是非，直言无隐。[1]

唐代宗也颁布《求言诏》称：

> 为政者宣之使言，作事者稽之于众。切于求道，务以从人。将明目而达聪，亦理烦而去惑。经国之体，庶无阙言。文武百官及诸色人等：有论时政得失上封事者，状出后，宜令左右仆射尚书及左右丞诸司侍郎御史大夫中丞等，于尚书省详议可否，具状闻奏。其所上封事，除常参官外，有时辞理可观，或干能堪用者，亦宜具言。详议官中，或见不同者，即任别状奏闻。[2]

不论现实中君王们虚怀纳谏执行如何，他们发出的诏令在一定程度上也影响了公牍文写作的深度与广度。如魏徵写于贞观十一年的《论时政疏》第二疏：

> 臣闻求木之长者，必固其根本；欲流之远者，必浚其泉源；思国之安者，必积其德义。源不深而望流之远，根不固而求木之长，德不厚而思国之安，虽在下愚，知其不可，而况于明哲乎？人君当神器之重，居域中之大，将崇极天之峻，永保无疆之休，不念居安思危，戒奢以俭，德不处其厚，情

---

[1] 唐太宗：《求直言手诏》，载董诰等编：《全唐文》（卷八），中华书局 1983 年版，第 98 页。

[2] 唐代宗：《求言诏》，载董诰等编：《全唐文》（卷四十六），中华书局 1983 年版，第 511 页。

不胜其欲，斯亦伐根以求木茂，塞源而欲流长也。

凡百元首，承天景命，莫不殷忧而道著，功成而德衰，有善始者实繁，能克终者盖寡。岂其取之易而守之难乎？昔取之而有余，今守之而不足，何也？盖在殷忧，必竭诚以待下；既得志，则纵情以傲物。竭诚则吴越为一体，傲物则骨肉为行路。虽董之以严刑，振之以威怒，终苟免而不怀仁，貌恭而不心服。怨不在大，可畏惟人；载舟覆舟，所宜深慎。

奔车朽索，其可忽乎？君人者，诚能见可欲，则思知足以自戒；将有作，则思知止以安人；念高危，则思谦冲而自牧；惧满溢，则思江海下百川；乐盘游，则思三驱以为度；忧懈怠，则思慎始而敬终；虑壅蔽，则思虚心以纳下；惧谗邪，则思正身以黜恶；恩所加，则思无因喜以谬赏；罚所及，则思无因怒而滥刑。总此十思，宏兹九德。简能而任之，择善而从之，则智者尽其谋，勇者竭其力，仁者播其惠，信者效其忠。文武争驰，君臣无事，可以尽豫游之乐，可以养松乔之寿，鸣琴垂拱，不言而化。何必劳神苦思，代下司职，役聪明之耳目，亏无为之大道哉？[1]

唐太宗即位初期，因隋鉴不远，故能励精图治。随着功业日隆，生活渐加奢靡，"喜闻顺旨之说"，"不悦逆耳之言"。魏徵深以为忧，在贞观十一年的三月到七月这五个月中，连给唐太宗上了四疏，以上引文是其中的一篇。在这篇文章中，魏徵紧扣"思国之安者，必积其德义"的主旨，规劝唐太宗在政治上要慎始敬终，虚心纳下，赏罚公正；用人时要知人善任，简能择善；生活上要崇尚节俭，不轻用民力，并具体提出了居安思危、戒奢以俭等十个建议。这些主张虽以巩固李唐王朝为出发点，但推而广之，也适用于任何朝代，故而千年以来，重温这篇文章，仍能感受到它敲响的振聋发聩的警世钟声。从某种意义上而言，这一篇蕴含着历史的厚重积淀、闪耀着治国为政的政治智慧的精妙宏文的问世，也和唐太宗开怀纳谏的心胸分不开。

二、"重文观念"的传承

有唐一代，也十分重视文学。首先，唐朝历代统治者对人才，都明确提出了对其文学才能的要求。如唐太宗在《荐举贤能诏》中说：

诸州所举，十有一人，朕载怀反席，引入内殿，借以温颜，密访政道，

---

[1] 董诰等编：《全唐文》（卷一三九），中华书局 1983 年版，第 1410 页。

莫能对扬，相顾结舌。朕仍以其未睹阙庭，能无战悚，令于内省，更以墨对。虽构思弥日，终不达问旨，理既乖违，词亦庸陋，岂可饰丹漆于朽质，假风云于决起者哉？宜并放还，各从本色。其举主以举非其人罪论，仍加一等。[1]

唐高宗在《监国求贤令》中要求：

> 其有理识清通，执心贞固，才高位下，德重任轻。或孝悌力田，素行高于州里；或鸿笔丽藻，美誉陈于天庭；或学术该通，博闻于千载；或政事明允，才为时新。如斯之伦，并堪经务而韬光。勿用仕进无阶，委身蓬荜，深为可叹。[2]

唐德宗《即位求贤诏》表达更是明确：

> 天下有才艺尤著，高蹈邱园，及直言极谏之士，所在俱以名闻。诸色人中，有孝悌力田、经学优深、文词清丽、军谋宏远、武艺殊伦者，亦具以名闻。[3]

"文学"或与文学相关的"文词"、"艺文"、"辞藻"等词语的频频出现，意味着，在唐代统治者眼中，所谓"贤良"之才，除了忠厚的品德和突出的为政能力外，还应有突出的文学能力。

除了下诏求贤外，唐朝历代统治者也以实际行动宣扬着"重文"的倾向。如唐太宗曾开文学馆，"延四方文学之士，出教以王府属杜如晦、记室房玄龄、虞世南、文学褚亮、姚思廉、主簿李玄道……并以本官兼文学馆学士，分为三番，更日直宿，供给珍膳，恩礼优厚。世民朝谒公事之暇，辄至馆中，引诸学士讨论文籍，或夜分乃寝"[4]。他们与臣子的交往也离不开诗赋。如李肇《翰林志》记载："德宗雅尚文学，注意是选，乘舆每幸学士院，顾问锡赉，无所不至，御馔珍肴，辍而赐之。又尝召对于浴堂，移院于金銮殿，对御起草，诗赋唱和，或旬日不出。"[5]《全唐诗·序》也言："德宗善属文，尤长于篇什。每与学士言诗于浴堂殿，夜分不寐。三令节御制诗敕群臣赓和，品第优劣。四方贡艺者，帝多亲试。或有乖谬，浓点笔抹之；称旨，

[1] 李世民：《唐太宗集》，吴云、冀宇编辑校注，陕西人民出版社1986年版，第303—304页。

[2] 董诰等编：《全唐文》（卷十一），中华书局1983年版，第134页。

[3] 董诰等编：《全唐文》（卷五十），中华书局1983年版，第550页。

[4] 司马光主编：《资治通鉴·唐纪五》（卷一八九），胡三省注，中华书局1956年版，第5931—5932页。

[5] 傅璇琮：《翰学三书》，辽宁教育出版社2003年版，第3页。

即翘足朗吟，诧谓宰相：'此朕门生。'无不服帝之藻鉴焉。"[1]

其次，贯穿整个唐代科举中的"诗赋取士"制度最能代表这种重文倾向。从唐高宗开始，不仅进士试词赋，而且历代皇帝还以制举的形式，提拔文学之士。如武则天开辞标文苑科、蓄文藻思科，唐玄宗开文辞雅丽科、博学宏词科等制科。"朝廷设文学之科以求髦俊，台阁清选，莫不由兹。"[2]

朝廷的导向如此明确，以至于唐朝从朝廷到民间都掀起了对文学才华的狂热追求。"天下靡然争以文华相尚。"[3]"父教其子，兄教其弟，无所易业；大者登台阁，小者任郡县，资身奉家，各得其足，五尺童子，耻不言文墨焉。"[4]词赋在仕进中的重要性，造就了一批以文词之士见长的新贵，其中张说、张九龄堪称代表。《旧唐书·张说传》云：

> （说）前后三秉大政，掌文学之任凡三十年。为文俊丽，用思精密。朝廷大手笔，皆特承中旨撰述，天下词人，咸讽诵之。尤长于碑文、墓志，当代无能及者。喜延纳后进，善用己长，引文儒之士，佐佑王化，当承平岁久，志在粉饰盛时。其封泰山，祠睢上，诏五陵，开集贤，修太宗之政，皆说为倡首。而又敦气义，重然诺，于君臣朋友之际，大义甚笃。时中书舍人徐坚自负文学，常以集贤院学士多非其人，所司供膳太厚，尝谓朝列曰："此辈于国家何益，如此虚费。"将建议罢之。说曰："自古帝王功成，则有奢纵之失，或兴池台，或玩声色。今圣上崇儒重道，亲自讲论，刊正图书，详延学者。今丽正书院，天子礼乐之司，永代规模，不易之道也。所费者细，所益者大。徐子之言，何其隘哉！"玄宗知之，由是薄坚。[5]

因为文采出众，张说得到了"大手笔"的称号。此外，苏味道、李峤、崔融、杜审言、卢藏用、徐彦伯、陈子昂、宋之问、沈佺期等也均是由进士出身的文章之士。他们的成功无疑也引导了一大批后进学子，促使他们提高自己的文学修养与才华。

最后，唐代的吏选也体现了对于"文学"的重视。王勃在《上吏部裴侍郎启》

---

[1] 彭定求等编：《全唐诗》，中华书局1960年版，第44页。

[2] 王若钦等编：《册府元龟》（卷六四一）"贡举部·条制三"，中华书局1960年版，第7685页。

[3] 司马光主编：《资治通鉴》（卷二〇九），中华书局1956年版，第6622页。

[4] 沈既济：《词科论》，载董诰等编《全唐文》（卷四七六），中华书局1983年版，第4868页。

[5] 刘昫：《旧唐书》（卷九十七），中华书局1975年版，第3057页。

一文中写道：

> 君侯受朝廷之寄，掌镕范之权。至于舞咏浇淳，好尚邪正，宜深以为念也。
> 伏见铨擢之次，每以诗赋为先。诚恐君侯器人于翰墨之间，求才于简牍之际，
> 果未足以采取英秀，斟酌高贤者也。[1]

据骆祥发考证，这篇文章是咸亨二年（671）冬，王勃参加吏部铨选时所作。[2]在文中，针对"铨擢之次，每以诗赋为先"的选官标准，王勃提出了抨击，并表示了对在这一标准下选出的人才能力的担忧。可见最晚到了咸亨二年，唐朝官吏选拔中"诗赋"创作能力的高低已经成为了相当重要的标准。

《文苑英华》中保留了对许多谏官的任命制诰，随意择取二三，也可看出这种重文倾向。

> 直方自守，贞独不群。理可折于毫芒，文可成于藻绘。[3]

> 右节贞峻，直躬高朗。感激效经济之略，纷纶赡风雅之才。[4]

> 耿介不群，精明有识。传清白之素业，著词华之令名。[5]

一个时代的文学必然会带上所处时代的特殊标志，唐代奏议也不例外。受整个唐代社会重文倾向的影响，唐代公牍文也必然会体现出鲜明的文学特征与倾向。

总而言之，公牍文制度的发展与完善、公牍文阅读对象的特殊性以及唐朝社会的重文倾向，使得很多唐代公牍文写得很有可接受性和欣赏价值，在应用文及论说文史上均占有一席之地。

第三节　文学领域：对南朝浮靡文风的反对与文坛实际创作的惯性向前

唐人梁肃《补阙李君前集序》云：

---

[1]　《王勃全集笺注》（上函卷四），王勃著，蒋清翊注，铸记书局1943年版。
[2]　骆祥发：《初唐四杰研究》，东方出版社1993年版，第101页。
[3]　李昉等编：《文苑英华·授李怀让给事中制》，中华书局1982年版，第1942页。
[4]　李昉等编：《文苑英华·授高适谏议大夫制》，中华书局1982年版，第1945页。
[5]　李昉等编：《文苑英华·授杨齐宣左补阙制》，中华书局1982年版，第1953页。

唐有天下几二百载，而文章三变。初则广汉陈子昂以风雅革浮侈，次则燕国公张说以宏茂广波澜，天宝以还，则李员外、萧功曹、贾常侍、独孤常州比肩而出，故其道益炽。[1]

欧阳修、宋祁在《新唐书·文艺传序》中指出：

唐有天下三百年，文章无虑三变：高祖、太宗，大难始夷，沿江左馀风，缀句绘章，揣合低昂，故王、杨为之伯。玄宗好经术，群臣稍厌雕琢，索理致，崇雅黜浮，气益雄浑，则燕、许擅其宗。是时唐兴已百年，诸儒争自名家。大历、贞元间，美才辈出，擩哜道真，涵泳圣涯，于是韩愈倡之，柳宗元、李翱、皇甫湜等和之，排逐百家，法度森严，抵轹晋、魏，上轧汉、周，唐之文完然为一王法，此其极也。[2]

这就是有名的唐文三变说。它概括了文体、文风的阶段性变革。认为唐代文章大体可分为三个阶段：第一阶段以陈子昂、王勃、杨炯为代表；第二阶段以玄宗时张说（燕国公）、苏颋（许国公）为代表；第三阶段以中唐韩愈、柳宗元等为代表。总体而言，以对魏晋南北朝浮靡文风的否定与批判为前提，以上所举等人都充分肯定了这三个阶段对唐代文章写作带来的良性推动与影响。

由历史记载来看，由隋朝至唐初的君臣已经开始意识到了浮靡文风的危害性，并加以反对。如《贞观政要·文史》载："贞观初，太宗谓监修国史房玄龄曰：'比见前后《汉史》载录杨雄《甘泉》、《羽猎》，司马相如《子虚》、《上林》，班固《两都》等赋，此既文体浮华，无益劝诫，何假书之史策？其有上书论事，词理直切，可裨于政理者，朕从与不皆须备载。'"[3] 初唐重臣魏徵在《群书治要序》一文中写道："梁自大同之后，雅道沦缺，渐乖典则，争驰新巧。简文、湘东，启其淫放；徐陵、庾信，分路扬镳。其意浅而繁，其文匿而彩，词尚轻险，情多哀思。格以延陵之听，盖亦亡国之音乎！"[4] 魏徵将文学的社会功用与国家的兴亡联系在了一起，痛心先秦汉魏雅正文风的丧失，严厉批评了齐梁的浮靡文风。初唐君臣们对浮华文辞的反对与鄙夷可见一斑。

---

[1]　董诰等编：《全唐文》（卷五一八），中华书局1983年版，第5261页。

[2]　欧阳修、宋祁：《新唐书》（卷二〇一），中华书局1975年版，第5725—5726页。

[3]　吴兢：《贞观政要·文史》，上海古籍出版社1978年版，第222页。

[4]　周祖撰：《隋唐五代文论选》，人民文学出版社1990年版，第31页。

这种反对与鄙夷落实到奏议文体上，则是沿袭前人审美喜好，以典雅为美。东汉王充在《论衡·佚文》中说："文人宜遵五经六艺为文，诸子传书为文，造论著说为文，上书奏记为文，文德之操为文。立五文在世，皆当贤也。"[1] 中国古代特有的"政治艺术化，艺术政教化"的传统，使得公文与文学混融交叉，很多公文名篇实际上也是文采斐然、艺术成就极高的文学作品。既然公牍文主要体现的是王言和国家意志，在某种意义上，公牍文的写作质量甚至可看作是衡量一个时代文化水平的标尺，古人对公牍文写作提出了很高的目标与要求。除了在内容上，要与政治紧密联系，要实用，能发挥经邦治国的作用外，还强调要有"典雅"文风。如：

奏议宜雅，书论宜理。[2]

章表奏议，则准的乎典雅……符檄书移，则楷式于明断。[3]

诗缘情而绮靡，赋体物而浏亮，碑披文以相质，诔缠绵而凄怆，铭博约而温润，箴顿挫而清壮，颂优游以彬蔚，论精微而朗畅，奏平彻以闲雅，说炜晔而谲狂。[4]

诏宜典重温雅，谦恭恻怛之意蔼然；册文宜富而雅，制诰宜峻厉典重。[5]

这种典雅的文风要求与古代公牍文的主要阅读者、封建社会最高权力代表帝王有关。面对执掌了生杀大权的君王，臣子们在完成公牍文的过程中，在力求准确圆满地向最高统治者陈述心中的意见、建议、方案或批评时，也不得不注意语气、措辞与态度，不忤龙鳞，多用敬辞、谦辞、婉辞，不冒犯君王的尊严和忌讳，尽量让自己的公牍文达到形式与内容的完美统一。如在汉代，奏的书写要留"需头"，正文开头须写"臣昧死言"，结尾则要写"稽首以闻笔"。

对此，刘熙载在《艺概·文概》中说得很明确："文有仰视，有俯视、平视。仰视者，

[1] 王充：《论衡》，上海人民出版社 1974 年版，第 313 页。

[2] 《典论·论文》，载《曹丕集校注》，曹丕著，魏宏灿校注，安徽大学出版社 2009 年版，第 313 页。

[3] 《文心雕龙注》，刘勰著，范文澜注，人民文学出版社 2001 年版，第 530 页。

[4] 陆机：《陆机集·文赋》，金涛声点校，中华书局 1982 年版，第 2 页。

[5] 徐骏：《诗文轨范》，转引自吴承学、刘湘兰：《诏令类文体（二）制书、诰、敕书》，载《古典文学知识》2008 年 03 期。

其言恭；俯视者，其言慈；平视者，其言直。"[1] 作为上行公文的突出代表，谦恭的语气，婉转得体的语言，程序化的写作模式与强烈的尊君抑臣色彩，自然而然地让公牍文形成了典雅的文风。

这种典雅的文体要求也是公牍文社会实用性的需要。古代诏令、奏议多为当众宣读，为方便朗读记忆，多用偶对，字句齐整，自然也形成了典雅的文风。陈绎曾在《文筌·四六附说》中说，"四六之兴，其来尚矣。自典谟誓命，已加润色，以便宣读"[2]，可为佐证。

对于唐代公牍文的风格，唐人的要求也没有跳出前人的厘定，基本风格仍然以典雅、持重、温厚为贵。刘禹锡在其《唐故中书侍郎平章事韦公集纪》一文中做了个有趣的对比，他说：

> （公）未为近臣已前，所著词赋、赞论、记述、铭志，皆文士之词也，以才丽为主。自入为学士至宰相以往，所执笔皆经纶制置财成润色之词也，以识度为宗。观其发德音，福生人，沛然如时雨；褒元老，论功臣，穆然如景风。命相之册和而庄，命将之诰昭而毅。[3]

文士之词，固然是以才丽为主，学士之词，重点就不在于文才如何，而应重在"识度"。刘禹锡更通过列举形容韦公撰拟"诏发德音"、"褒论臣子"、"命相之册"和"命将之诰"的不同措辞风格，进一步告诉了我们他认可推崇的"度"是什么。细细品来，不论是"沛然如时雨"、"穆然如景风"的形象描述，还是"和而庄"、"昭而毅"的精辟总结，归根到底不就如罗大经所言"制诰诏令，贵于典重温雅，深厚恻怛，与寻常四六不同"[4] 吗？

对此，今人马自力先生也说得非常直白。他说："翰林学士的'工作文体'是一种特殊的政论文，其特点是典雅、缜密、笃实，同时又讲究行文的文气和道德的感染力。"[5]

这种对浮华文辞的反对与鄙夷把握不好会带来新的问题，那就是过于强调公牍文内容充实与否、政治功效如何而忽视甚至漠视其外在艺术性。在《禁策判不切事

---

[1] 刘熙载：《艺概》，上海古籍出版社 1978 年版，第 47 页。

[2] 陈绎曾：《文筌》，《续修四库全书》本，上海古籍出版社 1995 年版，第 451 页。

[3] 《刘禹锡集笺注》，刘禹锡著，瞿蜕园笺注，上海古籍出版社 1989 年版，第 487 页。

[4] 罗大经：《鹤林玉露》（卷四甲编），王瑞来点校，中华书局 2005 年版，第 59 页。

[5] 马自力：《翰林学士及其活动与中唐文学》，载《国学研究》第九卷。

宜诏》中，唐玄宗明确指出：

> 我国家敦古质，断浮艳，礼乐诗书，是宏文德；绮罗珠翠，深革弊风。
> 必使情见于词，不用言浮于行。比来选人试判，举人对策，剖析案牍，敷陈奏议，
> 多不切事宜。广张华饰，何大雅之不足，而小能之是衒。自今已后，不得更然。[1]

在玄宗看来，文章最重要的是"文德"、"切事宜"，也就是说，要言之有物，便于实用，有深厚的思想感情和现实内容，而不是文辞华丽。内容决定形式，形式表现内容，而不是相反，所谓"使情见于词，不用言浮于行"也。如果文人士大夫们将主要精力放在追求浮词丽藻上面，必然会妨碍"文德"的体现。因此，玄宗非常重视文德，并下诏令革除浮艳文风，力图改变当时"选人试判，举人对策，剖析案牍，敷陈奏议，多不切事宜"的局面。不守文德的官员，会受到处分，甚至解职。玄宗在《递还张希峤诏》中说：

> 比每书至侧景，夜至分宵，期闻政要，用忘寝食，但能会理，不责其文。
> 贝州张希峤上表，词义鄙浅，有同谐弄。据其不遵理度，固合与罪。恐后
> 来正直，其谓我何。故特矜愚，不置于法。且令河南府示语，递还本贯。[2]

玄宗勤于国事，广开言路，期望听到大臣们关于治国方略的建言到了废寝忘食的地步，要求公文只要有深广思想内容和现实意义即可，而不苛求其文辞是否华美。而张希峤上呈的表却内容肤浅，思想贫乏，卖弄文辞而不切实际，不合义理，与玄宗的要求背道而驰。本当治罪，但玄宗怕后人非议，所以宽大处理，只是解除官职，送回原籍，而没有送交法办。

在反对浮靡文风的同时，隋唐的君臣们也提出了种种对策。

隋朝李谔主张用行政手段，一举改变文学的浮华之风。其《上隋文帝革文华疏》云：

> 魏之三祖，更尚文词，忽人君之大道，好雕虫之小艺。下之从上，有
> 同影响，竞骋文华，遂成风俗。江左齐、梁，其弊弥甚，贵贱贤愚，唯务
> 吟咏。遂复遗理存异，寻虚逐微，竞一韵之奇，争一字之巧。连篇累牍，
> 不出月露之形；积案盈箱，唯是风云之状……臣既忝宪司，职当纠察，若

---

[1] 董诰等编：《全唐文》（卷二十七），中华书局1983年版，第313页。
[2] 董诰等编：《全唐文》（卷二十八），中华书局1983年版，第315—316页。

闻风即劾，恐挂网者多。请勒诸司，普加搜访，有如此者，具状送台。[1]

李谔的主张得到了隋文帝的支持。于是，当年就有泗州刺史司马幼之因文表华艳而被交付有司治罪，对改变浮华文风确实有一定积极意义。但总体而言，李谔死守严防的做法太过偏激和简单，也不符合文学创作的规律，是一种反文学的方式，所以收效甚微。

初唐魏徵在《隋书·文学传序》中提出了纲领性的意见：

> 江左宫商发越，贵于清绮，河朔词义贞刚，重乎气质。气质则理胜其词，清绮则文过其意，理深者便于时用，文华者宜于咏歌，此其南北词人得失之大较也。若能掇彼清音，简兹累句，各去所短，合其两长，则文质斌斌，尽善尽美矣。[2]

但这终究只是一个粗线条的设计，具体怎么落实还是不得而知。

唐太宗带头倡议简朴，希望借改变生活作风来改变文风："朕所以不恣情以乐当年，而励心苦节、卑宫菲食者，正为苍生耳。"[3]甚至还严厉惩处了文风华靡的臣子。唐朝封演《封氏闻见记·卷三·贡举》中记载：

> 国初，明经取通两经，先帖文，乃按章疏试墨策十道。秀才试方略策三道。
> 进士试时务策五道。考功员外职当考试。其后举人惮于方略之科，为秀才者殆绝，而多走明经、进士。贞观二十年，王师旦为员外郎。冀州进士张昌龄、王瑾并文辞俊雅，声振京邑。师旦考其文策为下等，举朝不知所以。及奏闻，太宗怪无昌龄等名，问师旦。师旦曰："此辈诚有辞华，然其体轻薄，文章浮艳，必不成令器。臣惧之，恐后生仿效，有变陛下风俗。"上深然之。[4]

因为文章浮艳，张昌龄等人文策考试成绩居然被列入下等，损失可谓大矣。

王勃拿出了儒家诗教的法宝。在其《上吏部裴侍郎启》一文中，他指出：

> 文章之道，自古称难。圣人以开物成务，君子以立言见志。遗雅背训，

[1] 丁守和等：《中国历代奏议大典》，哈尔滨出版社1995年版，第540页。

[2] 魏徵：《隋书》（卷七十六），中华书局1973年版，第1730页。

[3] 刘肃：《大唐新语》（卷一），中华书局1984年版，第4页。

[4] 封演：《封氏闻见记》，学苑出版社2001年版，第4页。

孟子不为；劝百讽一，扬雄所耻。苟非可以甄明大义，矫正末流，俗化资以兴衰，家国由其轻重，古人未尝留心也。[1]

说明在王勃看来，只有强化文学的社会功能和政治效用，才能矫正浮靡文风。

陈子昂开出了"风骨"、"兴寄"的药方。在著名的《与东方左史虬修竹篇序》中，他说：

文章道弊五百年矣。汉、魏风骨，晋、宋莫传，然而文献有可征者。仆尝暇时观齐、梁间诗，彩丽竞繁，而兴寄都绝，每以永叹。思古人常恐逶迤颓靡，风雅不作，以耿耿也。一昨于解三处见明公《咏孤桐篇》，骨气端翔，音情顿挫，光英朗练，有金石声。遂用洗心饰视，发挥幽郁。不图正始之音，复睹于兹，可使建安作者，相视而笑。[2]

也有人在进士科考试内容上动起了脑筋。唐高宗时刘思立上书，请求科举考试不要试策，而应改试杂文。《册府元龟》卷六三九"贡举部·条制一"载：

调露二年四月，刘思立除考功员外郎。先是进士但试策而已，思立以其肤浅，奏请帖经及试杂文，自后因以为当。[3]

而《唐会要》卷七十五"贡举中·帖经条例"载：

永隆二年八月敕：如闻明经射策，不读正经，抄撮义条，才有数卷。进士不寻史籍，惟诵文策，铨综艺能，遂无优劣。自今已后，明经每经帖十得六已上者，进士试杂文两首，识文律者，然后令试策。[4]

但理想与现实之间存在着相当大的差距，如今看来，由隋至初唐，文坛上还是以华艳的文风为主。魏徵在《隋书·文学传序》批评隋代二帝：

高祖初统万机，每念研形为朴，发号施令，咸去浮华。然时俗辞藻，犹多淫丽，故宪台执法，屡飞霜简。炀帝初习艺文，有非轻侧之论，暨乎

[1]　《王勃全集笺注》（上函卷四），王勃著，蒋清翊注，铸记书局1943年版。

[2]　陈子昂：《陈子昂集》，徐鹏校点，中华书局1962年版，第15页。

[3]　王若钦等编：《册府元龟》（卷六三九）"贡举部·条制一"，中华书局1960年版，第7669页。

[4]　王溥：《唐会要》（卷七十五）"贡举中·帖经条例"，上海古籍出版社1991年版，第1629页。

即位，一变其风。[1]

今人钱基博亦云：

> 隋之文章，牛弘雅步儒服，气度春容；杨素深文峻笔，自然英迈；一代大手笔，而皆不脱俪偶。[2]

可唐代君王也难逃窠臼。在唐太宗现存的诗文中，华词艳语比比皆是。如其《小山赋》：

> 何四序之交运，转三阳之暮时。风辞暄而入暑，树替锦而成帷。想蓬瀛兮靡规，望昆阆兮难期。抗微山于绮砌，横促岭于丹墀。启一围而建址，崇数尺以成岖。既无秀峙之势，本乏云霞之资。承坠宇之残露，挂低空之断丝。尔乃参差绝巘，葳蕤短逐。风暂下而将飘，烟才高而不暝。寸中孤嶂连还断，尺里重峦欹复正。岫带柳兮合双眉，石澄流兮分两镜。尔其移芳植秀，擢干抽茎，松新翠薄，桂小丹轻。细影杂兮俱乱，弱势交兮共萦。才有力以胜蝶，本无心而引莺。半叶舒而岩暗，一花散而峰明。何纤微之同景，亦卑细以相成。于是换浮欢于沈思，赏轻尘于胜地。俯蚁垤而有馀，仰终南而多愧。非为固于九折，庶无亏于一篑。聊夕玩而朝临，足摅怀而荡志。[3]

唐太宗本是想颂赞这座小山"足摅怀而荡志"，但他在文中极尽铺张夸耀之能事，用种种华丽的词语、精美的意象从各个角度反复铺陈描写，结果读下来，小山之美在读者心中留下了深刻印象，但唐太宗真正要颂赞要突出的主题反而被淹没模糊了，从这个角度而言，这篇小赋最鲜明地体现了南北朝后，骈文创作所走入的歧途与存在的问题。

此外，对于诏书、奏议等公文，因为欣赏习惯使然，唐太宗还是喜爱言辞华丽的诏书。"太宗大破辽贼于驻跸山，敬宗立于马前受旨草诏书，词彩甚丽，深见嗟赏。"[4]文采杰出的文人也更容易脱颖而出，如房玄龄"明达吏事，饰以文学"[5]。以上种种都说明了初唐文坛理论与创作实际间存在的反差。

---

[1]　魏徵：《隋书》（卷七十六），中华书局1973年版，第1730页。

[2]　钱基博：《中国文学史》（上册），中华书局1993年版，第250页。

[3]　李世民：《唐太宗集》，吴云、冀宇编辑校注，陕西人民出版社1986年版，第113—114页。

[4]　刘昫：《旧唐书·许敬宗传》（卷八十二），中华书局1975年版，第2762页。

[5]　吴兢：《贞观政要》，上海古籍出版社1984年版，第27页。

这种反差源于初唐君臣的创作习惯和审美定势，也与他们尚未形成新的文章创作理论而不得不采取温和的改革方案与思路有关。

　　对此，罗宗强先生说得非常明确：

　　　　在反对绮艳文风时，他们（太宗君臣）完全不像宇文泰和苏绰、隋文帝和李谔那样采取简单的行政命令的办法，持否定一切的态度；也不像王通那样以政治、伦理道德观念去取代文学。他们采取了一种较为稳妥的办法。既明确反对绮艳文风，又重视文学的艺术特征。反对绮艳文风，是反对用文学于纵欲，只是在这个界限之内，他们才十分重视绮艳文风的为害。重视文学的艺术特征，是重视它的情感特点，重视它已经发展起来的包括声律、词采等表现手法。[1]

　　太宗君臣们既反对文学艺术中的不良因素，又尊重其自身艺术特征的做法无疑促进了文学的稳定、健康发展，却也使得唐初文学无法彻底革新，完全脱去六朝的旧习。真正的变革还得随着时间的发展、条件的成熟，由陈子昂、"初唐四杰"等新生力量来完成。

---

[1]　罗宗强：《隋唐五代文学思想史》，中华书局 1999 年版，第 411 页。

第三章　陆贽之前唐代骈体公牍文的新气象

第一节　内容上：儒家经世致用观念的回归与强化

"经天地纬礼俗者，文教也。"[1] 以政治教化为目的的功能文学论，历来是文学理论的正统；文质并重，则被认为是教化文学的理想境界。本书第二章第一节已经指出，随着政治局势的变化，唐朝统治者越来越重视儒家思想的政治功用，大力提倡儒学。但在相当长的一段时间里，唐朝文坛形势并不乐观。"梁、陈之间，时好词赋，故其俗以诗酒为重，未尝以修身为务。降及隋室，馀风尚存……皆以浮虚为贵。"[2] 由此，如何强化文人进行文学创作的社会责任感和历史使命感，协调好文学的审美功能和政治功用之间的关系，成为唐朝君臣们重点关心的问题。

魏徵从政教的得失角度，提出了改革文风的方式与方法：

> 文之为用，其大矣哉！上所以敷德教于下，下所以达情志于上，大则经纬天地，作训垂范，次则风谣歌颂，匡主和民。或离谗放逐之臣，途穷后门之士，道轗轲而未遇，志郁抑而不申，愤激委约之中，飞文魏阙之下，奋迅泥滓，自致青云，振沈溺于一朝，流风声于千载，往往而有。是以凡百君子，莫不用心焉。

> 自汉、魏以来，迄乎晋、宋，其体屡变，前哲论之详矣。暨永明、天监之际，太和、天保之间，洛阳、江左，文雅尤盛。于时作者，济阳江淹、吴郡沈约、乐安任昉、济阴温子升、河间邢子才、巨鹿魏伯起等，并学穷书圃，

---

[1]　张说：《上东宫请讲学启》，载董诰等编：《全唐文》（卷二二四），中华书局 1983 年版，第 2265 页。

[2]　杜佑：《通典·选举五》（卷十七），景印文渊阁四库全书本，（台湾）商务印书馆 1983 年版，第 188 页。

思极人文，缛彩郁于云霞，逸响振于金石。英华秀发，波澜浩荡，笔有馀力，词无竭源。方诸张、蔡、曹、王，亦各一时之选也。闻其风者，声驰景慕，然彼此好尚，互有异同。江左宫商发越，贵乎清绮，河朔词义贞刚，重乎气质。气质则理胜其词，清绮则文过其意，理深者便于时用，文华者宜于咏歌，此其南北词人得失之大较也。若能掇彼清音，简兹累句，各去所短，合其两长，则文质斌斌，尽善尽美矣。[1]

令狐德棻亦云：

原夫文章之作，本乎情性。覃思则变化无方，形言则条流遂广。虽诗赋与奏议异轸，铭诔与书论殊途，而撮其指要，举其大抵，莫若以气为主，以文传意。考其殿最，定其区域，摭六经、百氏之英华，探屈、宋、卿、云之秘奥。其调也尚远，其旨也在深，其理也贵当，其辞也尚巧。然后莹金璧，播芝兰，文质因其宜，繁约适其变，权衡轻重，斟酌古今，和而能壮，丽而能典，焕乎若五色之成章，纷乎犹八音之繁会。[2]

可见，在强调文学创作应表现深刻的思想内容的同时，魏徵、令狐德棻等初唐文人也没有忽视文学的审美功能，他们认可与推崇的仍然是孔子"质胜文则野，文胜质则史。文质彬彬，然后君子"[3]的文学观。

相较之下，唐太宗等人则说得非常直白。唐太宗明言：文学要"可裨于政理"[4]。"初唐四杰"中的王勃在《上吏部裴侍郎启》中言辞激烈：

自微言既绝，斯文不振，屈、宋导浇源于前，枚、马张淫风于后，谈人主者以宫室苑囿为雅，叙名流者以沉酗骄奢为达，故魏文用之而中国衰，宋武贵之而江东乱。虽沈谢争鹜，适足兆齐梁之危；徐庾并驰，不能止周陈之祸。于是识其道者，卷舌而不言；明其弊者，拂衣而径逝。《潜夫》、《昌言》之论作之而遂于时；周公孔子之教存之而不行于代。天下之文，靡不坏矣。[5]

[1] 魏徵：《隋书·文学传序》（卷七十六），中华书局 1973 年版，第 1729—1730 页。

[2] 《周书·王褒庾信传论》，转引自周祖撰：《隋唐五代文论选》，人民文学出版社 2006 年版，第 35 页。

[3] 《论语·雍也》，载杨伯峻：《论语译注》，中华书局 1963 年版，第 65 页。

[4] 吴兢：《贞观政要·文史》（卷七），上海古籍出版社 1978 年版，第 222 页。

[5] 《王勃全集笺注》（上函卷四），王勃著，蒋清翊注，铸记书局 1943 年版。

所谓"微言"，即是指孔子的哲理性言论。王勃把乖离儒家的经典道德教化看作淫艳文风的病源，在他看来，从孔子之后到汉魏六朝，文人们正是因为不重视经邦治国之言，不推行"周公孔子之教"，所以才造成了"天下之文，靡不坏矣"的恶果。改变的唯一途径就是大力贯彻落实宣扬儒家道德教化、经国治邦的"文章之道"，让文学回归到对儒家经典要义的传承阐释中。以此为标准，从先秦的屈原、宋玉，到南北朝的徐陵、庾信，千余年的中国文学史也只能被王勃视为是一部淫丽之文发展盛行的历史，统统应该被否定、扫荡干净。

这种对文章教化功能的高度重视在陈子昂那儿凝练成了"风雅"的大旗，即他在《与东方左史虬修竹篇序》一文中所谓"思古人常恐逶迤颓靡，风雅不作，以耿耿也"[1]。既然文章的社会功用可以用"风雅"来概括，而"夫化偃一国谓之风，风正四方谓之雅"，"风雅序人，事兼变正"[2]，随后的唐代君臣们就如何发挥这种功用展开了热烈的讨论，他们一致认为，关键是要在文学领域中重扬儒家经世致用的观念。

《新唐书·文艺传》载："玄宗好经术，群臣稍厌雕琢，索理致，崇雅黜浮，气益雄浑，则燕、许擅其宗。"[3]这里的"燕、许"正是号称"大手笔"的张说与苏颋。

张说的文学观也是功利性的。他在《东都酺宴序》中说："若夫吟咏德泽，播越仁声，斯固雅颂之馀风，政教之遗美。凡我词客，安敢阙如。"[4]在《齐黄门侍郎卢思道碑》中指出："吟咏情性，纪述事业，润色王道，发挥圣门。"[5]可见他是主张文学反映"政教"、服务"政教"的。

为此，在《上东宫请讲学启》中，张说向尚为太子的李隆基献言，建议他要"重道尊儒"、"博采文士"。张说指出：

> 臣闻安国家，定社稷者，武功也；经天地，纬礼俗者，文教也……殿下之于天下，可谓不轻矣，监国理人，可谓至重矣。莫不拭目而视，清耳而听，冀闻异政以裨圣道。臣愚伏愿崇太学，简明师，重道尊儒，以养天

---

[1]　陈子昂：《陈子昂集》，徐鹏校点，中华书局1962年版，第15页。

[2]　《文心雕龙·颂赞》，载《文心雕龙注》，刘勰著，范文澜注，人民文学出版社2001年版，第157页。

[3]　欧阳修、宋祁：《新唐书·文艺上》（卷二〇一），中华书局1975年版，第5725页。

[4]　张说：《东都酺宴四首并序》，载彭定求等编：《全唐诗》（卷八十七），中华书局1960年版，第946页。

[5]　张说：《张说之文集》（卷二十五），商务印书馆1922年版，第1页。

下之士。今《礼经》残缺，学校陵迟；历代经史，率多纰缪，实殿下阐扬之日，刊定之秋。伏愿博采文士，旌求硕学，表正九经，刊定三史。则圣贤遗范，粲然可观。况殿下至性神聪，留情国体。幸以问安之暇，应务之馀，引进文儒，详观文典，商略前载，讨论得失。降温言，开谠议，则政途理体，日以增益；继业承祧，永垂德美。[1]

在这篇奏启中，张说批判当时混乱的文化现状是"礼经残缺，学校陵迟；历代经史，率多纰缪"，指出这种现状是武周时期对贞观文化领域破坏的结果，并建议"引进文儒，详观文典，商略前载，讨论得失"，即用儒家的思想增强文士们的精神骨力与正义性，营造出积极健康的社会文化氛围，从而达到"政途理体，日以增益；继业承祧，永垂德美"的治政效果。

在革除浮华、重视风雅方面，张九龄与张说的文学主张一脉相承。在《大唐故光禄大夫右散骑常侍集贤院学士赠太子少保东海徐文公神道碑》中，他指出：

夫物之所宗也，莫善乎德行；道之以明也，莫先乎文学。人伦以具体为难，世业以济美为贵。有能兼之者，其东海公乎……动有礼乐之运，言有雅颂之声。[2]

"言有雅颂之声"的内容要求正是文学作品发挥其经世致用社会功能的根本保证。

唐玄宗当政后也"从谏如流"，试看以下几份诏书：

古之学士，始入小学见小节，入大学见大节，知父子长幼之序，君臣上下之位，然后师逸功倍，化人成俗，莫不由之。子不云乎："远而有光者饰也。近而逾明者学也。"故道行于上，禄在其中，所谓贵于速成，不唯于迟达。自顷州里所荐，公卿之绪，门人众矣。执嗣子音，国胄嚣然，未臻吾道，至使钻仰之地，寂寥厥风。贵於责实，务於求仕，将去圣滋远，尚沿浇薄，为敦儒未宏，不行劝沮。朕承百王之末，居四海之尊，惟怀永图，思革前弊。何以发后生之智虑，垂先王之法则，朕甚惧之，敢忘于是。天下有业擅专门，学优重席，堪师授者，所在具以名闻。自今以后，贡举人

---

[1]　董诰等编：《全唐文》（卷二二四），中华书局1983年版，第2265页。

[2]　《张九龄集校注》，张九龄著，熊飞校注，中华书局2008年版，第1020—1023页。

等，宜加勖勉，须获实才。如有义疏未详，习读未遍，辄充举送，以希侥幸，所由官并置彝宪，有司更申明条例，称朕意焉。[1]

《孝经》、《尚书》有古文本孔郑注，其中指趣，颇多蹐驳，精义妙理，若无所归，作业用心，复何所适？宜令诸儒并访后进达解者，质定奏闻。[2]

致理兴化，必在得贤，强识博闻，可以从政。且今之明经进士，则古之孝廉秀才，近日以来，殊乖本意。进士以声韵为学，多昧古今，明经以帖诵为功，罕穷旨趣，安得为敦本复古，经明行修？以此登科，非选士取贤之道也……其明经中有明五经以上，试无不通者，进士中兼有精通一史，能试策十条，得六已上者，委所司奏听进止。其应试进士等唱第讫，具所试杂文及策，送中书门下详覆。其所问明经大义日，仍须对同举人考试，庶能否共知，取舍无愧。有功者达，可不勉与！[3]

可见唐玄宗深刻领会了张说"崇太学，简明师，重道尊儒，以养天下之士"建议的重要意义，并利用掌握政权的优势，将张说建言的实施措施转变成了政策和现实。

这种观念因为安史之乱的爆发更成为文人们的共识。安史之乱使唐代社会由盛转衰，由安定繁荣转为动荡萧条，动乱发生的原因何在？痛定思痛，文人们认为："夫先王之道消，则小人之道长。小人之道长，则乱臣贼子由是出焉。臣弑其君，子弑其父，非一朝一夕之故，其所由来渐矣。渐者何？儒道不举，所失之也。"[4] 既然儒家思想的没落是动乱发生的主要原因，所以，要拯救时弊、挽救时局，就必须重振儒学，特别是宣扬与强化儒家经世致用的思想与观念。

这一思想折射在文学创作上，就是对宗经重道、经世致用的创作指导思想的大力宣扬。李华说："文章本乎作者，而哀系乎时。本乎作者，六经之志也；系乎时者，乐文、武而哀幽、厉也。立身扬名，有国有家，化人成俗，安危存亡，于是乎观之。

---

[1] 董诰等编：《全唐文·令举实才诏》（卷二十六），中华书局1983年版，第299页。

[2] 董诰等编：《全唐文·令诸儒质定孝经尚书古文诏》（卷二十八），中华书局1983年版，第316页。

[3] 董诰等编：《全唐文·条制考试明经进士诏》（卷三十一），中华书局1983年版，第344—345页。

[4] 刘昫：《旧唐书·杨绾传》（卷一一九），中华书局1975年版，第5027页。

宣于志者曰言，饰而成之曰文。有德之文信，无德之文诈。"[1] 贾至言："观作者之意，得《易》之变，知《书》之达，究《诗》之微，极《春秋》之褒贬，可谓孔门之弟，洙泗遗徒。至其逸韵，扬波扇飚，餔糟啜醨……罔有不含六经之奥义，览者其知夫子之墙乎？"[2] 元结称"是以所为之文，可戒可劝，可安可顺……故所为之文，多退让者，多激发者，多嗟恨者，多伤闵者。其意必欲劝之忠孝，诱以仁惠，急于公直，守其节分，如此非救时劝俗之所须者欤？"[3] 重视文章的道德旨归与实用价值的倾向可谓一脉相承、相当明确。

综上可知，张说是开元年间复兴儒家礼乐的主要人物，持有的是从初唐一脉相承下来的儒家济世文艺思想。而"开元礼乐兴盛的局面正是孕育天宝复古观念的温床，中唐复古思潮即由此滥觞"[4]。在这股复古思潮中，李华、萧颖士、贾至、独孤及、韩愈、柳宗元等人应运而出，由张说等人引发的儒学复兴思潮，以及寄予文章社会功用的思想也成为韩愈、柳宗元等人倡导新型古文的思想渊源，并随着唐宋古文革新运动的成功，对封建社会文人的诗文创作等产生了深刻的影响。清末学者沈曾植在《海日楼札丛》之"开元文盛"条中说："开元文盛，百家皆有跨晋、宋追两汉之思。经大历、贞元、元和，而唐之为唐也，六艺九流，遂成满一代之大业。燕、许宗经典重，实开梁、独孤、韩、柳之先。李、杜、王、孟，包晋、宋以跂建安，而元、白、韩、孟，实承其绪。"[5] 指出"燕、许宗经典重"与中唐古文作家梁肃、独孤及和韩愈、柳宗元古文运动之间的延续与关联，可为佐证。

第二节　文体上：骈散之间的冲突与徘徊

虽然韩愈、柳宗元倡导的古文革新运动轰轰烈烈，但在唐代，骈文其实一直都处于优势。考进士科的，规定要考讲究对偶、声律的律诗、律赋。吏部考试写作判文，即政府机构的判决书，也要求用骈体写作。此外，唐代朝廷应用的公文，如皇帝发布的制诰、臣僚上奏的章奏等，也多用骈体。

---

[1]　李华：《赠礼部尚书清河孝公崔沔集序》，载董诰等编：《全唐文》（卷三一五），中华书局 1983 年版，第 3196 页。

[2]　贾至：《工部侍郎李公集序》，载董诰等编：《全唐文》（卷三六八），中华书局 1983 年版，第 3736 页。

[3]　元结：《元次山集·文编序》，孙望校注，中华书局 1963 年版，第 154—155 页。

[4]　葛晓音：《盛唐"文儒"的形成和复古思潮的滥觞》，载《文学遗产》1998 年第 6 期。

[5]　沈曾植：《海日楼札丛》（卷七），辽宁教育出版社 1998 年版，第 262 页。

但骈体之文，就其本质而言，乃是一种偏重于外在形式美的实用文体。魏晋之后，言必偶俪、辞藻华美的骈文已然发展起来，到了南北朝时期，对弄事用典、辞藻雕琢、声律骈对的一味重视与追求更使得文坛充斥了浮艳纤巧、空虚贫乏的作品，而骈文呆板滞涩的毛病也日益影响作者意义的明白表述，对其进行改造革新已经是势在必行。唐代是个尚功利的时代，对骈文的散文化改造不仅是重实用的唐人的自然要求，也是骈文寻求自身生存与发展的必然要求。

实事求是地说，初唐时期，骈文基本承袭六朝馀风，"散化"气息并不明显。文人们对骈文的革新或者如"初唐四杰"，在骈文中注入刚健的骨力，形成了六朝骈文少有的雄壮的气势，或者如魏徵，以切于叙事、平易流畅的语言一改六朝骈文靡丽软弱、堆砌滞塞的弊端。试看其《论时政疏》第四疏：

> 臣闻为国之基，必资于德礼；君之所保，惟在于诚信。诚信立则天下无二心，德礼行则远人斯格……然则言而不行，言不信也；令而不从，令无诚也。不信之言，无诚之令，为上则败德，为下则危身；虽在颠沛之中，君子所不为也。自王道休明，十有馀载，威加海外，万国来庭；仓廪日积，土地日广；然而道德未益厚，仁义未益博；何哉？由乎待下之情未尽于诚信，虽有善始之勤，未睹克终之美故也。[1]

该文少见赘典浮辞，"虽在颠沛之中，君子所不为也"以及"然而道德未益厚，仁义未益博；何哉？"等句子更让全文文气通畅、朴素自然。

盛唐时期，骈文的"散化"以张说、苏颋的馆阁骈文最具代表性，他们的文章以散行之气运偶俪之词，斫雕为朴，一洗六朝风气，上承汉魏，下接陆贽，堪称骈文改革的里程碑。我们不妨以张说的《开元正历握乾符颂》为例：

> 维皇六叶，于赫启圣。步玉斗，握金镜；地维续，天柱正。山川授方，雷雨施令。清庙九佑，尧门百庆。郊禋尊祖，择昌定命。德自我流，艺从我修。龟易八卦，龙书九畴。文含玉律，字吐金钩。鸣丝鹤舞，调箭猿愁。集贤榜殿，花萼名楼。神用外表，事行先兆。万目朝彻，千心暗晓。卿云烂漫，黄龙窈窕。游姑射，神人杳；登太山，天下小。飞祥定瑞，均灵踏类。鞮译穷天，琛维尽地。铄此金戟，铸为农器。匪直也然，探源索秘。轴止轮运，辰居星转。

---

[1]　董诰等编：《全唐文》（卷一三九），中华书局1983年版，第1412页。

得一神凝，吹万情辨。发敛潜合，晦明幽阐。阶蓂朝开，宫槐夜卷。正我长历，同符大衍。天地清焉，日月贞焉。四时行焉，万物生焉。穷神知化，美功成焉。金版玉牒，远颂声焉。[1]

颂这种朝廷述作，涉及朝廷大体，讲究雍容得体、华贵庄重，遵守"言必偶俪、词不单设"的骈体格式并不为过。但张说却能灵活变通，自由发挥，不为骈体的规矩所拘。在句式上，"步玉斗，握金镜；地维续，天柱正"以及"游姑射，神人杳；登太山，天下小"等三字句的运用，调和了因四字句集中引起的呆滞，增加了起伏变化；在辞藻上，全文清新秀丽，没有繁缛堆砌之感，并且对偶工整；在声律上，整段文字五次换韵，音节更加流畅优美；在用典上，全文少用典故，并且多为常见典故，也给人以清新疏朗之感。

其《圣德颂》更为突出：

> 太古厥初，遗文阙矣。书祖二典，聿陈五教。唐虞之训，历代宗焉。孰同理而不休，奚同乱而克题。皇唐之典也，道积四圣，时将百年。泽浸生人，自根流叶。孝和圣驾，嗣子幼冲。凶臣嬖女，蠹弱王室。人甚崩角之危，朝深缀旒之叹。赖天奖忠勇，大戮鲸鲵。尊文庙而安神，清帝宫而待圣。少主奉天命以至禅，皇上拒天命以固违。群公卿士胥进曰："陛下孝弟之至，历数在躬。处储闱有让元子之德，居藩邸有辞太弟之高。六合欣戴，三灵允协。为天下君，其谁与让？"皇帝义不得已，曰："吁，所忧之长也。"乃被帝服，陟元后。延群臣，见兆人。是日也，景云至；兹岁也，戎狄来。其尤祥极瑞，杂沓异类，盖玩狎而不记矣。上方谨庶务，览众则。履乾乾，怀翼翼。游道德之灵囿，从鸾鸑之珍禽。视天下所不见，听天下之所不闻。帝典皇纲，于斯备失。[2]

这篇文章本意在于颂美皇帝的宽容仁爱，勤于问政，但读来却不给人板滞厚重之感，一个很重要的原因就是张说几乎打破了四六文的体制，而是根据语气和内容的变化需要自如地交替运用四字句、三字句、散言句，让读者读来流畅自然。皇甫持正在《谕业》中说："燕公之文，如阊木楠枝，缔构大厦。上栋下宇，孕育气象，

---

[1] 张说：《张说之文集》（卷十一），商务印书馆1922年版，第14页。

[2] 张说：《张说之文集》（卷十一），商务印书馆1922年版，第1—2页。

可以燮阴阳而阅寒暑，坐天子而朝群后。"[1] 这句话用来评价张说的台阁之作，甚为确切。

苏颋的《故邢部尚书中山李公诗法记》亦是骈散结合：

> 呜呼，翰墨未燥，形神已离。举朝惊嗟之声，不崇朝而达于远矣。公文特称于世，每谓知音则寡，同气相求。逮观此词，何异补理！正在心而为咏，岂交臂而相失！曾未数刻，恨不回车击节而如旧也。抚膺一恸，不觉涕之涟洏。痛矣中山，长无山日。虽子期不听，存者可以绝弦；而相如有作，殁者竟传遗草。[2]

这是苏颋为李乂写的一篇悼文，"曾未数刻，恨不回车击节而如旧也。抚膺一恸，不觉涕之涟洏"。作者的情感如此强烈，以至于常常突破骈文偶对之局限，以散句的形式直抒胸臆，读者读来也自是感同身受，颇有触动了。

也正因为如此，南宋魏了翁在《唐文为一王法论》文中说："天下之习沉溺浸渍之久，则其弊非一朝之可革……使文章之变，非燕、许诸人为之先，则一进韩愈岂能以一发挽千钧哉？"[3] 近代国学大师章太炎也在《国学概论》第四章"文学之派别"中指出："中唐以后，文体大变，变化推张燕公、苏许公为最先。他们行文不同于庾，也不则于陆，大有仿司马相如的气象……韩柳的文，虽是别开生面，却也从燕、许出来，这是桐城派不肯说的。"[4] 这些，都高度评价了张说、苏颋在骈体散化道路上的筚路蓝缕之功。

但在一片叫好声中，也有学者指出了张说、苏颋等人的不足。宋初诗人姚铉在《四库全书总目》卷一百五十二"骑省集三十卷"提要中云："当五季之末，古文未兴，故其文沿溯燕、许，不能嗣韩、柳之音。"[5] 苏辙在《欧阳文忠公神道碑》中说："虽唐贞观、开元之盛，而文质衰弱；燕、许之流，偃强其间，卒不能振。"[6] 明人高步瀛认为："燕、许以气格为主而风气一变。于是渐厌齐梁，而崇汉魏矣。然古文之

---

[1]　高步瀛：《唐宋文举要》（甲编卷一），上海古籍出版社 1982 年版，第 37 页。

[2]　董浩等编：《全唐文》（卷二五六），中华书局 1983 年版，第 2593 页。

[3]　郭绍虞主编：《中国历代文论选》（二），上海古籍出版社 1979 年版，第 422 页。

[4]　章太炎讲演：《国学概论》，曹聚仁记录，巴蜀书社 1987 年版，第 91 页。

[5]　纪昀等撰：《钦定四库全书总目》，中华书局 1997 年版，第 2032 页。

[6]　苏辙：《苏辙集·欧阳文忠公神道碑》，陈宏天、高秀芳点校，中华书局 2004 年版，第 1136 页。

体格未成，骈俪之宗风亦坠，虽见雅饬，殊乏情采。"[1] 在他们眼中，燕、许之笔有所革新，但尚未完全脱离六朝骈文的桎梏，与韩愈、柳宗元之文相比，就更有差距了。

这种双重评价反映了初盛唐骈体公牍文在骈散之间的冲突与徘徊。"文体的规范和演变，既涉及内容，又涉及形式，同时跟社会的意识形态有很大的关系。"[2] 前文已经讲过，整个唐代"重文观念"非常突出，不仅如此，从唐高宗开始，历代皇帝还以制举的形式，提拔文学之士。如武则天开辞标文苑科、蓄文藻思科，唐玄宗开文辞雅丽科、博学宏词科等制科。"朝廷设文学之科以求髦俊，台阁清选，莫不由兹。"[3] 张说、苏颋、张九龄等人也是因文学才华突出而成为政坛新贵的。在这一背景下，他们在撰拟公牍文时会不由自主地考虑皇帝与社会大众的审美心理惯势，这使得他们对骈体公牍文的散化改造是有限的、适可而止的。

另一方面，张说、苏颋、张九龄等人的遗文多是代作"王言"的制、敕，极少有自抒胸臆的言辞。这类文字历代用之烂熟，几乎成了定格旧套，很难再有新意，张说、苏颋等也常常跳不出前人范围。如《授张说中书令制》：

> 门下：咸有其德，委廊庙之元宰。知无不为，归掖垣之成务……燕国公张说含和育粹，特表人师。悬解精通，见期王佐。立言布文武之用，定策励忠公之典。才冠代而不有，功至大而若虚。[4]

这是命相之诏，应是苏颋精心力作，但今天读来，也不过是骈俪套语，浮华无实，与一般制敕无异。

换个角度来看，初盛唐时期纯粹的骈体公牍文则是名篇辈出。以"初唐四杰"为代表的一批骈文作家以实际行动开始了对华而不实的文风的改革。这个时期的骈文创作，"李峤、崔融、宋之问之文，皆如精金美玉，无施不可。富嘉谟之文如孤峰绝岸，壁立万仞，浓云郁兴，震雷俱发，诚可畏也……阎朝隐之文，如丽装靓女，燕歌赵舞，观者忘疲"[5]。而当我们吟诵起"老当益壮，宁移白首之心？穷且益坚，

[1] 高步瀛：《唐宋文举要》（乙编卷一），上海古籍出版社 1982 年版，第 1133 页。

[2] 刘绍卫：《骈文的文体语言结构的语言文化学札记》，载《柳州师专学报》2001 年第 1 期。

[3] 王若钦等编：《册府元龟》（卷六四一）"贡举部·制三"，中华书局 1960 年版，第 7685 页。

[4] 董诰等编：《全唐文》（卷二五〇），中华书局 1983 年版，第 2527 页。

[5] 刘昫：《旧唐书·杨炯传》（卷一九〇），中华书局 1975 年版，第 5004 页。

不坠青云之志"[1] 与"言犹在耳，忠岂忘心！一抔之土未干，六尺之孤安在"[2] 等骈句时，千年之下，我们仍能感触到作者那颗激昂跳动的心。

所以，对于初盛唐的文人而言，对传统骈文进行根本性的改造尚未成为突出的问题，而在此期间，公牍文在体制上不断游走于骈散之间，以及文人之间对如何改造骈体公牍文争论不休也就顺理成章了。这种骈散之间的冲突与徘徊要到中唐之后，因为政治局势的变化，伴随着经世致用、教民化世的实用主义文学思想占据文坛主导地位，才成为必须面对与迫切解决的问题。

第三节　风格上：华靡风格逐渐淡去　清雅疏朗风格逐渐形成

《钦定四库全书总目》中说："勃文为四杰之冠，儒者颇病其浮艳"[3]，这个"浮艳"是《钦定四库全书总目》对"初唐四杰"的评价，也可以说是其对初唐骈文总的文体特征的评价。

唐初文臣多隋代旧人，故所作制、诰、章、表仍沿用昔日通行之体。骈体奏议体现的也仍是六朝绮靡浮艳的文风。"唐兴，文士半为陈、隋之遗彦，沿徐、庾之旧体。太宗本好轻艳之文，首用瀛洲学士参与密勿，纶诰之言咸用俪偶。"[4]

如前文所述，出于巩固统治的需要，这种文风受到了唐朝历代君臣的批评。他们也从各个方面努力，试图改变这种华靡的文风。

这种变革始于魏徵。唐太宗时，魏徵先为谏议大夫，后进为宰相，在贞观年间先后上疏二百余道，其中最著名的当属《论时政疏》第二疏：

> 臣闻：求木之长者，必固其根本；欲流之远者，必浚其泉源；思国之安者，必积其德义。源不深而望流之远，根不固而求木之长，德不厚而思国之治，虽在下愚，知其不可，而况于明哲乎？人君当神器之重，居域中之大，将崇极天之峻，永保无疆之休，不念居安思危，戒奢以俭，德不处其厚，情

---

[1]　王勃：《秋日登洪府滕王阁饯别序》，载《王勃全集笺注》（上函卷八），蒋清翊注，铸记书局 1943 年版。

[2]　骆宾王：《代李敬业传檄天下文》，载《骆临海集笺注》，陈熙晋笺注，中华书局 1961 年版，第 336 页。

[3]　永瑢等撰：《四库全书总目提要》（卷一四九）"集部别集类二"，中华书局 1983 年版，第 1277 页。

[4]　梓潼、谢无量：《骈文指南》，上海中华书局 1940 年版，第 53 页。

不胜其欲，斯亦伐根以求木茂，塞源而欲流长者也……君人者，诚能见可欲，则思知足以自戒；将有所作，则思知止以安人；念高危，则思谦冲而自牧；惧满溢，则思江海而下百川；乐盘游，则思三驱以为度；忧懈怠，则思慎始而敬终；虑壅蔽，则思虚心以纳下；惧谗邪，则思正身以黜恶；恩所加，则思无因喜以谬赏；罚所及，则思无因怒而滥刑。总此十思，弘兹九德。简能而任之，择善而从之，则智者尽其谋，勇者竭其力，仁者播其惠，信者效其忠。文武争驰，君臣无事，可以尽豫游之乐，可以养松乔之寿，鸣琴垂拱，不言而化。何必劳神苦思，代下司职，役聪明之耳目，亏无为之大道哉？[1]

在这篇奏疏中，魏徵紧扣"思国之安者，必积其德义"，在当时历史条件下对安邦治国的重要思想做了非常精辟的论述，具体提出了居安思危、戒奢以俭等十个建议。全文主题突出，逻辑严密，语言的平易畅达更给人留下深刻的印象。

但在初盛唐文人心中，这样的文章好则好矣，却不够美。相比之下，"初唐四杰"的优秀骈文和骈体公牍文更符合世人的审美观，前者如王勃《秋日登洪府滕王阁饯别序》：

豫章故郡，洪都新府。星分翼轸，地接衡庐。襟三江而带五湖，控蛮荆而引瓯越。物华天宝，龙光射牛斗之墟；人杰地灵，徐孺下陈蕃之榻……披绣闼，俯雕甍，山原旷其盈视，川泽纡其骇瞩。闾阎扑地，钟鸣鼎食之家；舸舰弥津，青雀黄龙之舳。云销雨霁，彩彻区明。落霞与孤鹜齐飞，秋水共长天一色。渔舟唱晚，响穷彭蠡之滨，雁阵惊寒，声断衡阳之浦……穷睇眄于中天，极娱游于暇日。天高地迥，觉宇宙之无穷；兴尽悲来，识盈虚之有数。望长安于日下，目吴会于云间。地势极而南溟深，天柱高而北辰远。关山难越，谁悲失路之人？萍水相逢，尽是他乡之客。怀帝阍而不见，奉宣室以何年？……老当益壮，宁移白首之心；穷且益坚，不坠青云之志。酌贪泉而觉爽，处涸辙而相欢。北海虽赊，扶摇可接；东隅已逝，桑榆非晚。孟尝高洁，空馀报国之情；阮籍猖狂，岂效穷途之哭？……[2]

[1]　董诰等编：《全唐文》（卷一三九），中华书局 1983 年版，第 1410 页。

[2]　王勃：《秋日登洪府滕王阁饯别序》，载《王勃全集笺注》（上函卷八），蒋清翊注，铸记书局 1943 年版。

这篇文章绘章缋句，对仗精工，借登高之会感怀时事，慨叹身世，是富于时代精神和个人特点的真情流露。也因为这美轮美奂的遣词造句下讲述的是"青云之志"，所以该文虽然语言仍然华丽，声律依然严谨，对偶依旧频用，但文章的内在气质已由六朝的红香翠软的病态美改为高远激昂的壮阔美了。

后者如骆宾王《代李敬业传檄天下文》：

> 伪临朝武氏者，人非温顺，地实寒微。昔充太宗下陈，曾以更衣入侍。洎乎晚节，秽乱春宫。密隐先帝之私，阴图后庭之嬖。入门见嫉，蛾眉不肯让人；掩袖工谗，狐媚偏能惑主……南连百越，北尽三河；铁骑成群，玉轴相接。海陵红粟，仓储之积靡穷；江浦黄旗，匡复之功何远！班声动而北风起，剑气冲而南斗平。暗呜则山岳崩颓，叱咤则风云变色。以此制敌，何敌不摧！以此攻城，何城不克？公等或家传汉爵，或地协周亲，或膺重寄于爪牙，或受顾命于宣室。言犹在耳，忠岂忘心。一抔之土未干，六尺之孤安在？倘能转祸为福，送往事居，共立勤王之勋，无废旧君之命，凡诸爵赏，同指山河。若其眷恋穷城，徘徊歧路，坐昧先几之兆，必贻后至之诛。请看今日之域中，竟是谁家之天下！[1]

这篇檄文立论严正，先声夺人，将武则天置于被告席上，列数其罪，并借此宣告天下，共同起兵。细细读来，此文虽然辞藻华美，但精彩的论述，铿锵的音调，特别是激昂的气势融汇在文中，在词采赡富中寓有一股灵活生动之气，有强烈的感染力。据《新唐书》所载，武则天初观此文时，还嬉笑自若，当读到"一抔之土未干，六尺之孤安在"句时，惊问是谁写的，叹道："有如此才，而使之沦落不偶，宰相之过也！"可见这篇檄文煽动力之强了。

总的来看，王勃的《秋日登洪府滕王阁饯别序》和骆宾王的《代李敬业传檄天下文》之所以流芳千古，关键是文中体现出了激昂壮阔的盛世精神。如果说在"初唐四杰"这儿，这种盛世精神的感受与体现更多地来源于天赋与个人命运的话，在号称"大手笔"的张说与苏颋那里，体现盛世的功德与恢宏已经成为自觉的创作意识。张说在《洛州张司马集序》中说：

> 夫言者志之所之，文者物之相杂。然则心不可蕴，故发挥以形容；辞

---

[1]　《骆临海集笺注》，骆宾王著，陈熙晋笺注，中华书局1961年版，第330—338页。

不可陋，故错综以润色。万象鼓舞，入有名之地；五音繁杂，出无声之境。非穷神体妙，孰能与乎！……旌贤有通德之教，疾恶存署背之文。继轨前途，遇物成兴。理关刑政，咸归故事之台；义涉箴规，尽入名臣之奏。加以许与气类，交游豪杰，仕遭夷险，身更否泰。昔尝摄戎幽易，谪居邛嵩。亭皋漫漫，兴去国之悲；旗鼓汹汹，助从军之乐。时复江莺迁谷，陇雁出云，梦上京之台沼，想故山之风月。发言而宫商应，摇笔而绮绣飞。逸势标起，奇情新拔。灵仙变化，星汉昭回。感激精微，混韶武于金奏；天然壮丽，萃云霞于玉楼。当代名流，翕然崇尚。[1]

从这篇文章中可知，张说认为，身为朝臣写作的文章，在内容上，要"理关刑政"、"义涉箴规"、"旌贤"、"疾恶"，尽讽谏之责；在形式上，要"错综以润色"，"发言而宫商应，摇笔而绮绣飞"，语辞要精美；在风格上，则要达到"逸势标起，奇情新拔"以及"感激精微"、"天然壮丽"的效果，可见，张说推崇的是一种高华流丽与气势宏博两美兼具的风貌。试以其成名作《对词摽文苑科策》为例：

臣闻古者因人以立法，乘时以设教，以义制事，以礼制心。夫人者，理得则气和，业安则心固，崇让则不竞，知耻则远刑。若强人之所不能，虽令不劝；禁人之所必犯，虽罚且违。故曰：政不欲烦，烦则数改；数改无定，人怀苟免之心；网不欲密，密则深文；深文多伤，下有非辜之惧。窃见今之俗吏，或匪正人，以刻为明，以苛为察，以剥下为利，以附上为诚。综覆之司，考课专于刀笔；抚字之宰，职务具为簿书。陛下日昃虽勤，守宰风化多阙。臣以为将行美政，必先择人。失政谓之虐人，失人谓之伤政。拾人为政，虽勤何为？伏愿陛下进经术之士，退掊克之臣，崇简易之化，流恺悌之风，画一成歌，此适时之务也。慎贤而用，此经国之图也。[2]

这是张说针对"适时之务何先，经国之图何最"的问题做出的回答。该段文字议论精密，语言平适，极少运用典故，而他化骈文对句的同义对偶而为复义排比，使对句在气势的层叠中获得句意的推进，这就将气势的雄大与推进结合了起来，文章也就因而获得了磅礴的流动之势。清蔡世远云："昌黎公未出以前，推燕公为巨手。

[1] 张说：《洛州张司马集序》，载董诰等编：《全唐文》（卷二二五），中华书局1983年版，第2275—2276页。

[2] 董诰等编：《全唐文》（卷二二四），中华书局1983年版，第2261—2262页。

未能去排偶之习，然典重矜贵，有两汉之风味，而无六朝之绮靡。"[1] 这正是对张说公牍文风格在唐代骈体公牍文转变中地位的最好说明。

此外，张说与徐坚同为集贤学士，两人曾——评点当时文坛的创作与文人之优劣，张说评曰：

> 李峤、崔融、薛稷、宋之问，皆如良金美玉，无施不可。富嘉谟之文，如孤峰绝岸，壁立万仞，丛云郁兴，震雷俱发，诚可畏乎！若施于廊庙，则为骇矣。阎朝隐之文，则如丽色靓妆，衣之绮绣，燕歌赵舞，观者忘忧，然类之风雅，则为俳矣。

又曰：

> 韩休之文，有如太羹玄酒，虽雅有典则，而薄于滋味；许景先之文，有如丰肌腻体，虽秾华可爱，而乏风骨；张九龄之文有如轻缣素练，虽济时适用，而窘于边幅；王翰之文，有如琼林玉斝，虽烂然可珍，而多有玷缺。若能箴其所阙，济其所长，亦一时之秀也。[2]

可见张说等人推崇的文章风格是既要华赡丰美、典重质实，又要济时致用，可登大雅之堂。此外，《四库全书总目提要》评价张九龄："文章高雅，亦不在燕许诸人之下"，"文笔宏博典实，有垂绅正笏气象"，"所撰制草，明白切当，多得王言之体"。[3]《新唐书·文艺传》载："玄宗好经术，群臣稍厌雕琢，索理致，崇雅黜浮，气益雄浑，则燕、许擅其宗"[4]，都体现出了文风的转变。

在此背景下，在骈文乃至骈体公牍文领域，六朝华靡的文风渐渐淡去，清雅疏朗的风格逐渐形成："燕、许……其文雍容华贵，与所处之时代，适相称。四杰承六朝之风，以流利相尚，燕、许处太平之世，以凝重见长，而后唐文始趋于博大昌明之域，作风时代之反映，不益信欤？"[5]

---

[1]　转引自王太阁：《论张说散文创作的"新变"》，载《郑州大学学报》（哲学社会科学版）2004年第4期。

[2]　刘肃：《大唐新语》（卷八），许德楠、李鼎霞点校，中华书局1984年版，第131页。

[3]　永瑢等撰：《四库全书总目提要》（卷一四九），中华书局1965年版，第1279页。

[4]　欧阳修、宋祁：《新唐书·文艺上》（卷二〇一），中华书局1975年版，第5725页。

[5]　刘麟生：《中国骈文史》，东方出版社1996年版，第65页。

中编

陆贽及其骈体公牍文

第四章　陆贽的政治理想与文化心理

第一节　政治理想：经世致用　教民化世

陆贽"少孤，特立不群，颇勤儒学"[1]，小时候起即受到良好的儒家思想教育。安史之乱的发生，让唐代文人们进一步意识到了儒学思想重兴在社会政治思想领域的重要性，陆贽也不例外，他的一生，就是将儒学与政治再次紧密结合，实践儒学精神和实现儒学理想的一生。

儒家文化是我国历朝历代封建社会的精神支柱，它宣扬的是"修身、齐家、治国、平天下"一整套经世致用的理论。陆贽是以儒家思想为指导思想的政治家，有着强烈的用世精神。他进入仕途较早也较顺利，首次被授官是华州的郑县尉，从九品上的职事官，第二次被授官是以书判拔萃得任渭南县的主簿，主簿掌管文书簿籍，品阶为正九品上。虽然主簿的工作"官微多惧事多同"[2]，但由于直接与人民打交道，陆贽倒也是做得兢兢业业，并由此对吏治的得失利弊有了直接深刻的感受。因此，当建中元年（780）二月，德宗为了"观风俗，问疾苦"，派遣的黜陟使来到渭南时，"（陆）贽说使者，请以五术省风俗，八计听吏治，三科登隽义，四赋经财实，六德保疲瘵，五要简官事"[3]。他的思考全面而成熟，建议涉及了基层官吏治事的所有方面，可以说，这是其经世致用政治理想与才能的最早体现。

建中四年（783），"初，上在东宫，闻监察御史嘉兴陆贽名，即位，召为翰林学士，数问以得失"[4]。这是陆贽跻身德宗朝政治核心圈的开始，也是其政治生涯的转折点，

---

[1]　刘昫：《旧唐书·陆贽传》（卷一三九），中华书局1975年版，第3791页。

[2]　卢纶：《驿中望山戏赠渭南陆贽主簿》，载彭定求等编：《全唐诗》，中华书局1979年版，第3159页。

[3]　欧阳修、宋祁：《新唐书·陆贽传》（卷一五七），中华书局1975年版，第4911页。

[4]　司马光主编：《资治通鉴》（卷二二八），中华书局1956年版，第7347—7348页。

从此，陆贽的一生与德宗紧密相连，不断升降浮沉。

此时的唐德宗正面临着人生最严峻棘手的时刻：先是魏博、成德、淄青三镇联兵反叛，紧接着朱滔、田悦、王武俊、李纳、李希烈先后称王称帝，战祸弥漫了半个大唐。为了进讨李希烈，唐德宗调泾原节度兵东下，路经长安时又发生了泾原兵变，德宗不得已仓皇逃到奉天，同时，朱泚在长安称帝并率大军进攻奉天，"聚兵日众，供费日博，常赋不给……榷算之科设，率贷之法兴。禁防滋章，吏不堪命，农桑废于追呼，膏血竭于笞捶，兆庶嗷而郡邑不宁矣……群情嚣然，而关畿不宁矣"[1]。可以说，此时，唐王朝面临着前所未有的严峻形势。

面对这一严峻形势，唐德宗认为，"自古国家兴衰，皆有天命"[2]，颇有些束手无策、听天由命的意味。陆贽不赞成德宗这种错误的思想和态度，在《论叙迁幸之由状》一文中，他直截了当地指出："致今日之患，是群臣之罪。"[3]理由何在？该文做了进一步的阐述：

> 《礼记》引《诗》而释之曰："《大雅》云：'殷之未丧师，克配上帝。仪监于殷，骏命不易。'言得众则得国，失众则失国也。"又引《书》而释之曰："《康诰》云：'惟命不于常。'言善则得之，不善则失之。"此则圣哲之意，《六经》会通，皆为祸福由人，不言盛衰有命。盖人事著于下，而天命降于上。是以事有得失，而命有吉凶，天人之间，影响相准。《诗》、《书》已后，史传相承，理乱废兴，大略可记。人事理而天命降乱者，未之有也；人事乱而天命降康者，亦未之有也。[4]

既然治乱由人，不在天命，那么，经过人的努力，乱世也有可能变为治世。

其实在陆贽看来，"治"与"乱"之间就像祸福之间一样，本身就存在一种相互转化、发展的动态关系：

> 臣闻理或生乱，乱或资理，有以无难而失守，有因多难而兴邦。理或生乱者，恃理而不修也；乱或资理者，遭乱而能惧也。无难失守者，忽万机之重，而忘忧畏也。多难兴邦者，涉庶事之艰，而知敕慎也。今生乱失

---

[1]　欧阳修、宋祁：《新唐书·陆贽传》（卷一五七），中华书局1975年版，第4914页。

[2]　陆贽：《陆贽集·论叙迁幸之由状》，王素点校，中华书局2006年版，第355页。

[3]　陆贽：《陆贽集》，王素点校，中华书局2006年版，第356页。

[4]　陆贽：《陆贽集》，王素点校，中华书局2006年版，第361页。

守之事，则既往不可复追矣；其资理兴邦之业，在陛下克励而谨修之。当至危至难之机，得其道则兴，失其道则废，其间不容复有所悔也。[1]

因此，陆贽对于"乱"并不悲观失望，而是充满着"治"的信心。

该从哪些方面入手"治"世，陆贽并没有专门的文章论述，但从他的一些针对时局时事的文章中，我们可以窥一斑而知全豹：

> 人者，邦之本也；财者，人之心也；兵者，财之蠹也。其心伤则其本伤，其本伤则枝干颠瘁而根柢蹶拔矣。惟陛下重慎之，愍惜之。[2]

> 臣闻立国之本，在乎得众，得众之要，在乎见情。故仲尼以谓"人情者，圣王之田"，言理道所由生也。是则时之否泰，事之损益，万化所系，必因人情。情有通塞，故否泰生；情有厚薄，故损益生。通天下之情者，莫智于圣人；尽圣人之心者，莫深于《易》象。其别卦也，坤上乾下则曰泰，乾上坤下则曰否。其取象也，损上益下则曰益，损下益上则为损。乾为天，为君；坤为地，为臣。天在下而地处上，于位乖矣，而反谓之泰者，上下交故也。君在上而臣处下，于义顺矣，而反谓之否者，上下不交故也。气不交则庶物不育，情不交则万邦不和。天气下降，地气上腾，然后岁功成。君泽下流，臣诚上达，然后理道立。损益之义，亦由是焉。上约己而裕于人，人必悦而奉上矣，岂不谓之益乎！上蔑人而肆诸己，人必怨而叛上矣，岂不谓之损矣！然则上下交而泰，不交而否，自损者人益，自益者人损，情之得失，岂容易哉！……是以古先圣王之居人上也，必以其心从天下之心，而不敢以天下之人从其欲。[3]

> 与尧、舜、禹、汤同务者必兴，与桀、纣、幽、厉同趣者必覆，全失众则全败，全得众则全成，多同于善则功多，甚同于恶则祸甚。善恶从类，端如贯珠；成败象形，明若观火：此历代之元龟也……夫以太宗之德美，

---

[1] 陆贽：《陆贽集·论叙迁幸之由状》，王素点校，中华书局2006年版，第362—363页。

[2] 陆贽：《陆贽集·论两河及淮西利害状》，王素点校，中华书局2006年版，第324页。

[3] 陆贽：《陆贽集·奉天论前所答奏未施行状》，王素点校，中华书局2006年版，第372—373页。

贞观之理安，且犹务得人心，其勤若此，是则人心之于理道，可一日而不接乎？[1]

当今急务，在于审查群情。若群情之所甚欲者，陛下先行之；群情之所甚恶者，陛下先去之。欲恶与天下同，而天下不归者，自古及今，未之有也。夫理乱之本，系于人心。况乎当变故动摇之时，在危疑向背之际，人之所归则植，人之所去则倾。陛下安可不审查群情，同其欲恶，使亿兆同趣，以靖邦家乎！此诚当今之所急也！[2]

自古以来，欲治其国，必得其民，必得其心。中华五千年的历史也充分表明，凡能体谅民心民情，与民同好恶、共甘苦者，必定国家繁荣昌盛，个人也能取得一番丰功伟业，反之必有覆舟之祸。陆贽充分认识到了这一点。他认为国家之乱的根源在于上下之情不通。人心的向背，关键也在于君主与庶民情意是否相通。为此陆贽进一步阐发了民为邦本、本固邦宁的传统儒家思想，强调"立国之本，在乎得众"。

那如何才能"得众"呢？陆贽认为，一是要有以民为本的思想，二是要推行德政。两者之间互为补充、互为因果。

为此，上至一国之君，下至普通官吏，首先是要有爱民之心，要能体谅民情。在陆贽的奏议中，他反复强调了这一点：

昔子夏问于孔子曰："何如斯可谓人之父母？"孔子对曰："四方有败，必先知之，斯可谓人之父母矣。"盖以君人之道，子育为心。虽身居九重，而虑周四表；虽恒处安乐，而忧及困穷。近取诸身，如一体之于四肢，其疾病无不恤也。远取诸物，如两曜之于万类，其鉴照无不均也。故时有凶害，而人无流亡，恃天听之必闻，知上泽之必至。是以有母之爱，有父之尊。[3]

君者，所以抚人也，君苟失位，人将安仰？[4]

[1] 陆贽：《陆贽集·奉天论前所答奏未施行状》，王素点校，中华书局2006年版，第375—377页。

[2] 陆贽：《陆贽集·奉天论奏当今所切务状》，王素点校，中华书局2006年版，第367页。

[3] 陆贽：《陆贽集·请遣使臣宣抚诸道遭水州县状》，王素点校，中华书局2006年版，第554页。

[4] 陆贽：《陆贽集·平朱泚后车驾还京大赦制》，王素点校，中华书局2006年版，第21页。

夫致理之本，必在于亲人。[1]

周、召由辅弼之臣，兼方伯之任，盖以理化根本，在于亲人。[2]

在陆贽起草的诏敕中，对中唐的社会现实特别是人民因战乱所受的痛苦多有反映，处处可见他拳拳爱民、惜民、怜民之心。有概叹，如《奉天改元大赦制》："自顷军旅所给，赋役繁兴，吏因为奸，人不堪命，咨嗟怨叹，道路无聊，汔可小康，与之休息。"[3] 有哀婉，如《贞元改元大赦制》："加之以征求，因之以荒馑，困穷殍馁，转死丘墟。关、辅之间，冬无积雪，土膏未发，宿麦不滋。详思咎征，有为而致。兵戎之后，馀烬尚存，狱犴之中，深冤未释。"[4] 也有感伤，如《赈恤诸道将吏百姓等诏》："自戎役繁兴，两河尤极，农桑日废，井邑为墟。丁壮服其干戈，疲羸委于沟壑。伤痍未复，荒馑荐臻。历河、朔而至于太原，自淮、沂而被于洛、汭，虫螟为害，雨泽愆时，稼穑卒痒，烝黎重困。然由征赋不息，征役未宁，冻馁流离，寄命无所。兴言感悼，焚灼于怀。"[5]

在实际生活中，陆贽也身体力行。贞元八年（792）秋七月，河南、河北、山南、江、淮诸道的荆、襄、陈、许等四十余州水灾严重，陆贽立即上文，劝唐德宗抚恤灾民："今水潦为败，绵数十州，奔告于朝，日月相继。若哀其疾苦，固宜降旨优矜；倘疑其诈欺，亦当遣使巡视。安可徇往来之浮说，忘惠恤之大猷！失人得财，是将焉用？况灾害已甚，申奏亦频……恐须速将德音，深示忧悯，分道命使，明敕吊灾，宽息征徭，省察冤滥……所费者财用，所收者人心。若不失人，何忧乏用？"[6] 对老百姓而言，在遣使安抚的同时，"宽息征徭，省察冤滥"才是最实际的安慰，这种散财济民、体恤百姓的举措充分体现了陆贽"爱民如子"的理念。

其次，要有富民之举。《论语》言："百姓足，君孰与不足？百姓不足，君孰

[1]　陆贽：《陆贽集·优恤畿内百姓并除十县令诏》，王素点校，中华书局2006年版，第112页。

[2]　陆贽：《陆贽集·韩滉检校左仆射平章事制》，王素点校，中华书局2006年版，第230—231页。

[3]　陆贽：《陆贽集》，王素点校，中华书局2006年版，第12页。

[4]　陆贽：《陆贽集》，王素点校，中华书局2006年版，第41—42页。

[5]　陆贽：《陆贽集》，王素点校，中华书局2006年版，第107—108页。

[6]　陆贽：《陆贽集·请遣使臣宣抚诸道遭水州县状》，王素点校，中华书局2006年版，第555页。

与足。"[1]《孟子》亦言:"上下交征利而国危矣。"[2] 在儒家思想体系中,民富才能国富的经济思想一以贯之。作为儒家学说的忠实追随者,陆贽也不例外。当时,土地兼并愈来愈严重,以至于富者兼地数万亩,贫者无容足之居,而连年的动乱、长期的用兵,使得人民的赋税、徭役负担越来越重,广大农民不堪于这种剥削和压迫,纷纷破产,或沦为佃客,或转死沟壑,社会经济受到严重摧残,阶级矛盾也日益激化。对此国蹙民疲的状况,陆贽忧心忡忡:"孔子曰:'有国有家者,不患寡而患不均,不患贫而患不安。'盖均而无怨,节而无贫;和而无寡,安而无倾。汉文恤患救灾,则命郡国无来献。是以人为本,以财为末;人安则财赡,本固则邦宁。今百姓艰穷,非止不足;税额类例,非止不均;求取繁多,非止来献。诚可哀悯,亦可忧危。此而不图,何者为急?"[3] 如何解决?陆贽认为:"当今之要,在于厚人而薄财,损上以益下。"[4] 只有统治者知稼穑之艰难,察征戍之劳苦,轻徭薄赋,节用爱人,才能"使圣代黎人,永无馁乏"[5]。

正是在这一思想指导下,陆贽对两税法进行了猛烈的抨击:"时有弊而未理,法无弊而已更,扫庸调之成规,创两税之新制,立意且爽,弥纶又疏,竭耗编甿,日日滋甚。夫作法裕于人,未有不得人者也。作法裕于财,未有不失人者也……而乃搜摘郡邑,勘验簿书,每州各取大历中一年科率钱谷数最多者,便为两税定额。此乃采非法之权令,以为经制;总无名之暴敛,以立恒规。是务取财,岂云恤隐。作法而不以裕人拯病为本,得非立意且爽者乎?"[6] 并结合当时的现实矛盾,提出了限田减租、轻敛薄赋、量入制出等一系列富民强国的主张。虽然作为封建社会地主阶级的一分子,陆贽提出这些主张主要是为了维护地主阶级的统治,维护封建统治者的长治久安,但不可否认,这种种措施也在一定程度上缓解了激烈的阶级矛盾,减轻了老百姓的负担,促进了社会经济的繁荣稳定发展。

最后,要有待民之德。安史之乱爆发后,大唐经济凋敝,民不聊生,开元盛世固已成明日黄花,藩镇割据、宦官专权更使唐王朝的统治雪上加霜、摇摇欲坠。面

[1]　《论语·颜渊》,载杨伯峻:《论语译注》,中华书局1963年版,第134页。

[2]　朱熹:《四书章句集注》,中华书局1983年版,第201页。

[3]　陆贽:《陆贽集·均节赋税恤百姓六条(其一)》,王素点校,中华书局2006年版,第727—728页。

[4]　陆贽:《陆贽集·均节赋税恤百姓六条(其三)》,王素点校,中华书局2006年版,第757页。

[5]　陆贽:《陆贽集·均节赋税恤百姓六条(其五)》,王素点校,中华书局2006年版,第766页。

[6]　陆贽:《陆贽集·均节赋税恤百姓六条(其一)》,王素点校,中华书局2006年版,第720—722页。

对这一局势，作为最高统治者，德宗本应采取清静无为之政策，让老百姓能休养生息，让社会生产力能逐渐恢复，但他却"猜忌刻薄，以强明自任，耻见屈于正论，而忘受欺于奸谀"[1]。德宗的刚愎自用、滥用民力使其自身与天下人尖锐对立，更使天下趋于分崩离析之势。陆贽认为，既然政治危机是因为德宗自逞才智而造成的，所以要解决矛盾，最重要的是德宗要改变自身，抛弃个人之好恶与才智，更要克制私欲，体谅民情，也就是要使"其心从天下之心"，而不是"以天下之人从其欲"。一言以蔽之，德宗必须有"待民之德"。

陆贽多次表达了这种观点：

> 群臣参日，使极言得失……兼天下之智，以为聪明。[2]

> 窃以帝王之道，颇与敌国不同，怀柔万邦，唯德与义，宁人负我，无我负人，故能使亿兆归心，远迩从化。犹有凶迷不复，必当人鬼同诛，此其自取覆亡，尚亦不足含怒。[3]

> 臣谓当今急务，在于审察群情……欲恶与天下同，而天下不归者，自古及今，未之有也……陛下安可不审察群情，同其欲恶，使亿兆归趣，以靖邦家乎！此诚当今之所急也！[4]

在实际政务中，陆贽的这种观点体现更为鲜明。兴元元年 (784) 正月，德宗依靠浑瑊、李怀光等人的奋战，打败了朱泚对奉天的围攻，"贼泚解围，诸藩贡奉继至，乃于奉天行在贮贡物于廊下，仍题曰琼林、大盈二库名"[5]。陆贽见此吃惊非常，急忙上疏《奉天请罢琼林大盈二库状》，劝德宗罢去私库，将货物尽赐有功，以奖励将士平叛靖乱。在先从理论上阐明天子不应蓄积私财后，陆贽接着举奉天围城前后的情况对比来表明其中的利害得失：

> 天衢尚梗，师旅方殷，疮痛呻吟之声，噢咻未息，忠勤战守之效，赏

[1] 欧阳修、宋祁：《新唐书·德宗本纪》（卷七），中华书局 1975 年版，第 219 页。

[2] 欧阳修、宋祁：《新唐书·陆贽传》（卷一五七），中华书局 1975 年版，第 4916 页。

[3] 陆贽：《陆贽集·论淮西管内水损处请同诸道遣宣慰使状》，王素点校，中华书局 2006 年版，第 558—559 页。

[4] 陆贽：《陆贽集·奉天论奏当今所切务状》，王素点校，中华书局 2006 年版，第 367 页。

[5] 刘昫：《旧唐书·陆贽传》（卷一三九），中华书局 1975 年版，第 3793 页。

贡未行，而诸道贡珍，遽私别库，万目所视，孰能忍怀。窃揣军情，或生觖望……今者攻围已解，衣食已丰……其患难既与之同忧，而好乐不与之同利，苟异恬默，能无怨咨？此理之常，固不足怪。《记》曰："财散则民聚，财聚则民散。"岂非其殷鉴欤！众怒难任，蓄怨终泄，其患岂徒人散而已，亦将虑有构奸鼓乱，干纪而强取者焉！[1]

琼林、大盈二库创于唐玄宗时期，主要供别储诸道贡献之用，独立于国家赋税之外，是天子的私人金库。国家平安时期，它们就比较引人注目，如果适逢战乱之际，更是举国关注的焦点。建中四年泾原兵变，参与叛乱的士卒曾扬言说："吾辈将死于敌，而食且不饱，安能以微命拒白刃邪！闻琼林、大盈二库，金帛盈溢，不如相与取之。"[2]充分说明，其本身是个敏感地带，君王对它们的态度牵动天下人的目光。在朱泚之乱形势稍有好转之际，唐德宗不念及天下苍生，而是迫不及待地想着充实自己的"小金库"，真可谓鼠目寸光、贪婪无餍。相比之下，朱泚谋乱之时，"不爱金帛以悦将士，公卿家属在城者皆给月俸，皆给其家粮。加以缮完器械，日费甚广，及长安平，府库尚有馀蓄，见者皆追怨有司之暴敛焉"[3]，倒是比德宗更有"待民之德"了。

陆贽在《奉天请罢琼林大盈二库状》文末说："天子之贵，岂当忧贫！是乃散其小储而成其大储也，损其小宝而固其大宝也。"[4]这段话道出了他请罢琼林、大盈二库的真实原因与意图，但无论如何，与德宗这个骄奢淫逸、趋近利而昧远图的封建统治者相比，陆贽的建议与主张更能获得民心，增民利益。他"显示了唐代政治文化的新志向，代表了一种新型的文化品格……充分体现了新兴士人阶层以天下为己任的胸襟与责任感"[5]。

明人王世贞曾将陆贽与魏徵并论，在《读陆宣公奏议说》中慨叹"唐世贤相，善谋、善断、尚通、尚法、尚直、尚文，功业素表，非无可称，然皆出于才质之美，而未尝根于学问，殆不免乎朱子所谓村宰相者。独魏郑公，耻其君不为尧舜，进谏论事，每以仁义为劝，颇为知学。夫何建成之事，君子病焉。吾所敬服者，惟陆宣公乎？论谏数百，炳若丹青，虽当扰攘之际，说其君未尝用数……其学之纯粹，盖三百年

[1] 陆贽：《陆贽集》，王素点校，中华书局 2006 年版，第 423—424 页。
[2] 司马光主编：《资治通鉴》，中华书局 1956 年版，第 7352 页。
[3] 司马光主编：《资治通鉴》，中华书局 1956 年版，第 7376 页。
[4] 陆贽：《陆贽集》，王素点校，中华书局 2006 年版，第 426 页。
[5] 查屏球：《唐学与唐诗》，商务印书馆 2000 年版，第 114—115 页。

间一人而已"[1]。从为民着想的角度而言，此语并不为过。

第二节　处世态度："知时""通变" 审时度势

陆贽思想主要是以儒家为依归，这是他思想的主要源头。但陆贽并非"白首死章句"的腐儒，在一准尧舜、探本六经的同时，他精习了孔孟以外的先秦诸子，另外又博采汉唐诸人，广泛吸收有益的思想营养。博览群书、旁搜远绍的结果是其能融会贯通，并不抱残守缺、拘于成规。此外，经世致用、教民化世的政治理想也使得陆贽不再拘泥于礼制古今之异同或是非，而是以现实政治环境为思考前提，审时度势、知时通变，用除弊救乱的现实功效作为评判是非的标准。这样的思想使他的处世态度一变而为"知时"、"通变"，具有很鲜明的实践理性与精神。现将陆贽所说，择其大要于下，以供参证：

> 仲尼叙《礼》、《乐》，删《诗》、《书》，修《春秋》，广《易》道。六经之教，所尚各殊，岂学者修行，理当区别？将圣人立意，本异宗源？施之于时，孰为先后？考之于道，何者浅深？差次等伦，指明其义。夫知本乃能通于变，学古所以行于今，……[2]

> 见其情而通其变。[3]

> 且侍郎(陆贽)曰：帖经为本，本实在才，才不由经，文自谬矣。由经之才，文自见矣。本于是在，不在帖是。[4]

以上种种都体现了陆贽不拘泥于书，审时度势，求通求变的思想，而他的最终目的，就是要"上以格君心之非，下以通天下之志"[5]，继而维护、加强唐王朝的统治。

[1] 陆贽：《陆贽集》，王素点校，中华书局2006年版，第805—806页。
[2] 陆贽：《陆贽集·策问博通坟典达于教化科》，王素点校，中华书局2006年版，第190—191页。
[3] 陆贽：《陆贽集·论两河及淮西利害状》，王素点校，中华书局2006年版，第318页。
[4] 李观：《帖经日上侍郎书》，转引自陆贽语，载董诰等编：《全唐文》（卷五三三），中华书局1983年版，第5416页。
[5] 苏轼：《苏轼文集·乞校正陆贽奏议上进札子》，孔凡礼点校，中华书局2004年版，第1012页。

　　陆贽对李楚琳的态度充分体现了这种权衡得失、以时局为重的卓识。李楚琳者，其人"憍悍凶暴，军中畏之"[1]，"尝事朱泚，得其心"[2]。"建中四年，泾师犯阙，德宗幸奉天，凤翔兵马使李楚琳杀张镒，以府城叛归于朱泚。"[3]朱泚围攻奉天失利退军后，李楚琳见其势危，又进贡朝廷，一反一覆，情极可恶。德宗虽不得已除此人为凤翔节度使，但因其为人凶逆反复，内心非常提防甚至厌恶他。"近者凤翔使来，绝不蒙恩召见，滞留数辈，并未放还。"[4]不仅扣留李楚琳数次派来的使者，抵达梁州后，德宗还想以浑瑊代替李楚琳。但对此举措，陆贽强忍内心的悲痛，上疏《兴元请抚循李楚琳状》力阻德宗。

　　原来，李楚琳所杀之张镒与陆贽是忘年交，可以说是陆贽朝中少有的好友之一。张镒是苏州昆山人，朔方节度使齐丘之子，以门荫授左卫兵曹参军，在朝中多年，"名重道直"[5]。《新唐书·张镒传》记载其"大历初出为濠州刺史，政务清简，延经术士讲教生徒。比去，州升明经者四十人"[6]。对于这位同乡先辈，儒学大家，年轻的陆贽敬慕不已。《旧唐书》记载了他与张镒相识相交的过程：

　　　　罢秩，东归省母，路由寿州，刺史张镒有时名，贽往谒之。镒初不甚知，留三日，再见与语，遂大称赏，请结忘年之契。及辞，遗贽钱百万，曰："愿备太夫人一日之膳。"贽不纳，唯受新茶一串而已，曰："敢不承君厚意。"

　　　　初，贽受张镒知，得居内职；及镒为卢杞所排，贽常忧悁；及杞贬黜，始敢上书言事。[7]

　　从上文可见，于公于私，张镒都于陆贽有恩，张镒为李楚琳所害，一般人在此情况下，可能会顺水推舟，杀了仇人，以解心头之恨。但陆贽不是，从国家大局出发，他上疏德宗，分析时局，劝德宗忍忿弃瑕，争取一切可以争取的力量：

　　　　李楚琳乘时艰危，倣扰岐下，贼杀戎帅，款结凶渠，奉天之围，颇亦有助，其于叛乱，海内彰闻。论者今始纷纭，一何知见之晚邪！但以乘舆未复，

[1]　刘昫：《旧唐书·窦参等传》（卷一三六），中华书局1975年版，第3750页。

[2]　刘昫：《旧唐书·张镒、冯河清等传》（卷一二九），中华书局1975年版，第3548—3549页。

[3]　刘昫：《旧唐书》（列传第九十），中华书局1975年版，第3821页。

[4]　陆贽：《陆贽集·兴元请抚循李楚琳状》，王素点校，中华书局2006年版，第492页。

[5]　刘昫：《旧唐书》（列传第七十五），中华书局1975年版，第3547页。

[6]　欧阳修、宋祁：《新唐书·张镒传》，中华书局1975年版，第3543页。

[7]　刘昫：《旧唐书·陆贽传》（卷一三九），中华书局1975年版，第3799页。

大憝犹存，勤王之师，悉在畿内，急宣速告，晷刻是争。商岭则道迂且遥，骆谷复为盗所扼，仅通王命，唯在褒斜，此路若又阻艰，南北遂将复绝。以诸镇危疑之势，居二逆诱胁之中，汹汹群情，各怀向背。贼胜则往，我胜则来，其间事机，不容差跌。倘或楚琳发憾，公肆猖狂，南塞要冲，东延巨猾，则我咽喉梗而心膂分矣，其势岂不甚病哉！且楚琳本怀，唯恶是务，今能两端顾望，乃是天诱其衷，故通归途，将济大业。[1]

如陆贽所言，李楚琳其人固然"性行无良，多为时议所恶"[2]，但当时其扼守褒斜道，处在李怀光、朱泚两军之间，摇摆不定，徘徊顾望。如果像旁臣提议的去斥绝李楚琳，必然会激得他悍然倒戈，从而扼断德宗回长安的归路并将唐军分割开来，局势将雪上加霜。所以，权衡时弊，陆贽认为，德宗应忍辱负重，"陛下诚宜深以为念，厚加抚循。得其持疑，便足集事；倘能迁善，亦可济师"[3]，万万不可"固不可纳竖儒小忠，以亏挠兴复之业也"[4]。

陆贽自幼颇勤儒学，但从这件事的处理上，我们可以看出他与那些宣称李楚琳"心挟两端，若不提防，恐妄生窥伺"，主张"谓宜斥绝，用杜奸邪"[5]的腐儒的鲜明不同。他以儒家理论学说为武器，以时局的具体情势为背景，以国家的长远利益为最终标准，灵活地判断、处理政治事务，在《兴元贺吐蕃尚结赞抽军回归状》一文中，这种思想体现得更为鲜明。

兴元元年四月，在唐使者的请求下，吐蕃尚结赞自驻邠南，并派其大将论莽罗率兵二万，在唐朝大将浑瑊的带领下，大败朱泚将韩旻。五月，朱泚惧，以重金再次贿赂尚结赞，让其退兵。因为急于恢复京师，但深感李晟、浑瑊兵力不够，德宗非常忧惧，所以想问问陆贽的看法。但陆贽却出人意料，不忧反喜，不吊而贺，呈上了一篇《兴元贺吐蕃尚结赞抽军回归状》。

在这篇奏议中，陆贽开门见山，直言"蕃戎退归，乃是社稷遐福"。接下来，陆贽结合历史对吐蕃所作所为进行了深入的分析：

彼吐蕃者，犬羊同类，狐鼠为心，贪而多防，狡而无耻，威之不格，

[1] 陆贽：《陆贽集·兴元请扶循李楚琳状》，王素点校，中华书局2006年版，第492—493页。
[2] 陆贽：《陆贽集·兴元请扶循李楚琳状》，王素点校，中华书局2006年版，第492页。
[3] 陆贽：《陆贽集》，王素点校，中华书局2006年版，第493—494页。
[4] 陆贽：《陆贽集》，王素点校，中华书局2006年版，第496页。
[5] 陆贽：《陆贽集·兴元请扶循李楚琳状》，王素点校，中华书局2006年版，第492页。

抚之不怀，虽或时有盛衰，大抵常为边患，阴诈难御，特甚诸夷……逮至盗惊都邑，驾幸郊畿，结赞总戎在边，因请将兵赴难。陛下推诚允纳，厚赂招徕。逗留持疑，竟不时进。无济讨除之用，但携将帅之心。怀光遽至猖狂，颇亦由兹促祸。及皇舆再驾，移跸汉中，陛下犹望蕃兵，以宁内难。亲倚之情弥厚，屈就之事益多。豺狼野心，曾不知感，翻受朱泚信使，意在观变推移。频与诸军克期，至时皆不赴会，致令群帅，进退忧虞：欲舍之独前，则虑其怀怨乘蹑；欲待之合势，则苦其失信稽延。既奸且骄，曷望成绩？非唯变态难测，且又妨扰实深，戎若未归，寇终不灭。[1]

仅仅是回顾四年的历史，吐蕃的行为都说明了它实际为唐王朝边境之患，此外，虽然唐德宗待吐蕃非常宽厚，但自朱泚作乱以来，吐蕃却有时助我，有时助贼，犹疑辗转于两者之间，两方得利，足可见其并不值得信任倚靠，唐德宗想要依靠吐蕃平定朱泚之乱，更是痴心妄想。此外，在这段引文中，陆贽以"犬羊"、"狐鼠"、"豺狼"等贬义词痛斥吐蕃，其儒家思想、儒臣立场可见一斑。接下来，陆贽正面分析吐蕃撤退的可喜可贺之处：

抑昨蕃戎未退，臣又窃有过忧。流闻结赞好谋，恐其潜蓄奸计。倘或幸朝廷播越之际，乘贼泚穷蹙之时，轻犯近郊，若升虚邑。耀兵牧马，不却不前。外奉国家，内通凶逆，两持诱胁之势，俱纳遗赠之资，旁观战争，坐乘衰弊。如此则王师不得伐叛，烝黎不得宁居，贼必耗亡，我亦困竭……是乃戎有万全之利，我有不测之危。臣所以痛心伤神，昼惊夕惕者，虑其意及于此也。所赖天夺其魄……遘厉自遁……且贼泚之乱……独恶无与，何能久存？……今怀光别保蒲、绛，吐蕃远避封疆，形势既分，腹背无患，瑊、晟诸帅，才力得伸。又各士马非多，资粮向竭，若不降贼，即须建功……既牵于利害之情，理不同恶；又迫于单乏之急，势难久居。势理相驱，安能无战！浑瑊统戴休颜、韩游环乘其西北，李晟率骆元光、尚可孤攻其东南，同病相资，自当合力。但愿陛下慎于抚接，以奋起忠勇之心；勤于砥砺，以昭苏远近之望。中兴大业，旬月可期。不宜尚眷眷于犬羊之群，以失将士之情也。[2]

[1] 陆贽：《陆贽集》，王素点校，中华书局2006年版，第481—483页。
[2] 陆贽：《陆贽集》，王素点校，中华书局2006年版，第483—485页。

如果吐蕃不撤退，而是趁唐王朝兵力与贼泚兵力对峙之时，浑水摸鱼，渔翁得利，唐朝的处境将更加危险，而目前从局势来看，吐蕃因疫自退，李怀光退守河中，"琙、晟诸帅，才力得伸。又各士马非多，资粮向竭，若不降贼，即须建功"。一切都在朝有利于唐王朝的方向发展，如此看来，如何不是可喜可贺之事呢？

在这篇文章中，陆贽没有用一个典故，而是切实依据当前形势和吐蕃自身表现，做入情入理的分析，让人无法不信服，无法不接受。事实上，一月之内，长安便告收复，陆贽的预言变成了现实。《唐鉴》说："贤者之知国，如良医之知疾，察其形色，视其脉理，而识死生之变，不待其颠仆而后以为病也。陆贽论用兵之乱，如蓍龟之先见，何其智哉！夫岂如瞽史之知天乎，亦观其事而知之也。非独为贽之贤者能知之意，天下之凡民，亦必有知之者，惟人君不觉也。天下之患在于人莫敢言而君不得知，言之而不听，则末如之何也，必乱而已矣。"[1] 斯言是矣。

第三节　心理基础：舍身为君 安身卫道

儒家非常强调君臣之间的礼义关系，认为理想的君臣关系应该是"君使臣以礼，臣事君以忠"[2]。作为儒家思想的忠实信徒，陆贽也不例外。在君臣之间，陆贽是忠心耿耿，舍身为君。其撰写的奏议中多次予以表白：

> 君之任臣，有优贤赐告之义；臣之事君，有量力知止之道。故能进退以礼，终始可胜。[3]

> 夫君之有臣，以济理也，理不失道，乱何由生！乱之浸兴，由理乖也，君之及难，实臣罪也。是以主忧则臣辱，主辱则臣死。[4]

> 君臣之间，义同一体，事周大小，相须而成。故舜命其臣曰："作朕股肱耳目。"夫股肱之奉元首，不以烦细而阙于运行；耳目之助心灵，不以幺微而废于视听。是以臣子之于君父也，尽其敬而敬焉，尽其爱而爱焉……

[1]　范祖禹：《唐鉴》，上海古籍出版社1984年版，第186页。

[2]　《论语·八佾》，载杨伯峻：《论语译注》，中华书局1963年版，第32页。

[3]　陆贽：《陆贽集·姜公辅左庶子制》，王素点校，中华书局2006年版，第235页。

[4]　陆贽：《陆贽集·奉天论拟与翰林学士改转状》，王素点校，中华书局2006年版，第418页。

主辱与辱，主安与安，此而不言，谁复言者？[1]

所以，不论是担任翰林学士还是当朝宰相，不论是深受德宗信任还是被德宗冷落，陆贽都殚精竭虑，忠心为国。但是，陆贽对君王的忠心建立在爱国爱民和尧舜之道的基础上。当君民之间有利益冲突，当君之行为不符合陆贽心中"道"之要求时，陆贽常常是舍"君"卫"道"。在三年为相期间，陆贽尽心竭力，兴利除弊，凡是朝政中有不便国民之处便上书陈奏，即使因为直谏而触怒德宗也在所不惜。"朋友规之，以为太峻，贽曰：'吾上不负天子，下不负吾所学。不恤其他。'"[2] 其公忠贞亮之节可以想见。这也是陆贽舍身为君、安身卫道心理的最好体现。

平心而论，对陆贽而言，德宗是有知遇之恩的。《资治通鉴》载："初，上在东宫，闻监察御史嘉兴陆贽名，即位，召为翰林学士，数问以得失。"[3] 在任翰林学士期间，陆贽因其忠心与才华，得到了唐德宗的高度信任。权德舆《陆宣公全集序》中有如下记载：

> 公自行在带本职，拜谏议大夫、中书舍人。精敏小心，未尝有过。艰难扈从，行在辄随，启沃谋猷，特所亲信。有时谳语，不以公卿指名，但呼陆九而已。初幸梁、洋，栈道危狭，从官前后相失。上夜次山馆，召公不至，泣然号于禁旅曰："得陆贽者，赏千金。"顷之公至，太子、亲王皆贺。[4]

《资治通鉴》也有记载：

> 贽在翰林，为上所亲信，居艰难中，虽有宰相，大小之事，上必与贽谋之，故当时谓之内相。上行止必与之俱。梁、洋道险，尝与贽相失，经夕不至。上惊忧涕泣，募得贽者赏千金。久之，乃至，上喜甚，太子以下皆贺。[5]

不仅如此，唐德宗爱屋及乌，对陆贽的家人也颇为照顾：

> 初，公既职内署，母韦氏尚在吴中，上遣中使迎至京师，道路置驿，文士荣之。丁韦夫人忧，去职，持丧于洛。（上）遣人护溧阳之枢附葬于

---

[1] 陆贽：《陆贽集·兴元论解姜公辅状》，王素点校，中华书局 2006 年版，第 459 页。

[2] 刘昫：《旧唐书·陆贽传》（卷一三九），中华书局 1975 年版，第 3817 页。

[3] 司马光主编：《资治通鉴》（卷二二八），中华书局 1956 年版，第 7347—7348 页。

[4] 陆贽：《陆贽集》，王素点校，中华书局 2006 年版，第 815 页。

[5] 司马光主编：《资治通鉴》（卷二三〇），中华书局 1956 年版，第 7418—7419 页。

河南，遣中使监护其事。[1]

　　贽父初葬苏州，至是欲合葬，上遣中使护其枢车至洛，其礼遇如此。[2]

　　可以说，作为一名天子私臣，陆贽得到了前所未有的待遇，以至于在其免丧后，朝廷"内外属望，旦夕俟其辅政"[3]了。

　　对德宗的厚爱，陆贽感激涕零，自是悉心报国，以天下事为己任。在《论两河及淮西利害状》中他说自己"感激所至，亦能忘身"，又说："傥又上探微旨，虑非悦闻；傍惧贵臣，将为沮议；首尾忧畏，前后顾瞻：是乃偷合苟容之徒，非有挟危救难之意，心蕴忠愤，固愿披陈。"[4]在《论裴延龄奸蠹书一首》中更谓："畏覆车而骇惧，虑毁室而悲鸣，盖情激于衷，虽欲罢而不能自默也……忧深故语烦，恳迫故词切。"[5]在奉天、兴元的艰难时局中，陆贽一直跟随德宗，起草撰写了大量制诏："朱泚之乱，从幸奉天。时车驾播迁，诏书旁午，公洒翰即成，不复起草。初若不经思虑，及成而奏，无不曲尽事情，中于机会，仓卒填委，同职者无不拱手叹伏，不能复有所助。"[6]陆贽之才思敏捷、识见周密可见一斑。

　　登基之初的德宗也振奋精神，颇有一番励精图治的设想、构思。《旧唐书·德宗纪》说："德宗皇帝初总万机，厉精治道。思政若渴，视民如伤。凝旒延纳于谠言，侧席思求于多士。其始也，去无名之费，罢不急之官；出永巷之嫔嫱，放文单之驯象；减太官之膳，诚服玩之奢；解鹰犬而放伶伦，止榷酤而绝贡奉。"[7]此时的德宗，朝气蓬勃，励精图治，意图中兴大唐。他大刀阔斧，武力削藩，实施两税法，却不料这些政策招致了严重的副作用，导致了781—786年的六年大乱。在颠沛流离、仓皇避难的艰难困苦之际，他更能接受陆贽正确的谏议，这也使得陆贽起草撰写的制

　　[1] 权德舆：《陆宣公全集序》，载《陆贽集》，陆贽著，王素点校，中华书局2006年版，第815页。

　　[2] 刘昫：《旧唐书·陆贽传》（卷一三九），中华书局1975年版，第3800页。

　　[3] 权德舆：《权德舆诗文集·唐赠兵部尚书宣公陆贽翰苑集序》，郭广伟校点，上海古籍出版社2008年版，第501页。

　　[4] 陆贽：《陆贽集》，王素点校，中华书局2006年版，第316—317页。

　　[5] 陆贽：《陆贽集》，王素点校，中华书局2006年版，第691页。

　　[6] 权德舆：《权德舆诗文集·唐赠兵部尚书宣公陆贽翰苑集序》，郭广伟校点，上海古籍出版社2008年版，第500页。

　　[7] 刘昫：《旧唐书·德宗本纪》，中华书局1975年版，第400—401页。

诏颁发后，都收到了良好的反响和效果。《诛李怀光后原宥河中将吏并招谕淮西诏》就是典型例子。

贞元元年八月十二日，叛将李怀光走投无路自缢而死，部将牛名俊斩其首出降唐王朝，河中之乱因此平息。斯时也，德宗可以罢兵，也可以乘势征讨两河与淮西叛藩，当德宗使人咨询陆贽时，陆贽的意思简洁明了——停止内战，以德感召：

> 臣闻祸或生福，福亦生祸。丧者得之理，得者丧之端……是知福不可以久徼幸，得不可以常觊觎……臣窃惧谄谀希旨之徒，险躁生事之辈，幸凶丑覆亡之会，揣英主削平之心，必将竞效甘言，诱开利欲，谓王师所向莫敌，谓余孽指顾可平，请回蒲坂之戈，复起淮、沂之役。斯议一起，必有乱阶。[1]

为什么要"以德感召"呢？陆贽在《诛李怀光后原宥河中将吏并招谕淮西诏》中接着指出："自昔哲王，以道化下，不竭物以充欲，不劳人以树威，亿兆之心，如戴父母，兵革不试，四方来同。苟或昧于德绥，务以力胜，士旅疲耗，烝黎困穷，幸以成功，岂云有补？"[2] 可见自古以来，凡是息兵任德、重视抚慰赦宥的君王，自然会得人心，天下也必然安定祥和。

既然要以显现圣德皇恩为主，颁发的德音之诏就应体现出诚信感人之情。所以在陆贽起草的《诛李怀光后原宥河中将吏并招谕淮西诏》中，对叛将李怀光也不乏宽容："盖以信诚未著，抚驭或乖，至使功臣，陷于诛戮，谓之克敌，宁不愧心！然以怀光一家，法当奸戮；念其昔居将相，尝寄腹心，罪虽挂于刑书，功已藏于王府。以干纪之蹟，固合灭身；以赴难之勋，所宜有后。"[3] 对于尚处于对立状态中的各地叛帅，也是采取宽大政策："李希烈若能归降，待以不死。其余将士、官吏、百姓等，一切并与洗涤，与之更新。先有官封，亦皆仍旧。如能去逆效顺，因事建功，理当甄升，以示褒劝。"[4] 德宗更在诏书结尾宣告天下："朕思与海内，去危图安，有过自新，虽大必宥。朗然明信，彰示兆人，期尔庶邦，自求多福。无有远迩，咸使闻知。"[5] 皇帝如此诚恳，两河与淮西的叛藩都放了心，相继向朝廷表示归顺的诚心。于是李

---

[1]　陆贽：《陆贽集·收河中后请罢兵状》，王素点校，中华书局2006年版，第520—521页。
[2]　陆贽：《陆贽集》，王素点校，中华书局2006年版，第90页。
[3]　陆贽：《陆贽集》，王素点校，中华书局2006年版，第92页。
[4]　陆贽：《陆贽集》，王素点校，中华书局2006年版，第98页。
[5]　陆贽：《陆贽集》，王素点校，中华书局2006年版，第98页。

希烈形势日孤，兵势益蹙，最终于贞元二年四月被部将毒杀。一篇好的诏书制敌于无形，起到了挽救时局、重聚人心的作用，"议者以德宗克平寇乱，不惟神武之功，爪牙宣力，盖亦资文德腹心之助焉"[1]。这"文德腹心之助"六个字，充分说明了陆贽对时局的准确判断与出色的谋猷筹划能力。

危局可以激励陆贽，他也立志匡救时局。在任翰林学士期间，陆贽一直以"上不负天子，下不负吾所学。不恤其他"[2]的精神鼓舞自己，通过说服德宗而影响时局与朝政，通过运筹帷幄而发挥智囊作用。他上呈的奏状，德宗大都立即接受，付诸实行；他针对德宗言行提出的意见建议，德宗都是幡然醒悟，过而能改；他与德宗的关系，在某种意义上，甚至有了点君臣相得、亲密和谐的意味了。

但这种如蜜月般融洽友好的日子很快就要结束了。贞元八年（792）四月十一日，在离开翰林院八个月后，陆贽众望所归，由兵部侍郎迁"中书侍郎、同中书门下平章事"，当上了宰相，这看似一件好事，可事实上，当了宰相的陆贽悲哀地发现，他在唐德宗那儿的影响力已经远远不如以中书舍人充翰林学士期间。在两年半的宰相任内，陆贽上呈了 24 篇中书奏议，但"贽论谏数十百篇，……帝所用才十一"[3]。唐德宗要么故意搁置，如《均节赋税百姓六条》、《论缘边守备事宜状》等；要么先准而后撤销，如《请许台省长官举荐属吏状》等；要么"商量"，如《商量处置窦参》三状；要么干脆"不听"、"不从"，如《论朝官阙员及刺史等改转轮序状》《议汴州逐刘士宁事状》《请不与李万荣汴州节度使状》等，特别是涉及裴延龄的三状，最终导致陆贽被罢相。短短八个月间，陆贽从深受德宗宠信的天子"私人"，沦落为暗受排挤漠视的"实缺"宰相，反差产生的原因何在？

1. 时局变了

如前文所说，陆贽任翰林学士期间，也是唐德宗一生中最艰难的时刻。德宗自己招惹的六年大乱使战乱之火烧遍关中，京师沦陷，德宗不得已两次出奔，最危险的时刻甚至"矢及御前三步而坠，上大惊"[4]。兴元元年正月至六月期间，关内外甚至出现了李适（德宗）、朱泚、李希烈三皇并称，大唐、大汉、大楚三国并列的局面。但从兴元元年（784）起，形势越来越有利于唐王朝：该年六月四日，朱泚被部下所杀，

[1] 权德舆：《权德舆诗文集·唐赠兵部尚书宣公陆贽翰苑集序》，郭广伟校点，上海古籍出版社 2008 年版，第 500 页。

[2] 刘昫：《旧唐书·陆贽传》（卷一三九），中华书局 1975 年版，第 3817 页。

[3] 欧阳修、宋祁：《新唐书·陆贽传》（卷一五七），中华书局 1975 年版，第 4932 页。

[4] 司马光主编：《资治通鉴》，中华书局 1956 年版，第 7375 页。

同年七月十三日，德宗返抵长安，朱泚之乱平息；贞元元年（785）八月十二日，李怀光走投无路，自缢而死，河中之乱平息；贞元二年（786）四月，李希烈因食牛肉得疾，被部下借机毒杀，希烈之乱亦告平息。"从贞元二年以来，国内已无明显的动乱，藩镇之间虽有小摩擦，并无公开的叛变；推行李泌联合回纥、南诏等以困吐蕃的政策已取得成效，作为惊弓之鸟的德宗，可以苟安了。"[1] 到了陆贽为相的贞元八年时，经过几年的太平生活，朝廷乃至社会的各个方面都发生了相应的变化：德宗的一番改革遭遇挫折后，他图强复兴的雄心壮志逐渐消失殆尽，只剩下了以文治粉饰其苟安之局面、自谓文雅的享乐之心。"德宗经朱泚乱后，只求苟安，专以粉饰太平为务，藩镇大臣亦迎合意旨"[2]；久经动乱的社会在获得短暂的喘息之后，也沉溺于嬉娱游乐，"因此上下相应，成为一种崇尚文词，矜诩风流之风气"[3]。在这种背景下，陆贽上呈的一篇篇要求德宗垂心国事、谨守君道的帖子就显得非常刺眼了。

2. 德宗与陆贽的关系变了

在奉天随驾、山南伴君的危急时期，陆贽固然有才华，但关键还在于他是有职无官的翰林学士，官小职卑，皇帝再怎么宠信，也不至于位高震主，但陆贽为相后，在德宗眼中，他不再是可亲密相伴的战友，而成为可实际分权的臣子，若表现不当，很容易成为德宗的眼中钉、喉中刺。这在陆贽上陈《谢密旨因论所宣事状》中就表现出来了。

贞元九年二月，德宗宣密旨谕陆贽三事：一是暗示陆贽防备同僚赵憬，如有要事上报，可以用打小报告的方式告诉德宗；二是怀疑苗晋卿、苗粲父子二人都有"不臣"之嫌，所以密谕陆贽暗中防范；三是觉得陆贽清廉太过，故"好心"建议陆贽不妨收收小礼品，从而在官场同僚中博得更好的人缘。不管德宗的观点正确与否，应该说，德宗作为君主，能这样将心底的话毫无保留地告诉陆贽，是一种信任，更是一番好意，但没想到，碰上了陆贽这个宁方不圆、刚而近迂的儒生，对德宗的好意是"明谢暗批"，一条一条都硬生生地顶了回去：德宗暗示陆贽应防备赵憬，陆贽则认为："以赵憬与臣并命，俱掌枢衡，参奉谋猷，事当无间，不知避忌，轻渎宸严……臣闻王者之道，坦然著明，奉三无私，以劳天下……职同事殊，鲜克以济。恐爽无私之德，且伤不吝之明。"[4] 君王就不应在心腹大臣之间，尚拘形迹，做臣

[1] 王素：《陆贽评传》，南京大学出版社2006年版，第96页。

[2] 陈寅恪：《元白诗笺证稿》，生活·读书·新知三联书店2001年版，第217页。

[3] 陈寅恪：《元白诗笺证稿》，生活·读书·新知三联书店2001年版，第87页。

[4] 陆贽：《陆贽集》，王素点校，中华书局2006年版，第561—562页。

子的也不能什么事都偷偷地向皇帝汇报，成为皇帝个人的私党；德宗以苗晋卿之过谓其子苗粲亦为奸邪，陆贽予以申辩："苗粲少以门子早登朝班……前后二十餘年，温恭有加，恪慎无怠……详其器能，堪处近侍……又自陛下御极已来，粲及兄丕，皆历清近，若以旧事为累，岂复含容至今！恐有无良之徒，憎嫉丕、粲兄弟，构成飞语，务欲挫伤……伏愿稍留睿思，特加省察。斯实群臣庶免于戾，岂唯苗氏一族存殁幸赖而已乎？"[1] 在陆贽看来，苗氏父子多年来的表现都值得认可，即使你德宗要处罚他，也应大方、公开地进行，否则就是以天子之尊身，做中伤之卑事。德宗认为陆贽"如不能纳诸财物，至如鞭靴之类，受亦无妨者"，陆贽首先回答："陛下责臣以清谨太过，斯谓圣明。陛下虑事之不通，有乖理道。"[2] 对辅臣，君主根本就不应谈及甚至鼓励纳贿、行贿之事，直言德宗错了。接下来，陆贽大谈理由："贿道一开，展转滋甚。鞭靴不已，必及衣裘；衣裘不已，必及币帛；币帛不已，必及车舆；车舆不已，必及金璧。日见可欲，何能自窒于心；已与交私，固难中绝其意。是以涓流不止，溪壑成灾……自昔国家败亡多矣，何尝有以约失之者乎！"[3] 人的欲望是会膨胀的，所以，要不造成严重后果，就应从小节之处严格把关。德宗密旨予以私宠，陆贽却以己立身之道义正词严，动辄树之以尧舜标准，自讨没趣之余，德宗对陆贽也必然心生敬而远之、恼羞成怒之情。

3.最根本原因在于德宗与陆贽对君臣关系理解的差异

德宗是一位"知足以距谏，言足以饰非；矜人臣以能，高天下以声，以为皆出己之下"[4] 的刚愎自用之主。《资治通鉴》说其"性猜忌，不委任臣下……宰相进拟，少所称可"，"尤不任宰相……中书行文书而已"[5]。即使是任用了的宰相，德宗评价也不高，《资治通鉴·唐纪四十九》卷二三三曾记录了他与李泌的一段对话：

> 上曰："朕好与人较量理体：崔佑甫性褊躁，朕难之，则应对失次，朕常知其短而护之。杨炎论事亦有可采，而气色粗傲，难之辄勃然怒，无复君臣之礼，所以每见令人忿发。餘人则不敢复言。卢杞小心，朕所言无不从。又无学，不能与朕往复，故朕所怀常不尽也。"对曰："杞言无不从，

[1] 陆贽：《陆贽集》，王素点校，中华书局2006年版，第562—565页。
[2] 陆贽：《陆贽集》，王素点校，中华书局2006年版，第566页。
[3] 陆贽：《陆贽集》，王素点校，中华书局2006年版，第568—569页。
[4] 司马迁：《史记·殷本纪》，中州古籍出版社1994年版，第14页。
[5] 转引自王素：《陆贽评传》，南京大学出版社2006年版，第76页。

岂忠臣乎！夫'言而莫予违'，此孔子所谓'一言丧邦'者也！"上曰："惟卿则异彼三人者。朕言当，卿有喜色；不当，常有忧色。虽时有逆耳之言，如向来纣及丧邦之类。朕细思之，皆卿先事而言，如此则理安，如彼则危乱，言虽深切而气色和顺，无杨炎之陵傲。朕问难往复，卿辞理不屈，又无好胜之志，直使朕中怀已尽屈服而不能不从，此朕新以私喜于得卿也。"泌曰："陛下能用相尚多，今皆不论，何也？"上曰："彼皆非所谓相也。凡相者，必委以政事，如玄宗时牛仙客、陈希烈，可以谓之相乎！如肃宗、代宗之任卿，虽不受其名，乃真相耳。必以官至平章事为相，则王武俊之徒皆相也。"[1]

唐德宗认为："凡相者，必委以政事"。但他即位以来，宰相虽走马灯似的换了三十五个，但真正符合这个标准称得上宰相的，只有崔佑甫、杨炎、卢杞三人，就是这三人，在唐德宗心中，也是要么脾气急躁，要么不懂君臣之理，要么才学不够，不能与其交流。可见，德宗内心深处并不想委任倚靠宰相，对他而言，宰相只是个摆设，他必须随时感觉到自己对权力的绝对控制，随时显示皇权的权威。

陆贽却恰恰相反，作为深受儒家思想影响的士大夫，他要上不负天子，下不负所学，实现致君尧舜的人生理想，就必须犯颜直谏，导君正道，尽最大可能规劝阻止德宗做有失君体、有损国计民生的错事。"在中国古代政治制度中，纳谏与进谏是君臣间的一种道德契约，君王用贤纳谏，臣子尽忠进谏，是君道和臣道的基本要求。"[2]而"臣道有二，一曰忠君，二曰匡君。在有政治正义感和社会责任感的士大夫心中，匡君的责任比忠君的道德义务更重要，因为'君有过失者，危亡之萌也；见君过失而不谏，是轻君之危亡也。夫轻君之危亡者，忠臣不忍为也'。他们认为，真实地反映民生疾苦，揭露政治的弊端，是政治之必然，而不是'谤讪'君王"[3]。陆贽要如前朝名相长孙无忌、魏徵、房玄龄、狄仁杰等在宰相职位上成就一番千秋功业，首先就要做一名勇于进谏、刚直敢言的"匡君"之臣。

在封建专制政治体制中，皇帝具有绝对的主导性，是臣子政治命运乃至人生命运的主宰，在皇帝手下工作，干好了，受奖赏，得提拔；干砸了，被炒掉，乃至被砍头，很正常。所以维护皇帝至高无上的尊严和地位，秉承皇帝的意图行事，似乎应是每一个臣子基本的"职业道德"。但深受儒学思想影响的陆贽显然不这样看，

---

[1] 司马光主编：《资治通鉴》，中华书局1956年版，第7512页。

[2] 傅绍良：《唐代谏议制度与文人》，中国社会科学出版社2003年版，第45页。

[3] 傅绍良：《唐代谏议制度与文人》，中国社会科学出版社2003年版，第40页。

皇帝固然尊贵，但最尊贵的还是儒家推崇的"道"，具体到君王身上，就是要推行王道。他的职责，就是要用儒家推崇之"王道"来约束、规范君王的权力与行为，所以，德宗想苟安，粉饰太平，陆贽却希望他能趁安定之际，励精图治，以再创一个太平盛世；德宗要专权，陆贽劝他分权于臣下。"德宗以苛刻为能，而贽谏之以忠厚。德宗以猜疑为术，而贽劝之以推诚。德宗好用兵，而贽以消兵为先。德宗好聚财，而贽以散财为急。"[1] 因此，陆贽任宰相后，德宗越来越感觉每多掣肘，越来越反感。故而对陆贽来说，逐渐失宠、被罢相乃至几遭杀身之祸，最终被贬谪的命运也就可想而知了。

"贽以受人主殊遇，不敢爱身，事有不可，极言无隐。"[2] 陆贽这种为了政治理想，将个人安危抛诸脑后的行为，正是封建社会中具有责任心的正直士大夫对臣道的理解和实践。对此，徐复观评论说："'吾上不负天子，下不负所学。不恤其他。'……乃是一种殉道精神，乃陆氏所以能写文章的真正根底……后人以苟容自喜，无所谓忧深，以偷合为能，无所谓恳迫，更无所谓忠愤。忧不深，自己早已麻木，便不知世间更有痛痒的语言。情不迫，自己安于伶俐便巧，更何能感触到何者值得悲鸣骇惧。在特殊情势下的真正政治家，他的文章都是自其'上下与天地同流'的殉道精神中流出来的。此种精神显现不出来，则只有让陆氏独步千古。"[3] 此言是矣。

[1]　苏轼：《苏轼文集·乞校正陆贽奏议上进札子》，孔凡礼点校，中华书局 2004 年版，第 1012 页。

[2]　刘昫：《旧唐书·陆贽传》（卷一三九），中华书局 1975 年版，第 3817 页。

[3]　徐复观：《儒家思想与人文世界》，湖北人民出版社 2002 年版，第 271 页。

第五章　陆贽的文章学观念

第一节　文道结合

"文之不可绝于天地间者，曰明道也，纪政事也，察民隐也，乐道人之善也。若此者，有益于天下，有益于将来，多一篇，多一篇之益矣。"[1] 注重文学的社会功能，强调文以明道，是中国古代文论尤其是儒家文学观中根深蒂固的思想。

但是，"道"作为一个哲学范畴，有着复杂的内涵。从先秦至唐，在各家各派的学说著作中存在着不同的理解。诸子百家中，儒、道之争最为激烈，他们分别赋予了"道"不同的哲学意义。在道家看来，"道"乃是宇宙运行的天道，换言之，即自然的法则：

> 有物混成，先天地生，寂兮寥兮，独立而不改，周行而不殆，可以为天下母，吾不知其名，强字之曰"道"，强为之名曰"大"。大曰逝，逝曰远，远曰反。[2]

可见在老子看来，所谓的"道"包含两个意思：一是表示构成万物的原物质；二是表示万物演化所遵循的基本法则。

庄子对老子之"道"做了进一步的阐发，他认为，道是一种超越天地、驾驭万物的自然规律，是万物的主宰，天地万物顺道而行，不可违背自然规律而强求：

> 夫道，有情有信，无为无形，可传而不可受，可得而不可见。自本自根，未有天地，自古以固存，神鬼天地，生天生地，在太极之先而不为高，在

---

[1]　《日知录·文需有益于天下》，载《日知录集释》，顾炎武著，黄汝成集释，上海古籍出版社 2009 年版，第 1079 页。

[2]　《老子》第 25 章，载魏源：《老子本义》，《诸子集成》本，上海书店出版社 1996 年版，第 19 页。

六极之下而不为深，先天地生而不为久，长于上古而不为老……莫知其始，莫知其终。[1]

道生万物，但德育之，不过德育万物乃是依万物本身内在规律顺之发展，而不是横加阻碍，人为改变其内在特性。万物发展本身就是一个自我完善的过程，这个完善过程可以通过与其他物体间相互磨合、碰撞、交融而完成。如果以外力干涉物体本身的运行轨道，是不合道义的。

总体而言，在强调"道"之对天地万物的崇高神圣地位的同时，老子和庄子都突出了"道"之清静无为、齐物逍遥的状态。

相较之下，儒家之"道"沾染上了太多人间社会的气息。着眼于对现实人生的思考和关怀，儒家认为"道"是一种治国做人的最高规范，实践实现它的过程就是不断向儒家思想中最高的道德理想标准"仁"靠近的过程。孔子说："文武之道，未坠于地，在人。贤者识其大者，不贤者识其小者。莫不有文武之道焉。夫子焉不学？而亦何常师之有？"[2]又说："志于道，据于德，依于仁，游于艺。"[3]"谁能出不由户？何莫由斯道也？"[4]孟子说："道在迩而求诸远，事在易而求诸难。""是故诚者，天之道也；思诚者，人之道也。"[5]可见对孔孟来说，"道"在根本上就是"人道"。它存在于人中，由人传承下去，被不同的个体以不同的方式来接受和体现。人不仅是"道"的继承者和传播者，并且，依据自己的努力，人在事实上还是"道"的终极性的创造者。所以，在孔孟看来，上至天子，下至庶人，只要依据社会教化和伦理道德方面的种种标准、制度或原则，勤于修身，时时刻刻按"道"的标准严格要求自己，就能实现齐家、治国、平天下的政治志愿与社会理想。

陆氏自汉末东吴以来，一直是江东著姓，到了陆贽的祖、父之世，虽已渐式微，但家世业儒的家庭文化背景与自幼颇勤儒学的经历，还是让陆贽素以明先王之道为己任。作为一名纯正的儒生，陆贽追求的是文武周公传之孔子、孔子传之孟轲、以仁义为核心的圣贤之道。而他生活的中唐时期，藩镇割据、经济凋敝、时局动荡不安的社会现实，更促使他把恢复古道、推崇仁义作为振衰起废的当务之急。道德自

---

[1] 《庄子·大宗师》，载郭庆藩：《庄子集释》，《诸子集成》本，上海书店出版社1996年版，第112页。

[2] 《论语·子张》，载杨伯峻：《论语译注》，中华书局1963年版，第211页。

[3] 《论语·述而》，载杨伯峻：《论语译注》，中华书局1963年版，第72页。

[4] 《论语·雍也》，载杨伯峻：《论语译注》，中华书局1963年版，第65页。

[5] 《孟子·离娄上》，载《四书全译》，刘俊田等译，贵州人民出版社1991年版，第492—493页。

律和功名追求所产生的人格效力延续到文学实践中，使得陆贽赋予文学极崇高的政治使命和道德义务。一言以蔽之，就是"'文'者所以化成"[1]，也就是为文必须经世致用。

陆贽一生极少私交，诗文别集又皆散失，所以，我们没有陆贽对文道关系的直接论述与第一手资料，但从其流传下来的制诰奏议中，我们可略知一二。

陆贽行文，让人感受最深刻的是他字里行间流露出的纯正的儒家思想。陆贽的奏议主要阅读者是德宗。不论所撰为何，陆贽始终注重用"道"来劝谏、辅佐德宗。如《诛李怀光后原宥河中将吏并招谕淮西诏》中以远古圣贤为德宗学习的榜样："自昔哲王，以道化下，不竭物以充欲，不劳人以树威，亿兆之心，如戴父母，兵革不试，四方来同。苟或昧于德绥，务以力胜，士旅疲耗，烝黎困穷，幸以成功，岂云有补？"[2]《平朱泚后车驾还京大赦制》中代德宗自责："不能抚人以道，乃欲绳之以刑，岂所谓恤人罪己之诚，含垢布和之义？"[3]《贞元改元大赦制》中说得更为明确："王者体元立极，钦若乎天地；纂业承统，严奉于祖宗。所以敬事修诚，务本敦孝，尊其上以御于下，谨其身而训于人。用能百神允谐，兆庶永赖。立国之本，斯其大经。朕烛理不明，违道招损，往遭多难，沦陷国都，天地宗祧，旷而莫主，则是'钦若'、'严奉'之义缺矣，甚用惧焉。"[4]字里行间流露出的沉重心情简直称得上是痛心疾首了。

而其参政国事、辅佐德宗，其核心思想就是儒家的"仁义"思想。对此，后人多有评述：

> 观贽论谏数十百篇，讥陈时病，皆本仁义，可为后世法，炳炳如丹，帝所用才十一。[5]

> 侍读臣希吕等言："贽论谏数十百篇，皆本仁义。"[6]

---

[1]　陆贽：《陆贽集·奉天改元大赦制》，王素点校，中华书局 2006 年版，第 5 页。

[2]　陆贽：《陆贽集》，王素点校，中华书局 2006 年版，第 90 页。

[3]　陆贽：《陆贽集》，王素点校，中华书局 2006 年版，第 21 页。

[4]　陆贽：《陆贽集》，王素点校，中华书局 2006 年版，第 40—41 页。

[5]　《新唐书·陆贽传赞》，载《陆贽集》，陆贽著，王素点校，中华书局 2006 年版，第 790 页。

[6]　萧燧等撰：《淳熙讲筵札子》，载《陆贽集》，陆贽著，王素点校，中华书局 2006 年版，第 819 页。

其论数十百篇，皆本仁义，炳于丹青。凡所敷陈，悉原经术。[1]

古往今来，有仁义思想的文人不少，但后人几经比较。仍然最为推崇陆贽：

至于学术纯正，事君以格心为先，论事以行义为急，隐然有王佐之才者，余于中唐独得一人焉，陆宣公敬舆是已。[2]

贾谊就事上说仁义，陆贽就仁义上说事，是以贽之奏议，有称为仁义百篇、唐《孟子》者。[3]

论曰：若贽者，乃可谓知无不言，言无不尽者也。刚直如魏徵而性行较醇，方正如宋璟而谋略更优。指陈时政，洞若观火，皆本仁祖义而出之……所学者，学为忠与孝也，学为明理而察物也，学为治国而安民也。若贽者，始可以言学矣。[4]

"内圣"是"外王"的出发点，外在的社会伦常秩序和政治秩序的建立，有赖于内在的道德修养。如绝大多数儒家学者一样，陆贽将儒家之道的完美实施推及尧舜时代，把道归结为圣人之道，并常以尧舜作为榜样，激励德宗治理天下。他告诫唐德宗，作为最高统治者，万万不可近利聚财，"故圣人之立教也，贱货而尊让，远利而尚廉。天子不问有无，诸侯不言多少，百乘之室，不蓄聚敛之臣"[5]；不可"猜忌刻薄，以强明自任"，而应"推诚纳谏"，"臣窃以为领览万机，必先虚其心；镜鉴群情，必先诚其意。盖以心不虚则物或见阻，意不诚则人皆可疑"[6]。更应做到体察民生疾苦，视民如伤，在陆贽为德宗起草的诏敕中，这种思想意识处处可见：

加之以征求，因之以荒馑，困穷殍馁，转死丘墟。关、辅之间，冬无积雪，土膏未发，宿麦不滋。详思咎征，有为而致。兵戎之后，馀祲尚存，狱犴之中，

———————

[1] 《道光谕旨》，载《陆贽集》，陆贽著，王素点校，中华书局 2006 年版，第 830 页。

[2] 薛瑄：《唐陆宣公庙记》，载《陆贽集》，陆贽著，王素点校，中华书局 2006 年版，第844—845 页。

[3] 吴杰：《奏请从祀疏》，载《陆贽集》，陆贽著，王素点校，中华书局 2006 年版，第 825 页。

[4] 朱轼、蔡世远撰《陆宣公传》，载《陆贽集·附录》，陆贽著，王素点校，中华书局 2006 年版，第 805 页。

[5] 陆贽：《陆贽集·奉天请罢琼林大盈二库状》，王素点校，中华书局 2006 年版，第 421 页。

[6] 陆贽：《陆贽集·又答论姜公辅状》，王素点校，中华书局 2006 年版，第 463 页。

深冤未释。[1]

自戍役繁兴，两河尤极，农桑日废，井邑为墟。丁壮服其干戈，疲羸委于沟壑，伤夷未复，荒馑荐臻。历河、朔而至于太原，自淮、沂而被于洛、汭，虫螟为害，雨泽愆时，稼穑卒瘅，烝黎重困。然由征赋不息，征役未宁，冻馁流离，寄命无所。兴言感悼，焚灼于怀。[2]

这种思想在淮西水灾的处理上体现更为鲜明。淮西发生水灾，在德宗看来，淮西管内既然不赋贡献，就不应派使宣慰，陆贽有不同意见，在《论淮西管内水损处请同诸道遣宣慰使状》中他说："窃以帝王之道，颇于敌国不同，怀柔万邦，唯德与义，宁人负我，无我负人，故能使亿兆归心，远迩从化。"[3]宋人胡寅在《致堂读史管见》中评论陆贽这句话时说："自汉初有'宁我负人，无人负我'之说，凡尚诈谋、争功利者率用之，终亦自蹈其患，则未有知反其如陆相之言者。嗟乎！'无我负人'推而大也，忠恕之道也；'宁人负我'，守而固也，知命之事也。敬舆之学，其真洙泗之徒与！"[4]

因为学术纯粹，对一切违背儒家思想的歪理邪说，陆贽都无法接受，在文中也大加鞭挞。在《策问博通坟典达于教化科》一文中，他说："自昔哲王，惟以三正互用；后之术士，乃言五运相生。以汉应火行，则周为木德，礼称尚赤，义例颇乖。永言于兹，莫识厥理。"[5]对战国、东汉以来相沿的阴阳五行、纬谶之学进行了批评。

陆贽学养深厚，后人也多有评赞。叶梦得在《避暑录话》中说："唐人房乔、裴度优于德量，宋璟、张九龄优于气节，魏郑公、陆贽优于学术，姚崇、李德裕优于材道。"[6]南宋吕祖谦在《秀州陆宣公祠堂记》中也高度评价陆贽的学识："官守所及，粗见一二，已足以再造唐室……起建中历贞元垂二十年，离合从违之变繁矣，确乎其不移，温乎其不慰，亹亹乎其不厌，所积之厚，岂世所易窥邪？"[7]

[1]　陆贽：《陆贽集·贞元改元大赦制》，王素点校，中华书局2006年版，第41—42页。
[2]　陆贽：《陆贽集·赈恤诸道将吏百姓等诏》，王素点校，中华书局2006年版，第107—108页。
[3]　陆贽：《陆贽集》，王素点校，中华书局2006年版，第558—559页。
[4]　胡寅：《致堂读史管见》，（台湾）商务印书馆1981年版，第1527页。
[5]　陆贽：《陆贽集》，王素点校，中华书局2006年版，第192—193页。
[6]　叶梦得：《石林避暑录话》，上海书店1990年版，第6页。
[7]　吕祖谦：《吕东莱集》，王崇炳编辑，同治七年浙江胡丹凤退补斋重校刻本，第7—8页。

"儒者之病，多空言而少实用。"[1] 但因为坚持儒家文艺有补于国的文艺创作思想，陆贽在文中极少空言或长篇大论的大道理，而是注重教化与实用，紧紧围绕社会政治、经济、军事等实际问题，结合时代需要做文章。综观陆贽流传下来的制诰奏议，涉及政治、经济、军事、外交、人事等多个领域，"一切大礼、大赦、赈恤、优复、宣慰、招谕、遣将、命官，仓卒填委，咸尽事情，中机会，卒之銮舆反正，国祚以安"[2]。这种着眼实际的态度，也使得陆贽的奏议取得了良好的效果。后人对此评价颇高：

> 近代论陆宣公，比汉之贾谊，而高迈之行，刚正之节，经国成务之要，激切仗义之心，初蒙天子重知，末途沦踬，皆相类也；……贽居珥笔之列，调饪之地，欲以片心除众弊，独手遏群邪，君上不亮其诚，群小共攻其短，欲无放逐，其可得乎！[3]

明代王世贞读了陆贽奏议后有感而发：

> 唐世贤相，善谋、善断、尚通、尚法、尚直、尚文，功业素表，非无可称，然皆出于才质之美，而未尝根于学问，迨不免乎朱子所谓村宰相者……吾所敬服者，惟陆宣公乎？论谏数百，炳若丹青，虽当扰攘之际，说其君未尝用数。今观奏议一书，若罪己改过之言，用人听言之方，以及备边驭将，财用税法，纤悉并举，其学之纯粹，盖三百年间一人而已。[4]

到了清朝，陆贽得到的评价更高。一方面，皇帝高度认可：

> 考贽之在唐，以忠诚结主知，中外号为内相。宋儒称其学问纯粹，其经术事功，具载文集，有补当时，可传于后世……此本……亦以督臣之义，欲凡为人臣者，朝夕讽诵，见诸躬行，踵其事以守官，资其议以敷政。体

[1] 苏轼：《答王庠书》，载苏轼：《苏东坡全集》，傅成标点，上海古籍出版社2000年版，第1655页。

[2] 张佩芳：《希音堂本张注序》，载陆贽：《陆贽集·附录》，中华书局2006年版，第832页。

[3] 《旧唐书·陆贽论赞》，载《陆贽集·附录》，陆贽著，王素点校，中华书局2006年版，第789—790页。

[4] 王世贞：《读陆宣公奏议说》，载《陆贽集·附录》，陆贽著，王素点校，中华书局2006年版，第805—806页。

国经世之谟，安上治民之略，悉于是乎在，其为功顾不伟哉！[1]

另一方面，群臣衷心敬佩。清廷礼部诸臣共议后达成共识：

> 观其奏议诸篇：请罢兵则述《论语》修文德之语，谏聚财则引《大学》
> 戒悖入之言。阐《周易》否泰、损益之象，发《诗》、《书》补阙、改过之旨。
> 以及履信思顺、舍己从人等语，皆本于孔孟。而散小储以成大储一言，《本
> 义》引之以释《涣》之九五。此外，凡所敷纳，无非根据经术，发为昌言，
> 较之汉、唐诸儒依经训义者，尤为远契心传，直窥奥奥……今赞文章道德，
> 实无愧于诸人。综厥生平，正以守己，忠以事君，综天德王道之全，无术
> 数权谋之杂。行之当世有实效，传之后代无间言。使与七十子并世，当在
> 德行、政事之科。拟诸三代下贤臣，实超萧、曹、杜、房而上。[2]

清廷颁布谕旨："陆贽亦着从祀文庙东庑，列于隋臣王通之次。"[3]陆贽的儒者
身份以从祀文庙的形式得到了官方的正式确认。

第二节　质素文风

强调文学作品的政教功用，必然会对文学作品的思想内容与表现形式提出一定
的规范要求。"这种关系到文学作品思想内容与艺术形式关系的理论，在中国古代
一般以文质论来作概括。'质'与内容大体相当，但古人所说的'文'，侧重于文辞、
语言，或文采，即华美的言辞、语句，与现代文论中的形式概念不完全相同。"[4]

对于文质之间的关系，先秦诸家均有论述，但不约而同的是，在文质之间，他
们都倾向于重"质"。在儒学传统内部，一直存在着一种崇尚经典、鄙夷诗文的倾向。
表现在政治意识中，就是文学要为政治服务；表现在文学创作上，就是黜华用实。
如"《尚书·毕命》中有'辞尚体要'的命题，要求言辞恰当充分地表达内容要义……

---

[1]　雍正：《唐陆宣公集序》，载《陆贽集·附录》，陆贽著，王素点校，中华书局
2006 年版，第 823 页。

[2]　陆贽：《陆贽集·附录》，王素点校，中华书局 2006 年版，第 829 页。

[3]　陆贽：《陆贽集·附录》，王素点校，中华书局 2006 年版，第 830 页。

[4]　黄霖、吴建民、吴兆路：《中国古代文学理论体系·原人论》，复旦大学出版社 2000 年版，
第 354 页。

《周易》中有'修辞立其诚'、'圣人之情见乎辞'的说法，虽是谈人的修养与辞令关系问题，却也表现出重'诚'（道德）、重'情'（感情思想）即重'质'的倾向"[1]。在先秦道家，老庄等人明确提出了重质轻文、文质相悖的文艺观，如"《老子》第十二章云：'五色令人目盲，五音令人耳聋。'……《庄子·缮性》云：'文灭质，博溺心，然后民使惑乱，无以反其性情而复其初。'……法家更从极端功利主义的角度出发，不仅重质轻文，甚至以文艺有害耕战为名而彻底否定文，如《韩非子·解志》篇云：'礼为情貌者，文为质饰者也。夫君子取情而去貌，好质而恶饰。夫恃貌而论情者，其情恶也；须饰而论质者，其质衰也。'"[2]

当然，先秦诸子中，对文质关系探讨得最为全面深入、最为完美辩证的，是儒学大家孔子。孔子集中阐发了儒家学派的文质观，在某种意义上，甚至成为了中国古代文质论的奠基人。

一方面，孔子认为，质文之间，质离不开文，文也离不开质，最完美的状态，就是达到"文质彬彬，然后君子"[3]的标准；但另一方面，就文质相较而言，孔子还是以质为先、以质为重的。"《论语·学而》云：'巧言令色，鲜矣仁。'……《宪问》云：'有德者必有言，有言者不必有德。'……《八佾》云：子曰：'绘事后素。'这些论述已经表达出孔子质为本、文应以质为主的思想。"[4]

但魏晋以降，理论上虽仍主张文质并重、情采统一，希望做到内容与形式的完美结合，如刘勰《文心雕龙·情采》所言："夫水性虚而沦漪结，木体实而花萼振，文附质也。虎豹无文，则鞟同犬羊，犀兕有皮，而色资丹漆，质待文也。"[5]但在创作领域，重文轻质、追新逐丽乃至踵事增华的趋势越来越明显。《南齐书·文学传》说：

> 今之文章，作者虽众，总而为论，略有三体：一则启心闲绎，托辞华旷，虽存巧绮，终致迂回。宜登公宴，本非准的，而疏慢阐缓，膏肓之病，典正可采，酷不入情。此体之源，出灵运而成也。次则缉事比类，非对不发；

[1] 黄霖、吴建民、吴兆路：《中国古代文学理论体系·原人论》，复旦大学出版社2000年版，第358页。

[2] 黄霖、吴建民、吴兆路：《中国古代文学理论体系·原人论》，复旦大学出版社2000年版，第357—358页。

[3] 《论语·雍也》，载杨伯峻：《论语译注》，中华书局1963年版，第65页。

[4] 黄霖、吴建民、吴兆路：《中国古代文学理论体系·原人论》，复旦大学出版社2000年版，第359页。

[5] 《文心雕龙注》，刘勰著，范文澜注，人民文学出版社2001年版，第537页。

博物可嘉，职成拘制。或全借古语，用申今情，崎岖牵引，直为偶说。唯睹事例，顿失精采。此则傅咸五经，应璩指事，虽不全似，可以类从。次则发唱惊挺，操调险急，雕藻淫艳，倾炫心魄，亦犹五色之有红紫，八音之有郑卫，斯鲍照之遗烈也。[1]

行文本该"言当易了，文憎过易，吐石含金，滋润婉切，杂以风谣，轻唇利吻，不雅不俗，独中胸怀"[2]，但文坛的创作实际让萧子显也不由得感叹没有一篇平易通俗的文章了。

陆贽醇醇儒者，又一再强调文章的社会作用，必然会反感魏晋以来，文坛上相沿已久的为文而文、贵华贱实的风气。他说："魏、晋已还，浇风未革；国庠乡校，唯尚浮华。"[3]又批评当时文坛风气："工祝陈礼、乐之器而不知其情，生徒诵《礼》、《乐》之文而不试以事。""尚文则弥长其浇风，复质又莫救其鄙俗。立教之本，将安所从？"[4]就是这种观点的鲜明体现。同时，他大力倡导奏议写作要言之有物、华实相符，主张应效法三代之文，所谓"忠敬质文，更变迭救，三代之际，罔不由之"[5]，写作先秦儒家那种行文凝练、表意明确、语言朴素自然的文章。

为此，陆贽行文非常注重切合实际，着重于分析、解决现实中存在的问题。在这一点上充分体现了他为文质实的方面。《收河中后请罢兵状》就是一个典型的例子。

这篇文章作于唐朝平定李怀光之乱后。当时，唐王朝在京畿附近暂时没有了叛乱藩镇的威胁，但在距京城较远的淮西地区，藩镇势力仍然不容小觑。这时候，朝臣见解不一，有的认为应乘胜追击，在平藩上取得更大的胜利；有的则认为应稳定为先，注重休养生息。陆贽持后一种观点，他在《收河中后请罢兵状》中首先指出："臣窃惧谄谀希旨之徒，险躁生事之辈，幸凶丑覆亡之会，揣英主削平之心，必将竞效甘言，诱开利欲，谓王师所向莫敌，谓馀孽指顾可平，请回蒲坂之戈，复起淮、沂之役。斯议一启，必有乱阶。"[6]直言那种要乘胜追击的人是鲁莽之徒，是贪功冒进之人。接下来，他细细分析了叛藩的心态："其于深言密议，固亦未尽坦然，必当聚党而谋，

---

[1]　萧子显：《南齐书·文学传》（卷五十二），中华书局1972年版，第908页。

[2]　萧子显：《南齐书·文学传》（卷五十二），中华书局1972年版，第908页。

[3]　陆贽：《陆贽集·冬至大礼大赦制》，王素点校，中华书局2006年版，第61页。

[4]　陆贽：《陆贽集·策问博通坟典达于教化科》，王素点校，中华书局2006年版，第191—192页。

[5]　陆贽：《陆贽集》，王素点校，中华书局2006年版，第192页。

[6]　陆贽：《陆贽集》，王素点校，中华书局2006年版，第521页。

倾耳而听，观陛下所行之事，考陛下所誓之言。若言与事符，则迁善之心渐固；傥事与言背，则虑祸之态复兴。"[1]叛藩表面上归顺，内心却仍处在徘徊、观望之中，"怀生畏死，蠢动之大情；虑危求安，品物之常性"[2]。在这种情况下，朝廷若武力征伐，必然会带来叛藩的负隅顽抗，若陈哀痛之音，反而能感召人心，让叛藩无以为辞。

接下来，陆贽具体分析了若朝廷乘战胜之威布赦免之惠，百姓、危疑惧讨者、协从同恶者、凋残望治者可能会有的反应，剖析事理严密、深刻，论述事情条分缕析，无懈可击，让人不得不信服。

值得一提的是，陆贽这篇文章虽大部分是揣摩推测之词，但是因为对事实、形式评估正确，后来都一一应验，充分反映了陆贽为人之深思熟虑，为文之严谨缜密。所以，宋代大家朱熹对陆贽其人其文极为赞赏，认为："陆宣公奏议极好看，此人极会议论，事理委曲说尽，更无渗漏。虽至小地事，被他处置得亦无不尽。"[3]《四库全书总目》指出，中唐陆贽的骈体奏议，"虽多出于一时匡救规切之语，而于古今来政治得失之故，无不深切著明"[4]，都是对陆贽这种质实文风的肯定。

也因为行文以切实叙事为目的，所以陆贽之文已经普遍呈现出几大变化：一是从讲究对偶、四六句为主到融骈入散、奇句单行的普遍出现，甚至"只差一步，就可与散体完全合而为一了"[5]；二是从重文采、尚气韵变为不讲用典、藻饰和声律，语言质朴，气势旺盛；三是从侧重言情写意转为重在叙事说理。谢无量《骈文指南》第四节论唐骈文云："综考有唐一代之骈文：初唐犹袭陈隋遗响；燕许微有气骨；陆宣公善论事，质直而不尚藻饰。"[6]刘麟生评道："大抵宣公骈文，切于实用，用白晓畅，纯任自然，一扫用典浮夸之恶习，其气势之盛，与散文相埒。"[7]均是佐证。

陆贽在骈文改造中的实践运用，为中唐文体文风改革带来一股清新之气，在他之后，韩愈、李观、欧阳詹、权德舆等相继登上文坛，并从理论和实际两个方面对骈文乃至散文的创作进行改革与创新，故清代学者赵翼在《廿二史劄记》卷二十论曰：

[1] 陆贽：《陆贽集》，王素点校，中华书局 2006 年版，第 529 页。

[2] 陆贽：《陆贽集》，王素点校，中华书局 2006 年版，第 527 页。

[3] 《朱子语类》，黎靖德编，王星贤点校，中华书局 1986 年版，第 3248 页。

[4] 永瑢等撰：《四库全书总目》（卷一五〇）"集部·别集类三"，中华书局 1965 年版，第 1287 页。

[5] 罗宗强：《隋唐五代文学思想史》，中华书局 2003 年版，第 221 页。

[6] 梓潼、谢无量：《骈文指南》，上海中华书局 1940 年版，第 53 页。

[7] 刘麟生：《中国骈文史》，东方出版社 1996 年版，第 77 页。

是愈之先早已有古文名家者。今独孤及文集尚行于世，已变骈体为散文，其胜处有先秦、两汉之遗风，但未自开生面耳。又如陆宣公奏议，虽亦不脱骈偶之习，而指切事情，纤微毕到，其气又浑灏流转，行乎其所不得不行，此岂可以骈偶少之。此皆在愈之前，固已有早开风气者矣。[1]

也正因为陆贽对质素文风的追求，以及由此带来的对骈文在用典、辞藻、音律、对偶等方面的改造，使得陆贽其文颇不对传统骈文拥护者的胃口，《唐骈体文钞》及《四六法海》均不录宣公之文，即为佐证。不过，群众的眼睛终究是雪亮的，刘麟生在其《中国骈文史》中说："宣公之语言为骈体语言中之别裁也。就文章之美感言，则别裁文学之欣赏，有时或超越乎正宗文学。"[2]这是对陆贽其文最公正的评价。

第三节　辞贵真诚

"'贵真'，是中国古代美学的优良传统，不管是儒家还是道家，都非常重视'真'对于文学艺术的意义。老子提出'信言不美，美言不信'。庄子提倡'法天贵真'，认为'不精不诚，不能动人'。儒家学派提出'修辞立其诚'、'情欲信'等。儒、道'贵真'的思想为后世文论家、文学家们所继承。"[3]

先秦狭隘的功利文学固然源远流长，但文学创作自有其内在的规律，也离不开传情的本质特征，而这正是中国古代散文、诗歌最大的特色。从司马迁、贾谊、班固、嵇康到"唐宋八大家"，中国文学史上所有有名的文章无不以真情动人，以字里行间显现出的真纯朴实的人性动人，无不洋溢着诚挚的感人力量。现代著名学者朱光潜先生在《情与辞》中也说："不表现任何情致的文字就不算是文学作品。文字有言情、说理、叙事、状物四大功用，在文学的文字中，无论是说理、叙事、状物，都必须流露一种情致，若不然，那就成为枯燥的没有生趣的日常应用文字，如账簿、图表、数理化教科书之类。"[4]也起不到扩充眼界、改变气质以及熏陶感染读者的作用了。

---

[1]　赵翼：《廿二史劄记》，王树民校证，中华书局2007年版，第442页。

[2]　刘麟生：《中国骈文史》，上海书店出版社2001年版，第94页。

[3]　黄霖、吴建民、吴兆路：《中国古代文学理论体系·原人论》，复旦大学出版社2000年版，第348页。

[4]　朱光潜：《无言之美》，北京大学出版社2005年版，第109页。

陆贽生于乱世，有深沉的忧患意识，他志在兼济天下，又身为朝廷命官，自是事有不可，极言无隐，其奏议"上以革君心之非，下以通天下之志"[1]，字里行间中蕴含着深厚的忧国忧民的情怀。作家人格的高下，是左右其作品真情价值高低的试金石。因为谁都可以写出自己的真情，但人格卑劣的人的真情，却毫无动人之处，其价值也就低劣。好的散文，真情是珍贵的，以情感人也是比较艰难的，说理性的文章就更是如此，一不小心，就由"说理"变成"说教"，让人油生厌烦抵触之心。所以，在《奉天论赦书事条状》中，陆贽这样说道：

> 动人以言，所感已浅，言又不切，人谁肯怀？……良以诚不至者物不感，损不极者益不臻……悔过之意不得不深，引咎之辞不得不尽。招延不可以不广，润泽不可以不弘。宣畅郁堙，不可不洞开襟报；洗刷疵垢，不可不荡去瘢痕……假使赦文至精，止于知过言善，犹愿圣虑，更思所难。《易》曰："圣人感人心而天下和平。"夫感者，诚发于心，而形于事，人或未谕，故宣之以言，言必顾心，心必副事，三者符合，不相越逾，本于至诚，乃可求感。事或未致，则如勿言。[2]

道理很容易讲明白，但能否深入人心，被他人所真心接受、认可则是个难题。陆贽认为，言语、文章不动人，归根到底就是缺一个"诚"字，但这种"诚"不能是一己之诚，而必须"感人心而天下和平"，即感同人心、心系天下，只有这样，文章才能"本于至诚"，"理由情生，情中化理"，才能求得感于人心，才能让作者的真知灼见及对社会、对人生、对事物的深层次的思考被读者、听者接受，并使读者的心灵发生感应，产生共鸣，受到震撼。《奉天改元大赦制》一文就是个典型的例子。

斯时也，唐德宗和他代表的唐王朝面临着严峻的形势，《奉天论赦书事条状》一文中说："乃至变生都辇，盗据宫闱，九庙鞠陷于匪人，六师出次于郊邑。奔逼忧厄，言之痛心，自古祸乱所钟，罕有若此之暴。今重围虽解，遗寇尚存，裂土假王者四凶，滔天僭帝者二竖，又有顾瞻怀贰，叛援党奸，其流实繁，不可悉数。"[3]建中四年十一月，尚在奉天的德宗听信术士有关国家厄运，宜有变更以应时数的谬论，

---

[1] 苏轼：《苏轼文集·乞校正陆贽奏议上进札子》，孔凡礼点校，中华书局2004年版，第1012页。

[2] 陆贽：《陆贽集》，王素点校，中华书局2006年版，第414—415页。

[3] 陆贽：《陆贽集》，王素点校，中华书局2006年版，第413—414页。

决定改年号以顺应时数。依照惯例，改年号要颁布敕书，依照职权划分，中书官员很快拟好了一篇敕书。

这时的唐德宗还比较信赖陆贽，故特地询问了陆贽对中书官员所拟诏书的看法。陆贽毫不客气地给予了否定，在《奉天论赦书事条状》中，他说："佥以为纲条粗举，文理亦通，事多循常，辞不失旧。用于平昔，颇亦可行；施之当今，则恐未称。何则？履非常之危者，不可以常道安；解非常之纷者，不可以常语谕。"[1]在天下大乱、人心涣散的时代，"将欲纾多难而收群心，唯在赦令诚言而已。安危所属，其可忽诸！"[2]中书官员没意识到问题的严重性和形势的严峻性，其所拟的沿袭之作不足以安抚天下民心。陆贽毛遂自荐，请求代拟敕书，德宗反复权衡利弊之后，将此重任托付于他。

陆贽出色地完成了任务，他所拟的敕书《奉天改元大赦制》，一是代德宗开展的自我批评，痛心疾首、深刻而坦率，"然以长于深宫之中，暗于经国之务。积习易溺，居安忘危。不知稼穑之艰难，不察征戍之劳苦。泽靡下究，情不上通，事既壅隔，人怀疑阻……天谴于上而朕不悟，人怨于下而朕不知……上辱于祖宗，下负于黎庶。痛心靦貌，罪实在予。永言愧悼，若坠深谷"[3]。封建时代的君王能说出这样的话来，实属罕见。二是对天下百姓悲惨命运的概括准确到位，笔端含情，极容易激起百姓的共鸣，使他们深感深居宫廷之中的皇帝也是富有同情与关怀之心的，"祀奠乏主，室家靡依，生死流离，怨气凝结。力役不息，田莱多荒。暴命峻于诛求，疲氓空于杼轴。转死沟壑，离去乡闾，邑里丘墟，人烟断绝"[4]。给天下做出的承诺振奋人心："可大赦天下，改建中五年为兴元元年。自正月一日昧爽以前，大辟罪己下，罪无轻重，咸赦除之。"[5]此篇敕书一出，天下为之感动，顿时舆论转向、民心归附。在很大程度上，这篇敕书起到了救时补过、重聚人心的作用，效果胜过了战场上千军万马的搏杀。"赦下，四方人心大悦。及上还长安明年，李抱真入朝为上言：'山东宣布赦书，士卒皆感泣，臣见人情如此，知贼不足平也。'"[6]

原因何在？"大抵策命之自有程序，唯诏诰一门，非镕经铸史，持以中正之心，出以诚挚之笔，万不足以动天下。唐之兴元、奉天，均陆宣公当制，诏书所至，虽

---

[1] 陆贽：《陆贽集》，王素点校，中华书局2006年版，第413页。

[2] 陆贽：《陆贽集》，王素点校，中华书局2006年版，第414页。

[3] 陆贽：《陆贽集》，王素点校，中华书局2006年版，第2—5页。

[4] 陆贽：《陆贽集》，王素点校，中华书局2006年版，第2—3页。

[5] 陆贽：《陆贽集》，王素点校，中华书局2006年版，第6页。

[6] 司马光主编：《资治通鉴》，中华书局1956年版，第7392页。

骄将悍卒，皆为流涕，孰谓官中文字不足以感人邪？"[1]陆宣公心系民瘼、感怀天下，以这样的赤诚之心写出的诚挚之文，当然能够感怀天下、触动人心了。

纵观陆贽之文，不论是代王立言的诏制，还是呈上的奏章都是真意笃挚、情怀深广，可以说，正是这种重视真情、披情入理、情理交融的特点，才使陆贽将制诰、奏议这类冗滥刻板的官样文章，一变而为精警感人、切于实用的新体式，而陆贽的骈体公文改革之所以成功，也是因为他不仅没有将文学的社会功能和政治效用等同于死板的教化，而且在骈体公文的创作中融入了自己的真挚情感与审美趣尚，从而使得骈体公文也成为了艺术美文，对此，将在后文展开论述。

---

[1]　林纾：《春觉斋论文》，人民文学出版社 1998 年版，第 63 页。

第六章　陆贽骈体公牍文的体式

从对陆贽流传下来的 141 篇骈体奏议统计的结果看，从时间上来看，可分为三个部分。一是陆贽任翰林学士期间草拟的诏令，又被称为"制诰"，涉及的文种有："制"，共 36 篇，其中"德音" 1 篇；"诏"，共 19 篇；"敕"，共 3 篇；"文"，共 11 篇，其中"册文" 4 篇、"告谢" 4 篇、"祭文" 1 篇、"赐文" 2 篇；"策问"，共 3 篇；"答表"，共 7 篇；"书"，共 6 篇。二是陆贽当宰相前撰写的奏议，又被称为"奏草"，涉及的文体为"状"，共 32 篇。三是陆贽当宰相时期撰写的奏议，又被称为"中书奏议"，涉及的文体也是"状"，共 24 篇（其中一篇为《论裴延龄奸蠹书一首》，一篇为《均节赋税恤百姓六条》）。本部分将分体叙述陆贽骈体公文的内容与艺术成就。

第一节　制诰：制、诏、敕、文、策问、（答）表、书

一、制、诏、敕

制是代表皇帝或朝廷发布行政命令的一种文体，俗称"圣旨"。作为王言，起于秦始皇的改"命为制"[1]。"制者，裁也。诏者，告也"[2]，"制者，裁也。上行于下，如匠之制器也"[3]，说明从汉代开始，制就是王言皇命的传达，具有强制性与规范性。

唐宋时期，制书在功能和语体表达上更为明确：

---

[1]　司马迁：《史记·秦始皇本纪》，中州古籍出版社 1994 年版，第 43 页。

[2]　《文心雕龙·诏策》，载《文心雕龙注》，刘勰著，范文澜注，人民文学出版社 2001 年版，第 358 页。

[3]　《文心雕龙·书记》，载《文心雕龙注》，刘勰著，范文澜注，人民文学出版社 2001 年版，第 458 页。

唐世，大赏罚、赦宥、虑囚及大除授，则用制书，其褒嘉赞劳，别有慰劳制书，馀皆用敕，中书省掌之。宋承唐制，用以拜三公、三省（门下、中书、尚书）等官，而罢免大臣亦用之。[1]

可见唐宋时期，制的功能：一是发布赏罚、赦令、赎令等；二是"以制命官"，特别是三公、三省（门下、中书、尚书）等官。

汉代王言初定时，制书与诏书有时很难区分，《汉书·高帝纪》"五年诏"注引如淳曰："诏，告也，自秦汉以下，唯天子独称之。"[2]表明诏与王言皇命之间也有密不可分的关系。而据《旧唐书·则天皇后本纪》记载，由于武则天名"曌"，为避讳，遂改"诏书"为"制书"，说明统治者自身也常有将两者混淆使用的举措。

但制与诏间也有区别。蔡邕《独断·卷上》说："陛下其言曰制诰"，又说："制者，帝者制度之命也……诏书者……是为诏书群臣有所奏请，……诏勅某官是为戒敕也。"[3]根据这一观点，制是法制，由皇帝发布并形成稳定的法令制度，诏则是承担告示天下、告诫与教导之意，两相比较，制书直接体现了国家法律制度的权威，具有更强的制约性。

敕的功能与制有些类似，只是更多警饬、告诫之意。汉刘熙较早谈到敕，《释名》卷六"释书契"曰："敕，饬也，使自警饬不敢废慢也。"[4]至唐，敕的类型也愈加多样。《文体明辨序说》："汉制，天子命令有四，其四曰'戒书'，即戒敕也。唐制，王言有七，其四曰'发敕'，五曰'敕旨'，六曰'论事敕书'，七曰'敕牒'，则唐之用敕广矣。"[5]

由于制、诏、敕三者功能比较相似，所以本节对陆贽制、诏、敕三种文体的特点集中分析，综合看来，陆贽的这三种文体呈现出两个特点。

1. 情理巧妙融合，文道有机统一

"皇帝御宇，其言也神：渊嘿黼扆，而响盈四表，唯诏策乎！"[6]刘勰在《文心雕龙·

[1] 徐师曾：《文体明辨序说》"制"条，罗根泽校点，人民文学出版社1982年版，第36页。

[2] 班固：《汉书·高帝纪》，中华书局1962年版，第53页。

[3] 蔡邕：《独断·卷上》，景印文渊阁四库全书本，（台湾）商务印书馆1983年，第76—78页。

[4] 刘熙：《释名》，景印文渊阁四库全书本，（台湾）商务印书馆1983年版，第413页。

[5] 《文体明辨序说》"制"条，载徐师曾：《文体明辨序说》，罗根泽校点，人民文学出版社1982年版，第36页。

[6] 《文心雕龙注》，刘勰著，范文澜注，人民文学出版社2001年版，第358页。

诏策》中一开篇就直言了制、诏、敕等王言的重要性。确实，"皇王施令，寅严宗诰"[1]，制、诏、敕等作为皇帝专用的公文文种，代表着至高无上的皇权，内容关系着军国大事、国计民生，它颁布以后，不但关系到朝令的推行和奖罚，而且往往被载入史书，垂范后世。如果有误，后果不堪设想。对此，刘勰说得非常形象："王言之大，动入史策，其出如绰，不反若汗。"[2]诏诰一颁行就似乎有着大索般的力量，也像出了汗一样地不能收回，所以古代的帝王在颁行诏诰时，都是十分慎重和严肃认真的。陆贽作为公文大家，他的制、诏、敕等文体的突出特点就是做到了情理的巧妙融合与文道的有机统一。这其中最有名的例子就是《奉天改元大赦制》，因前已引用分析，此处另举《赐将士名奉天定难功臣诏》为例。

建中四年（783）十月，朱泚自称"大秦皇帝"，三面兵围奉天，十一月二十日，李怀光终败朱泚于醴泉，使之兵归长安。围困解除后，为维系和鼓励民心，德宗惊魂甫定，即于二十三日下诏普赐守城将士为"奉天定难功臣"，陆贽奉命撰写此诏。现摘录部分如下：

> 昨以泾原士徒，将赴汝郊，失于抚绥，致使溃叛。朱泚乘衅，因构异图，肆其狼心，诱我孟贼。谓君可叛，谓天可欺，纵恣凌悖，无所愧畏。朕失守宫阙，出次郊畿，九庙震惊，万姓奔骇。内省思咎，外顾怀惭，罪实在予，不敢自蔽。意者宗社降祐，大儆于朕躬，夙夜殷忧，庶乎有补。实赖股肱心膂，励从戎之节；方岳将校，集勤王之师。赴难如归，见危思奋，坚贞励操，何日忘之。平巨滑者必仗群雄，赏茂绩者不限彝典。保勋庸于带砺，传爵邑于子孙。崇功美名，与国终始。其诸军使应到奉天县将士等，宜并赐名"奉天定难功臣"……宣告中外，令知朕怀。[3]

作为臣子，朱泚以下犯上，大逆不道。所以，陆贽秉持儒家经典理论学说，对此种行为进行了义正词严的批评与谴责："朱泚乘衅，因构异图，肆其狼心，诱我孟贼。谓君可叛，谓天可欺，纵恣凌悖，无所愧畏。"寥寥几笔，一下子激起了人民对反叛者的同仇敌忾之心、义愤填膺之情。但陆贽与众不同之处在于，他撰写此

---

[1] 《文心雕龙·诏策》，载《文心雕龙注》，刘勰著，范文澜注，人民文学出版社2001年版，第361页。

[2] 《文心雕龙·诏策》，载《文心雕龙注》，刘勰著，范文澜注，人民文学出版社2001年版，第359页。

[3] 陆贽：《陆贽集》，王素点校，中华书局2006年版，第123—124页。

诏,秉持的是一颗宽救恤民之心,主张的是"以民为本"的为君之道,所以,虽然此文名为赐诏,但全文读下来,我们很难看到下行公文常常带有的居高临下与威严疏远之感,相反,在"赏功"之余,我们更多看到的是德宗的"责己"之辞——"内省思咎,外顾怀惭,罪实在予,不敢自蔽",是他对国家社稷的忧怀与牵绊——"意者宗社降祐,大儆于朕躬,凤夜殷忧,庶乎有补"。流离乱世,老百姓看到这样饱含深情、谦恭恻怛的好皇帝,怎么可能不感动、不为之效忠卖命呢?

这种入情入理、情理交融的写法在陆贽所草的制诰中均有体现,即使是命相、任官制等例行公文中也不例外,如《萧复刘从一姜公辅平章事制》一文:

> 宰辅之任,献替为务,内凝庶绩,外抚四夷,调阴阳以成岁功,赞化育而熙帝载。若金用砺,其弼予违,如旱为霖,允从人望。

> 矧时属多难,弥切任贤,朕未尝不朝夕论思,梦寐怀想。道之所在,人远乎哉!朝议大夫,守户部尚书,兼御史大夫,充荆襄、江西等道都元帅统军长史,丰县开国公,赐紫金鱼袋萧复:性质端亮,理识精敏。约己弘物,体方用圆。为邦必表其理能,及溜亟闻于鲠议。动可成范,立不易方。守尚书吏部郎中,兼御史中丞,充荆襄、江西等道都元帅判官,赐绯鱼袋刘从一:贞白其行,温恭其文。居简而适用必通,体和而临事有立。持重能断,端悫有恒。累更委任,多所弘益。[1]

开头一段言宰臣职任极重:"宰辅之任,献替为务。内凝庶绩,外抚四夷,调阴阳以成岁功,赞化育而熙帝载。"这是从理着手,接下来,陆贽用金属经磨砺才锋利和久旱逢甘霖两个比喻,强调了如今尤其需要优秀的人才,在这儿,陆贽已经是笔端含情,但最能打动人心的,还是接下来德宗的"内心独白":"朕未尝不朝夕论思,梦寐怀想,道之所在,人远乎哉!"其对人才渴求的急迫心情与得知人才就在眼前的喜悦之情已经是跃然纸上,达到了徐师曾《文体明辩序说·诏》中"古之诏词,……深厚尔雅,感动乎人"[2]的效果。

2.语言简洁质朴,通俗明白,富于节奏感和韵律美

公文是一种应用文体,行文宜朴实简明。南北朝前,公文大多篇幅短小,言简意赅,如《谏逐客书》705字、《出师表》679字、《陈情表》475字、汉武帝《求茂材异

[1] 陆贽:《陆贽集》,王素点校,中华书局2006年版,第213—215页。

[2] 徐师曾:《文体明辨序说》"诏"条,罗根泽校点,人民文学出版社1982年版,第35页。

等诏》68字，却都是千古大文章。但进入南北朝后，文风渐变，公文写作在篇幅渐长的同时，也越来越追求声律、辞藻，陷入了对形式美的片面追求。制、诏、敕等作为王言的代表之作，文人们在写作时，为表现其典重温雅的特点，更是注重遣词造句、行文技巧："夫王言崇秘，大观在上，所以百辟其刑，万邦作孚。故授官选贤，则义炳重离之辉；优文封策，则气含风雨之润；敕戒恒诰，则笔吐星汉之华；治戎燮伐，则声存浯雷之威；眚灾肆赦，则文有春露之滋；明罚敕法，则辞有秋霜之烈：此诏策之大略也。"[1]刘勰此语即是最好的证明。

吴讷在《文章辩体序说》"诏"条叙述制诏文的发展流变时也说："按三代王言，见于《书》者有三：曰诰，曰誓，曰命。至秦改之曰诏，历代因之。然唯两汉诏辞深厚尔雅，尚为近古。至偶俪之作兴，而去古远矣。"[2]作为醇醇儒者，陆贽自是研习"古远"之作，而身处乱世，更使他从经世致用的目的出发，将公文写作的焦点放在了能否取得预期的政治实践效果上。所以，他撰写的公文语言简洁质朴，通俗明白，富于节奏感和韵律美，具有很高的实用价值，其制、诏、敕类下行公文也不例外。试看下两段文字：

> 加之以征求，因之以荒馑，困穷殍馁，转死丘墟。关、辅之间，冬无积雪，土膏未发，宿麦不滋。详思咎征，有为而致。兵戎之后，馀烬尚存；狱犴之中，深冤未释。[3]

> 自戍役繁兴，两河尤极，农桑日废，井邑为墟。丁壮服其干戈，疲羸委于沟壑。伤痍未复，荒馑荐臻。历河、朔而至于太原，自淮、沂而被于洛、汭，虫螟为害，雨泽愆时，稼穑卒痒，烝黎重困。然由征赋不息，征役未宁，冻馁流离，寄命无所。兴言感悼，焚灼于怀。[4]

这两段文字讲的都是乱世之中民生的疾苦。陆贽采用的双行散句使得文章读来语气通畅，如行云流水，别有一番节奏之美。从平仄上来说，除"加之以征求"比

[1] 《文心雕龙·诏策》，载《文心雕龙注》，刘勰著，范文澜注，人民文学出版社2001年版，第359—360页。

[2] 吴讷：《文章辩体序说》"诏"条，罗根泽校点，人民文学出版社1982年版，第35页。

[3] 陆贽：《陆贽集·贞元改元大赦制》，王素点校，中华书局2006年版，第41—42页。

[4] 陆贽：《陆贽集·赈恤诸道将吏百姓等诏》，王素点校，中华书局2006年版，第107—108页。

较低抑，"征赋不息"、"寄命无所"显出拗怒的声情外，两段文字整体上都是很和谐的韵律，易于表现一种优柔宽容的思想感情，这与文章的内容和主题是很一致的。此外，在用字上，陆贽没有用奥文涩句，也没有用浮词丽藻，行文上以白描手法为主，没有用典故，所以读起来明白易晓，文理通畅。

若按传统骈文的要求来看，陆贽的这两段文字偶对不甚严格；若按人们对下行公文的传统看法来衡量，陆贽这两段文字显得不够堂皇，没能完全显现皇家的气派；但若按实际效果来看，陆贽这两篇文章不但都产生了很大的影响，收到了良好的政治效果，千年之后，还能给读者以深刻的感悟和审美的感受，这与他行文的简洁质朴、平易晓畅是分不开的。

二、文（册文、告谢文、祭文）、答表

陆贽的"文"流传下来的有9篇，其中4篇为册封后妃之文，4篇为告谢天地神灵与祖宗之文，1篇为祭大禹庙之文。"答表"共7篇，均是陆贽代替皇上所写的回复臣子上"表"之文。虽然形式不一，但其文、答表细细读来，却体现出了一些共同的特征。

1.形式上骈散结合，以散为主

如册是中国古代帝王诏令文书的文种名称之一，用以册封王公后妃及祝告天地宗庙等。《新唐书·百官志》中说："凡王言之制有七：一曰册书，立皇后、皇太子，封诸王，临轩册命则用之。"[1]可见在封建帝制社会中，册书代表了皇权的神圣与统治者对天地宗庙的敬畏，意义十分重大。所以，历朝历代都非常重视这类文章的写作，甚至对善于写作此类文章者给以"大手笔"的美誉，而文人们有机会撰写此类文章，也无不倍感荣幸，极尽思考，精心撰写。沿袭至唐朝，此类文章已是标准的骈文体式，一般而言，言必偶对，词不单设，在平仄韵律上也非常讲究。如唐高宗之《册代王宏为皇太子文》：

> 维永徽七年，岁次景辰，正月景寅朔六日辛未，于戏！夫明两载象，
> 道贯三才，元良表德，业隆千古。是以夏启作贰，光阐高猷；姬诵升储，
> 发挥王道。详求典册，式瞻七弁，固本垂统，允归正绪。惟尔代王宏，猗
> 兰毓祉，乔桂凝华，岐嶷表于天姿，符瑞彰于神授。器业英远，风鉴昭朗，
> 践嘉义而总深仁，舍幼志而标成德。用资玉裕，早振金声。朕虔奉灵图，

---

[1] 欧阳修、宋祁：《新唐书》，中华书局1975年版，第1210页。

肃膺丕业，仰惟七庙之重，思隆万叶之庆，畴咨列辟，钦若前修，是用命尔为皇太子。往，钦哉！尔其祗奉宪章，率由轨度。尽谦恭于齿胄，审方俗于迎郊。春《礼》冬《诗》，趋庭匪懈，三善六德，勖志无愆。绝骄奢之心，纳忠良之训，播徽猷于外宇，申敬奉于中闱。允睦周亲，务殷尧族。就隆四术，式宁万类。无怠无荒，固保我宗基，可不慎欤！[1]

这篇文章除了第一句必要的时间交代与文中过渡需要的少量虚词外，全文几乎均为属对工切、声韵和谐、语言华丽优美的四六之句，但也正是因为对于形式之美的过度要求，在某种意义上，这些连篇累牍、工整精美的词句，翻来覆去，啰啰唆唆，反而伤害了文意的表达，让人看了颇有茫然不知所措甚至不耐烦之感。

陆贽流传下来的4篇册文中也有平仄相对严整、对偶相对整齐的句子，如《告谢昊天上帝册文》中"兹乃九庙遗休，兆人介福，以臣之责，其何解焉。间属寇虞，久稽告谢。今近郊甫定，长至在辰，谨以玉帛牺牲，粢盛庶品，冀凭禋燎，式荐至诚"[2]等句，虽对偶不整齐，但平仄却很工整。再如："咨尔淑妃王氏：天与淳粹，气钟元和，含章在中，发秀于外。卓尔风操，穆然容辉，周旋中规，进退有度。仁爱恭俭，禀于生知；诗书礼乐，成自师氏。"[3]这段文字正好相反，虽平仄不工整，但对偶却很整齐。但更多的，还是一些虽然字数相同，但词性不甚对应、声韵上也不太讲究的"双行之句"。如："臣猥承圣绪，获主大器，惧德不嗣，靡所安宁。任重道悠，竟贻颠越，京阙生变，神人无依。臣怀永图，不敢自弃，忍耻含愤，迫于载迁，戴天履地，俯仰惭惕。幸赖烈祖遗泽，感深于人，人心攸归，天意允若。肆予小子，凭宗庙之积庆，再复于镐京。"[4]在这里，双行只是一种外在形式，核心还是以散体为根本的。这种"散句双行，运单成复"的写法，使得陆贽的这几篇文章一扫传统骈文呆板滞涩的积弊，读来明白易晓，流畅自然。

2.感情真挚，庄重中不失温情

因为代表皇权，同时文章的读者也主要是天地神灵与列祖列宗，所以，古代文人在拟写册封王公后妃之文和代表皇帝向天地宗庙请罪的告谢之文时，都非常慎重，文章也因此而敬畏有余，亲切不足。相比而言，陆贽流传下来的谢罪文庄重中不失

[1]　董诰等编：《全唐文》（卷十四），中华书局1983年版，第166页。

[2]　陆贽：《陆贽集》，王素点校，中华书局2006年版，第179页。

[3]　陆贽：《陆贽集·册封淑妃王氏为皇后文》，王素点校，中华书局2006年版，第166页。

[4]　陆贽：《陆贽集·告谢玄宗庙文》，王素点校，中华书局2006年版，第180—181页。

温情，有着浓浓的人情味。

在封建社会中，宗教神权与君权、族权、父权紧密结合在一起，成为社会政治生活、家族生活和精神生活的有机组成部分。祭天祭祖祭社稷作为历朝大祀的核心内容，也是国家最重要最神圣的祀典。这些祀典意义有四："其一，效法天道以定人事。《周易》云：'天垂象见吉凶，圣人则之。'《论语》云：'唯天为大，唯尧则之。'其二，承天之佑，畏天之罚。《论语》：'获罪于天，无所祷也。'《周易·困卦》：'利用祭祀，受福也。'《春秋繁露·郊语》：'不畏敬天，其祸殃来至。'其三，感天之德，报天之恩。《礼记·郊特牲》：'郊之祭也，大报本反始也。'《物理论》：'祭天地，报往也。'其四，王者受命于天，祭天可以巩固王权。《五经通义》：'王者所以祭天地何？王者父事天母事地，故以子道事之也。'《汉书·郊祀志》：'帝王之事莫大乎承天之序，承天之序莫重于郊祀，故圣王尽心极虑以建其制。'由此可知，敬天是天下人普遍应该持有的信仰，但祭天则主要是君王自家的事情，天神崇拜是王权的精神支柱。"[1] 典型例子如唐玄宗行封禅礼时，出玉牒以示百僚，其词曰：

> 有唐天子臣隆基，敢昭告于昊天上帝：天启李氏，运兴土德。高祖太宗，受命立极。高宗升中，六合殷盛。中宗绍复，继体丕定。上帝眷佑，锡臣忠武，底绥内难，推戴圣父，恭承大宝，十有三年，敬若天意，四海晏然。封祀太岳，谢成于天，子孙百禄，苍生受福。[2]

统治者要奉天承运、敬天安民、祈天赐福的意思表达得非常清楚。相应的，这类文章语言都是典雅富丽的，字里行间主要体现出对上天的敬畏之情。

陆贽一贯主张经世致用、教民化世，所以，他代德宗撰写的告谢之文与祭神之文，少有对天神的崇拜，却带有对人间现实、社会民生浓浓的关怀与牵挂。试看这些文字：

> 维贞元元年，岁次乙丑，十一月癸巳朔，十一日癸卯，嗣天子臣某，敢诏告于昊天上帝：
>
> 顾惟寡昧，不克明道，丕膺眷命，俾作神主。常恐获戾上下，而播灾于人，兢兢业业，夙夜祗畏。居位五祀，德馨蔑闻，皇灵不歆，是用大儆，殷忧播荡，

[1] 马克锋：《有关激进与保守的几个问题——"中国近代思想史上的保守与激进"学术研讨会发言》，载《中国社会科学院院报》2004年1月8日。

[2] 宋敏求编：《唐大诏令集·开元玉牒文》，中华书局2008年版，第371页。

蹄历三时。诚惧烈祖之耿光，坠而不耀，侧身思咎，庶补将来。[1]

　　臣嗣服先业，不克负荷，人流于下，事失其中。奸魁乘衅，作乱京邑，播迁之咎，臣实自贻。震惊宗祧，旷时乏祀，外忧内愧，若坠深泉。励己誓心，期刷大耻。实赖圣祖中兴之业，全育兆人，泽深庆远，流福裔嗣。[2]

在古汉语中，"告谢"一词有三个含义：一为辞职；一为古指官员受职后入朝谢恩，又称中谢；一为请罪之意，如范仲淹《让枢密直学士右谏议大夫表》中"以柔远未至，选将有差之辞，告谢于皇天后土"[3]等。历代帝王几乎都有过对天地祖宗的告谢之文，但说的是请罪，对己之"罪"一般都是轻描淡写，寥寥几笔带过，关键还是颂赞上天祖宗，祈求他们的福佑。相比而言，陆贽代撰的这4篇告谢之文，面对祖宗、面对上天，德宗居然是真真正正直面自己治国上的过错，不回避，不粉饰，并对因此给老百姓带来的痛苦悔恨不已，这样的谢罪之文，实在难得！

三、策　问

古代的策试，是被选拔者（应试求仕之士）根据一定的问题，在竹简上逐条应对，故策试也称"策问"或"对策"。作为一种文体，刘勰在《文心雕龙·议对》中这样概括了策论的特点："使事深于政术，理密于时务；酌三五以镕世，而非迂缓之高谈；驭权变以拯俗，而非刻薄之伪论；风恢恢而能远，流洋洋而不溢，王庭之美对也。"[4]译成现代汉语，这几句话的意思就是：策论要求所论的事理要反映出对政治的深刻理解，要紧密联系时下重要的事务；要考虑时代的发展，镕铸出合于当世的见解，而不是脱离时代的高谈阔论；要通权达变来克服世俗的不良风气，而不是发表刻薄的伪谬之论；文辞要有气势，像吹得很远的劲风，像流淌的江河，但又毫不过分。可见，在刘勰看来，好的策论文，在内容上，要深刻反映政务需要；在观点上，要能够反映出作者的远见卓识；在实效上，提出的方法要切实可行；在语言上，文辞一定要有表现力。简而言之，一定要经世致用。

---

[1]　陆贽：《陆贽集·告谢昊天上帝册文》，王素点校，中华书局2006年版，第178—179页。

[2]　陆贽：《陆贽集·告谢肃宗庙文》，王素点校，中华书局2006年版，第182页。

[3]　范仲淹：《范仲淹全集·让枢密直学士右谏议大夫表》，范能浚编集，蒋正兴点校，凤凰出版社2004年版，第365页。

[4]　《文心雕龙·议对》，载《文心雕龙注》，刘勰著，范文澜注，人民文学出版社2001年版，第440页。

《唐语林》曰："唐朝初，明经取通两经，先帖文，乃案章疏试墨策十道；秀才试方略策三道；进士时务策五道。"[1]《陔余丛考》云："唐初制，试时务策五道，帖一大经。经、策全通为甲第，策通四，帖过四以上为乙等。"[2] 可见在唐代科举考试中，无论明经还是进士，策问都是必考科目，都须兼备经义和时务。但是，由于题目陈陈相因，而多数读书人又缺乏实际从政的经历，所以只能空发议论，或者背诵前人的策论来应付，很多时候，夸夸其谈有余，切中时弊不足。明人胡震亨云："唐进士重诗赋者，以策论堆剿旧文，帖经只抄义条，不若诗赋可以尽才。又世俗偷薄，上下交疑，此则按其声病，可塞有司之责。虽知为文华少实，舍是益汗漫无守耳。"[3] 即说明了这一点。

对照作品，可以看出陆贽的"策问"鲜明地体现了刘勰的要求。

1. 一事一议，即一篇文章只表达一个观点，简洁而有力，犀利而练达

这三篇文章都不过四五百字，在有限的篇幅内，围绕现实生活中一个问题，单刀直入，提出解决办法。如《策问贤良方正能直言极谏科》表达德宗对贤能臣子的渴求之情；《策问博通坟典达于教化科》直言选拔的官员要有理论素养，更应有治理现实的能力与本领；《策问识洞韬略堪任将帅科》则专门探讨该如何选拔和培养合适的军事将领与人才等等。

2. 通权达变，见解独到深刻，符合现实政务需要

任何政权都希望选拔到优秀的官吏来维持政治的运作。但陆贽所处时期，局势却非常严峻。一方面，隋唐时期推行的科举制，特别是其进士科重在考察士人的诗赋创作，忽略了对他们施政能力的关注，由此，选拔出的人才就易有泥古而不达时务之弊，而"国非得人助理，安能勿坏？"[4] 另一方面，唐德宗其人"自恃英明，远贤据谏"[5]，既不能求贤任能，又缺乏知人之明、容人之心，往往对臣下吹毛求疵，求全责备，更使国家难以选到优秀的人才。

对唐德宗，陆贽非常了解，为了广开才路，他协助唐德宗开策问贤良方正能直言极谏科、策问博通坟典达于教化科和策问识洞韬略堪任将帅科，量才取士，招揽

[1] 《唐语林校证》（卷八），王谠撰，周勋初校证，中华书局1997年版，第713页。
[2] 赵翼：《陔余丛考·进士》（卷二十八），商务印书馆1957年版，第583页。
[3] 《唐音癸签》（卷十八）"诂笺三·进士科故实"。
[4] 陆贽：《陆贽集》，王素点校，中华书局2006年版，第188页。
[5] 陆贽：《陆贽集》，王素点校，中华书局2006年版，第188页。

各种不同类型的人才，以满足封建国家各方面的需要。他的这三篇策论也充分表现了他审时度势、通权达变的治世观。如在陆贽看来，优秀的人才应该有深厚的理论素养，那些"趋时会而不经"的投机分子固然不能得以重用。但另一方面，优秀的人才绝不能只是腹有诗书，"牵古义而不变"，所谓"知本乃能通于变，学古所以行于今"[1]，学习古人传承下来的知识是为了更好地治理现实、改变现实，拥有这种能力的人才是社会需要的优秀人才；又如，陆贽认为，国家并不缺少优秀的人才，但缺的是能让优秀人才脱颖而出的环境，所以，德宗自身应体现出海纳百川之心胸与气度，更应用醇儒的思想来治理天下，所谓"王者制理，必因其时，故忠敬质文，更变迭救，三代之际，罔不由之"，只有这样，才不至于"人心愈偷，风俗日坏"[2]等等。

3.文脉畅达，陈辞婉曲，语言文辞富有表现力

在主旨集中专一的前提下，陆贽的策问文思路清晰，观点明确，常常是谈古论今，旁征博引，问题分析得透彻深入，措施也提出得单刀直入。如其《策问识洞韬略堪任将帅科》一文，开篇即亮出观点，只有"文武并兴，农战兼务"，才能"居则足食，动则足兵"，继而达到"兵足则威，食足则固，威则暴乱息，固则教化行"的治国效果。接下来，他先是以秦、汉以来的错误行径为反面教材，后又辩证探讨"王者之师"与"兵家之法"的关系，充分说明了"将士御侮，公侯干城，非预蓄于平时，难取办于临事"，只有"素娴韬略，始能决胜疆场"[3]的道理。

此外，在这三篇策问中，他运用了大量对偶齐整、音韵协调、语言流畅、气势极盛的骈句，如《策问贤良方正能直言极谏科》："三代以来，制作滋广，异文质之变，明利害之乡。威之以刑，道之以礼，敦其俗而弥薄，防其人而益偷。岂浇淳必系于时邪，何圣贤间生而莫之振也？"[4]读起来朗朗上口。另一方面，其散句和典故的运用也非常精彩。如在《策问博通坟典达于教化科》一文中，陆贽指出，优秀的人才不是天上掉下来的，也需要国家、统治者有意识地引导与培养，由此，教育就显得非常重要了。并且，这种教育绝对不能只局限在少数贤人、智者身上，使"勇者独进"，而将愚者凶人拒之门外，让"怯者独退"，对此，陆贽打了个比方："然

---

[1]　陆贽：《陆贽集》，王素点校，中华书局 2006 年版，第 191 页。

[2]　陆贽：《陆贽集》，王素点校，中华书局 2006 年版，第 192—194 页。

[3]　陆贽：《陆贽集》，王素点校，中华书局 2006 年版，第 196—200 页。

[4]　陆贽：《陆贽集》，王素点校，中华书局 2006 年版，第 186 页。

则上之化下，罔或不从。而三仁、四凶，较然自异，有教无类，岂虚言哉！"[1] 在他看来，即使是对像殷代的三个仁人微子、箕子、比干，和传说虞舜时的四个凶人浑敦、穷奇、涛阢、饕餮，这样行为各异、差别悬殊的人，也都要进行教育。"三仁"、"四凶"的巨大反差，使得陆贽不分贵贱贤愚、"有教无类"的观点鲜明呈现，他的人才观的包容多样也给人留下了深刻的印象。

四、书

明吴讷《文章辨体序说》："昔臣僚敷奏、朋旧之间，皆总曰书。近世臣僚上书，名为表奏，惟朋旧之间，则曰书而已。盖议论知识，人岂能同？苟不具之于书，则安得尽其委曲之意哉？"[2] 可见书作为文体之名有两种意义，一是书信。用于朋友之间的情感交流等。一是用以陈述对政事的见解。《文心雕龙·书记》称："大舜云：'书用识哉。'所以记时事也。盖圣贤言辞，总为之书，书之为体，主言者也。"[3] 既是"记时事也"，则要直陈时弊。

陆贽流传下来的书主要是代写的与回纥、吐蕃等的外交领域的政治公文，其特点体现为：一是情感婉转含蓄，立场鲜明，庄重中不失分寸；二是语言简洁质朴，礼貌机智，具有说服力。

当时，唐朝与回纥、吐蕃等少数民族的关系非常微妙。此前，唐肃宗、唐代宗都优待回纥，防备吐蕃，因而唐朝边境维持着苟安的局面。唐德宗却因曾受侮辱，仇视回纥，对劲敌吐蕃反而放松警戒，更打着借吐蕃之手夺李晟、马燧、浑瑊等功臣兵权的鬼主意，因而造成了君臣相疑，内外解体的分裂状况，在吐蕃虎视眈眈的局势下，武臣们都愤怒解体，不肯再为朝廷出力。不得已，唐德宗接受了宰相李泌的建议，通过"北和回纥，南通云南（南诏国），西结大食、天竺"[4] 以困吐蕃。《与回纥可汗书》即写于这一背景下。该文不长，故附录于下：

> 皇帝敬问可汗弟：两国和好，积有岁年，申之以昏姻，约之以兄弟，诚信至重，情义至深。顷因贼臣背恩，构成嫌衅，天不长恶，寻已诛夷，使我兄弟，恩好如旧。周皓及踏本啜黑达干等至，得弟来书，省览久之，

---

[1] 陆贽：《陆贽集》，王素点校，中华书局 2006 年版，第 191 页。

[2] 吴讷：《文章辨体序说》，于北山校点，人民文学出版社 1962 年版，第 41 页。

[3] 《文心雕龙·书记》，载《文心雕龙注》，刘勰著，范文澜注，人民文学出版社 2001 年版，第 455 页。

[4] 陆贽：《陆贽集》，王素点校，中华书局 2006 年版，第 299 页。

良以为慰。弟天资雄杰，智识通明，亲仁善邻，敦信明义。罢战争之患，弘礼让之风，保合太和，用宁区宇，惟兹盛美，何以加焉。朕之素怀，与弟叶契。为君之道，本务爱人，同日月之照临，体天地之覆育，其于广被，彼此何殊。况累代以来，继敦姻戚，与弟俱承先业，所宜遵奉令图，自兹以还，情契弥固，垂之百代，永远无穷。缅想至诚，当同此意。所附踏本啜奏，请降公主，姻不失旧，颇叶通规；待弟表到，即依所请，宣示百寮择日发遣。缘诸军兵马，收京破贼，频立功勋，赏给数多，府藏虚竭，其马价物，且付十二万匹，至来年三月，更发遣一般，馀并续续支付，弟宜悉也。安西、北庭使人入奏，并却归本道，至彼宜差人送过，令其速达。弟所寄马并到，深愧厚意。[1]

既已要结亲，该文读来充满情谊。不论是开篇的"皇帝敬问可汗弟"，还是文中不断出现的"兄弟"、"诚信"、"情义"、"恩好"等词，都鲜明地体现了唐王朝与回纥的友好姿态。虽然和亲的最终目的是要得到回纥的支持，共同对付吐蕃，但在陆贽的笔下，这种友好姿态并不谦卑，相反，因为文中对于君王职责的探讨，因为"为君之道，本务爱人，同日月之照临，体天地之覆育，其于广被，彼此何殊"等语句而别具有一番庄重神圣的意味，真正做到了友好中不失庄重，庄重中不失分寸。

相较之下，陆贽代笔的《赐吐蕃将书》《赐吐蕃宰相尚结赞书》《赐尚结赞第二书》《赐尚结赞第三书》等就鲜明地体现了陆贽之书语言简洁质朴，礼貌机智，具有说服力的特点。

斯时也，吐蕃对唐王朝怀有觊觎之心，弃此前与唐王朝的情谊于不顾，先是无理索要安西、北庭两镇以为试探，继而施以离间之法陷害唐朝良将李晟、马燧、浑瑊等，更在唐朝边境集结军队，伺机以动。所以，对吐蕃的公文，陆贽写法略有不同。

一方面，陆贽在文中反复强调了唐王朝与吐蕃之前的友好关系，字里行间也非常注重表现出大唐王朝应有的宽容仁厚的气度，如《赐吐蕃将书》中开篇所言：

论莫陵悉继等至，省所陈奏，朕具悉之。国家与大蕃，亲则舅甥，义则邻援，息人继好，固是常规。朕嗣位君临，思安兆庶，常以信让为事，不以争竟为心，区域虽殊，覆育宁别？赞普天资仁德，好生恶杀，与朕同心，

---

[1] 陆贽：《陆贽集》，王素点校，中华书局2006年版，第301—303页。

重修旧好。[1]

这一段话纯似口语，简洁质朴的语言娓娓道来，充分表明了与古于今、于情于理，吐蕃都应与唐王朝友好相处。但接下来，陆贽笔锋一转，开始一一列举吐蕃言行"审详事理，颇甚乖违"之处，如吐蕃在自己"请收京邑"、唐王朝也"许四镇之地，以答收京之功"的前提下，因为"炎蒸"、"疾疫"，"大蕃兵马，便自抽归"，如此一来，"既未至京，有乖始望，奉天盟约，岂合更论"等等，陆贽更在文中反复替唐德宗表明"凡曰通好，贵于推诚"，"二国和好，即同一家"，"朕之所重者信诚，所轻者财利，思与率土，同臻太和"[2]等观点，言辞之间，唐王朝与吐蕃孰是孰非，不言自明，一目了然，对吐蕃的指责也是虽未明言，却也呼之欲出了。

第二节　（中书）奏议：状

奏议，又称奏折，是大臣给皇帝的上书。作为一种文体，属于古代上行公文的一大类，是古代臣属进呈帝王的奏章的统称。因为陆贽的"奏议"与"中书奏议"性质相同，采用的文种也都是"状"，所以将两部分合在一起分析。

状是我国古代散文中的既可用于议论，又可用于叙事的应用文文体名。它是古代臣子向帝王上书言事的一种公牍文文体，也可专门用于对人、事或物的陈述、记叙或褒奖性文辞。陆贽奏议中流传下来的大多属于臣子向帝王的上书一类。

当时唐王朝处于非常时期，政局、军情瞬息万变，在这种情况下，陆贽要解决现实问题，发挥奏状经世治国的功效，他所写的奏状就绝不能像以前有些文人所写的一样，开头大话套话，拐弯抹角，拖沓冗繁，而是绝大多数开门见山，直率陈词，常在文章一开头就简明扼要地提出自己的观点，干净利落，毫不隐讳。如他在建中四年写的《奉天请罢琼林大盈二库状》开头的一段：

> 右臣闻：作法于凉，其弊犹贪；作法于贪，弊将安救？示人以义，其
> 患犹私；示人以私，患必难弭。故圣人之立教也，贱货而尊让，远利而尚廉。
> 天子不问有无，诸侯不言多少，百乘之室，不蓄聚敛之臣。夫岂皆能忘其
> 欲贿之心哉！诚惧贿之生人心而开祸端，伤风教而乱邦家耳。是以务鸠敛

---

[1] 陆贽：《陆贽集》，王素点校，中华书局2006年版，第304—305页。

[2] 陆贽：《陆贽集》，王素点校，中华书局2006年版，第305—306页。

而厚其帑椟之积者，匹夫之富也；务散发而收其兆庶之心者，天子之富也。天子所作，与天同方：生之长之，而不恃其为；成之收之，而不私其有。付物以道，混然忘情。取之不为贪，散之不为费。以言乎体则博大，以言乎术则精微。亦何必挠废公方，崇聚私货，降至尊而代有司之守，辱万乘以效匹夫之藏。亏法失人，诱奸聚怨，以斯制事，岂不过哉！[1]

建中四年，唐王朝正处于风雨飘摇、内外交困的紧急时刻，其时天下大乱，人心涣散，河北有王武俊、朱滔、田悦等人造反，河南则是李希烈兴兵作乱，在长安，朱泚拥兵发难，导致都城失守……在这种情况下，但凡有点眼光的君主都应明白，要再安唐室、解除危机，关键在于争取人心。

怎样争取人心？南宋文人辛弃疾在其《美芹十论·致勇》中说得非常直白："人莫不重死，唯有以致其勇，则惰者奋，骄者耸，而死有所不敢避"，"未得志则冒死以求富贵，已得志则保富贵而重其生"。[2] 这几句话表明，在动乱时期，笼络人心最快捷有效的方法，就是许之以功名、施之以富贵。可惜，唐德宗却不是这样的明君。在他即位初期，还能提倡节俭，禁止各地进献，如即位之初就诏告天下，停止诸州府、新罗、渤海岁贡鹰鹞，后来又连续颁布诏书，禁令天下不得进贡珍禽异兽等，甚至规定银器不得加金饰，种种举动都显现出新君临登大宝以后的新气象，但因朱泚事变出逃奉天后，德宗似乎意识到了钱财的重要性，转而变为开始喜欢财物和大肆聚敛，除了主动要求、鼓励臣子送钱财给他外，甚至还经常派中使宦官直接向政府各衙门以及地方公开索取。所以，兴元元年（784）正月，当德宗好不容易依靠浑瑊、李怀光等人的奋战，刚刚打败朱泚对奉天的围攻时，他便迫不及待地要充实自己的小金库，打算把诸道贡物藏入皇帝的私库——琼林、大盈，"贼泚解围，诸藩贡奉继至，乃于奉天行在贮贡物于廊下，仍题曰琼林、大盈二库名"[3]。

对于德宗的行径，陆贽极不赞同。为什么呢？《孟子》曾云："上下交征利而国危矣。"[4]《大学》中也说："百乘之家不蓄聚敛之臣。与其有聚敛之臣，宁有盗臣。"[5] 这都充分说明，在儒家学者看来，聚敛之臣对国家危害已经是甚于盗臣

[1]　陆贽：《陆贽集》，王素点校，中华书局2006年版，第420—421页。

[2]　辛弃疾：《辛弃疾全集·美芹十论》，徐汉明校勘，四川文艺出版社1996年版，第336页。

[3]　刘昫：《旧唐书·陆贽传》（卷一三九），中华书局1975年版，第3793页。

[4]　朱熹：《四书章句集注》，中华书局1983年版，第201页。

[5]　朱熹：《四书章句集注》，中华书局1983年版，第12页。

了，但假如国君也是聚敛之君，那危害就是不言而喻了。所以，陆贽急忙上呈奏状《奉天请罢琼林大盈二库状》，在第一段就直言天子不应该蓄积私财，所谓"故圣人之立教也，贱货而尊让，远利而尚廉。天子不问有无，诸侯不言多少，百乘之室，不蓄聚敛之臣"[1]。开头问题提得突出鲜明，开门见山，不落俗套，文气也就流畅自然，便于一气呵成。接下来，陆贽引用《礼记》"财散则民聚，财聚则民散"这句话，告诉德宗"天子之贵，岂当忧贫！是乃散其小储而成其大储也，损其小宝而固其大宝也"[2]，劝谏德宗罢去私库，将货物尽赐有功之人，以奖励将士平叛靖乱。因为观点鲜明，言之有理，德宗看了后幡然醒悟，"上嘉纳之，令去其题署"[3]。

另外，陆贽的状明白易晓、文理通畅。明白易晓源于陆贽状观点的明确提出，也和他的状少用典故、骈散相杂有很大关系，文理通畅则是因为陆贽行文是紧紧围绕中心观点而展开，不枝不蔓，收放自如。如其贞元九年五月呈上的《论缘边守备事宜状》一文就是如此。

唐朝是我国统一的多民族国家进一步发展的重要时期，由于开放的政策、强盛的国力和先进的文化，唐朝吸引着各族人民与之交往。同时，在唐帝国前期，唐朝统治者乃至臣子们普遍有着开明的民族意识，如唐初名将李靖曾讲："天之生人，本无番、汉之别，然地远荒漠，必以射猎为生，故常习战斗。若我恩信抚之，衣食周之，则皆汉人矣。"[4]也正是这样开明的民族政策，开放的人才策略，将当时东亚以及中亚地区的杰出人才引进到唐帝国的庞大统治机构中来，使得唐帝国前期能够在其辽阔的疆域里人尽其才、物尽其用，在短短百年的时间里塑造出一个疆土广阔、民族众多，当时世界上最富足、强盛的大帝国。

但是总体而言，有唐一代，少数民族与唐王朝一直是战和不定，以各自为利的政治规则为基础，唐王朝与少数民族之间，时而战争，时而和平共处，相互妥协，相互利用，两者之间此起彼伏，始终保持着一种微妙的关系。如唐高祖起兵时，不得不依照惯例，如刘武周等其他北方的武装势力一样，向突厥称臣。即使在平定中原之后，仍要向突厥进贡大量财物；贞观十五年，唐太宗迫于吐蕃的强大，不得不采取和亲政策，将文成公主嫁于松赞干布；唐玄宗要封禅于泰山，因心中有所顾忌，

---

[1] 陆贽：《陆贽集》，王素点校，中华书局2006年版，第421页。

[2] 陆贽：《陆贽集》，王素点校，中华书局2006年版，第426页。

[3] 刘昫：《旧唐书·陆贽传》（卷一三九），中华书局1975年版，第3794页。

[4] 张安福：《唐代西域治理：多元文化融合的文化实边策略》，载《光明日报》2010年7月6日。

行前还要特意派遣使者将日渐强大的契丹大臣诏来同行，以防万一；安史之乱期间，吐蕃乘唐王朝边境空虚，攻入长安。此时的大唐帝国，已无还击之力。幸有郭子仪巧用计谋，才将吐蕃军队吓走，此外，南诏、党项等少数民族也不时兴风作浪……蒙昧凶悍的少数民族，一次又一次将唐王朝推向灭亡的边缘，而唐王朝又一次次地殊死挣扎，绝处逢生。到了唐德宗统治时期，情势更为严峻。在他统治期间，外有吐蕃、回纥诸少数民族列强环伺，内有魏博、成德等节度使叛乱割据，国家正处于盛极而衰的艰难时期。陆贽在《论缘边守备事宜状》中说得透彻："国家自禄山构乱，肃宗中兴，撤边备以靖中邦，借外威以宁内难。于是吐蕃乘兴，吞噬无厌；回纥矜功，冯凌亦甚。中国不遑振旅，四十馀年。"[1] 有没有可能圆满地解决边患纠纷，形成长治久安的局面呢？陆贽的《论缘边守备事宜状》正是一篇试图探讨、解决这一问题的文章。

在这篇文章中，陆贽首先全面阐述了他对于边防守御的策略、设想，在他看来，守边要把握两大重点——"足食"与"治兵"，即"诚以备边御戎，国家之重事；理兵足食，备御之大经。兵不理则无可用之师，食不足则无可固之地。理兵在制置得所，足食在敛导有方。"[2] 因为贞元四年陆贽以减京东水运脚价籴粮储边之法较好地解决了足食的问题，所以，在这篇文章中他将讨论的重点放在"治兵"上。

接下来，陆贽系统地总结了中原王朝以或兴兵征讨、或和亲招抚等法防御边疆少数民族方针的利弊得失，指出"夫中夏有盛衰，夷狄有强弱，事机有利害，措置有安危，故无必定之规，亦无长胜之法"，华夷双方的政治局面、军事实力总是此消彼伏，不断变化，所以，要处理好守边问题，关键在于审时度势，变化因应，以我之长，克敌之短，即"我之所长，乃戎狄之所短；我之所易，乃戎狄之所难。以长制短，则用力寡而见功多；以易敌难，则财不匮而事速就。"[3]

探讨历史是为了更好地解决现实问题。从以我之长、克敌之短的根本性原则出发，陆贽详细指出了当时在边备问题上存在的"六失"："理兵而措置乖方，驭将而赏罚亏度，制用而财匮，建军而力分，养士而怨生，用师而机失，此六者，疆场之蟊贼，军旅之膏肓也。"[4] 同时有针对性地提出了解决办法，即在理兵之宜既得、选帅之道既明的基础上，减奸滥虚浮之费以丰财，解决"财匮于兵众"的问题；定衣粮等级

---

[1]　陆贽：《陆贽集》，王素点校，中华书局 2006 年版，第 609—610 页。

[2]　陆贽：《陆贽集》，王素点校，中华书局 2006 年版，第 602—603 页。

[3]　陆贽：《陆贽集》，王素点校，中华书局 2006 年版，第 605—613 页。

[4]　陆贽：《陆贽集》，王素点校，中华书局 2006 年版，第 625 页。

之制以和众，解决"怨生于不均"的问题；宏委任之道以宣其用，解决"机失于遥制"的问题；悬赏罚之典以考其成，解决"课责亏度"的问题。"如是而戎狄不威怀，疆场不宁谧者，未之有也。诸侯轨道，庶类服从，如是而教令不行，天下不理者，亦未之有也。"[1]

今天看来，这篇 5 800 字的长文对于分析唐代边疆政策有很重要的史料价值，对于后代处理边疆军事也有着重要的参考意义。可惜因为猜忌与嗜权之弊，奏状上陈后，德宗虽"极深嘉纳，优诏褒奖之"[2]，但终是"爱重其言，不从也"[3]。

其实陆贽的奏状像这样被刻意忽略、旁置的也不止一两篇了。"观贽论谏数十百篇，讥陈时病，皆本仁义，可为后世法，炳炳如丹，帝所用才十一。唐胙不竞，惜哉！"[4]原因何在？《旧传》中说得明白：

> 史臣曰：近代论陆宣公，比汉之贾谊，而高迈之行，刚正之节，经国成务之要，激切仗义之心，初蒙天子重知，末途沦踬，皆相类也。而谊止中大夫，贽及台铉，不为不遇矣！昔公孙鞅挟三策说秦王，淳于髡以隐语见齐君，从古以还，正言不易。昔周昭戒急论议，正为此也。贽居珥笔之列，调任之地，欲以片心除重弊，独手遏群邪，君上不亮其诚，群小共攻其短，欲无放逐，其可得乎！《诗》称"其维哲人，告之语言"，又有"诲儿"、"听我"之恨，此皆贤人君子叹言不见用也。故尧咨禹拜，千载一时；携手提耳，岂容易哉！[5]

对德宗的为人，陆贽非常清楚，可他是个一心为公、刚直好谏之人，"事有不可，极言无隐"[6]，决不会因个人得失而苟且迎合，所以，他的大部分奏状非常注重谏诤技巧，做到既准确明白地表明自己的观点，又能在不惹恼德宗的前提下让德宗接受他的进谏。《兴元论解姜公辅状》《又答论姜公辅状》两篇奏状就充分体现了陆贽的谏诤技巧。

德宗是猜疑心很重的君主，他用人全凭喜怒，不论曲直；只讲利害，不问是非。

---

[1] 陆贽：《陆贽集》，王素点校，中华书局 2006 年版，第 627 页。

[2] 刘昫：《旧唐书·陆贽传》（卷一三九），中华书局 1975 年版，第 3816 页。

[3] 欧阳修、宋祁：《新唐书·陆贽传》（卷一五七），中华书局 1975 年版，第 4931 页。

[4] 欧阳修、宋祁：《新唐书·陆贽传》（卷一五七），中华书局 1975 年版，第 4932 页。

[5] 刘昫：《旧唐书·陆贽传》（卷一三九），中华书局 1975 年版，第 3818—3819 页。

[6] 刘昫：《旧唐书·陆贽传》（卷一三九），中华书局 1975 年版，第 3817 页。

如果决定置人于死地，就往往突杀之，追杀之，或徐徐折杀之，宰相离德宗的权力范围最近，所以很不幸，常常会仅仅因为德宗的猜测、怀疑和一面之词而死于非命，崔宁、窦参、杨炎、刘晏等均是如此。兴元时期，为唐安公主如何安葬一事，姜公辅忤逆了德宗，性命岌岌可危。

"姜公辅，日南人。登进士第，应制科高等，授左拾遗，召为翰林学士。"[1]在唐安公主病亡之前，唐德宗还是很信任他的，特别是泾原兵变时因曾谏请唐德宗速杀朱泚以绝后患，姜公辅更被德宗破格擢为谏议大夫，与萧复、刘从一同日以本官平章事。但好景不长，"及再奔梁州，行至城固，德宗长女唐安公主病死，德宗欲为公主在城固造塔厚厝"[2]。姜公辅却认为公之葬当归长安，此时应俭薄以济军需，所以上书力谏不可。这下可惹恼了德宗，在他给陆贽的圣旨中，道出了对姜公辅的不满："所造塔役功费用，亦甚微小，都不合是宰相所论之事。姜公辅忽有表奏，都无道理，但欲指朕过失，拟自取名。朕本拔擢，将为腹心，今却如此，岂不负朕至深！"[3]盛怒之下的德宗顿起杀心，但他这时还是很信任陆贽，所以想听听陆贽的意见。

陆贽不赞同德宗的处置方法，但该如何表达这种观点呢？他采取了三种手法。一是陈情以为铺垫："公辅顷在翰林，与臣久同职任。臣今据理辨直，则涉于私党之嫌；希旨顺承，则违于匡辅之义。涉嫌止贻于身患，违义实玷于君恩。徇身忘君，臣之耻也；别嫌奖义，主之明也。臣今不敢冒行所耻，亦赖陛下明圣而鉴焉。"[4]状头的这段话解释了自己为什么要不避嫌疑为姜公辅论解，态度低调，言辞恳切，对于猜疑心很重的唐德宗来说，这个铺垫显然是非常必要的，使他在情感上首先愿意倾听陆贽的看法。二是借史实作佐证。接下来，陆贽泛论了历史上夏桀殷纣与大禹、成汤不同的为君之道，以此说明，明君也应"求谏如不及，纳善如转圜"[5]。史实胜于雄辩，让德宗无话可说，也为后面入题论解张本。三是切实围绕德宗的切身利益来分析得失。如针对德宗认为姜公辅是想通过指摘君过以求自名的论调，陆贽在文中写道："假有意将指过，谏以取名，但能闻善而迁，见谏不逆，则所指者适足以

[1]　王素：《陆贽评传》，南京大学出版社 2006 年版，第 251 页。

[2]　王素：《陆贽评传》，南京大学出版社 2006 年版，第 251 页。

[3]　陆贽：《陆贽集》，王素点校，中华书局 2006 年版，第 455 页。

[4]　陆贽：《陆贽集》，王素点校，中华书局 2006 年版，第 455 页。

[5]　陆贽：《陆贽集》，王素点校，中华书局 2006 年版，第 455 页。

彰陛下莫大之善，所取者适足以资陛下无疆之休。因而利焉，所获多矣。"[1] 明言最终获名获利的还是唐德宗本人。这样的进谏"理明词达，警快绝伦"[2]，即使是刚愎多疑的唐德宗，看了后心中也能了然明白。这件事后，姜公辅虽被罢相，但好歹保住了性命，陆贽功不可没。

[1] 陆贽：《陆贽集》，王素点校，中华书局 2006 年版，第 460 页。
[2] 陆贽：《陆贽集》"马传庚评语"，王素点校，中华书局 2006 年版，第 461 页。

第七章　陆贽骈体公牍文主导风格及语言特征

第一节　主导风格：正实切事　明晰峻切

陆贽的文章绝大部分是制诰章奏、敕书表启，具有代王者立言的性质，写作内容已在很大程度上决定了文章体制和写作风格——凝重、沉雄、主气格，在词汇的选择上，要像六经语言那样庄重，适合作公文之用，宜于宣读。在这样的文章中，炫辞耀藻已不是写作的主要目的，针对现实才是主旨。陆贽改革骈体公文最大的功绩就在于：他继承前人的改革成果，最终把骈体文从单纯追求形式技巧、不顾文章思想内容的唯美主义轨道上重新拉回到经世致用的轨道上来。他的公文不仅内容广泛，而且在论析得失、指陈时弊、筹划大计等方面无不剀切而得当。主导风格就是"正实切事、明晰峻切"。

一、体现在应世观物的情感态度上

陆贽公文正实切事、明晰峻切的风格首先表现在其应世观物的情感态度上。陆贽十八岁考取进士，十九岁登博学宏词制科，两试连捷，便由吏部按例授官，释褐入仕。这在封建社会可以说是非常罕见，称得上特立不群了。不仅如此，他的仕途也非常顺利：第一次授官是大历七年，官职为郑县尉，官虽小但颇能亲民；仅仅五年后，即大历十三年，年仅二十五岁的陆贽赴长安应吏部选，即以书判拔萃，授渭南县主簿；或许是因为进言黜陟使者太为出色，三年后，即建中二年，二十八岁的陆贽由渭南任调京为监察御史，更受到了德宗的赏识，当年冬月，德宗召见了他，并令他试撰蜀王妃与杞王妃策文；从建中三年起，陆贽的政治生命与德宗紧紧捆绑在了一起，此时他虽然仍在监察御史任上，但也常常入翰林从德宗游，"歌诗戏狎，特承异顾" [1]。建中四年三月陆贽以祠部员外郎充翰林学士后，更是跟随德宗左右，

---

[1]　王素：《陆贽评传》，南京大学出版社 2006 年版，第 165 页。

承担起了为德宗起草制诏的重任。

才华出众的陆贽在翰学岗位上迅速脱颖而出，"及出居艰阻之中，虽有宰臣，而谋猷参决，多出于贽，故当时目为'内相'"[1]。德宗对他也是信任有加，乃至视为"天子私人"，"（帝）有时谦语，不以公卿指名，但呼陆九而已"。而当德宗率百官逃难到梁州、洋州时，因为栈道危狭，陆贽"扈从不及，与帝相失"乃至"一夕不至"，德宗的反应居然是"泫然号于禁旅曰：'得陆贽者赏千金'"[2]，而第二天陆贽到后，德宗是喜形于色。可见此时德宗将陆贽视如家人矣。

少以才幸，中年宦达，对此殊遇，陆贽感激涕零，他在文中多次表达过这种心情。如《论两河及淮西利害状》中说："臣质性凡钝，闻见陋狭，幸因乏使，簪组升朝，荐承过恩，文学入侍。每自奋励，思酬奖遇，感激所至，亦能忘身。"[3]《奉天论前所答奏未施行状》中亦言："陛下思念宗庙，痛伤黎元，仁孝交感，至于愤激，猥以急务，下询微臣。臣虽鄙懦，尊慕仁义，荷陛下知己之遇，感陛下思理之诚，愚衷所怀，承问辄发。不以浅深自揆，不以喜怒上虞，诚缺于周防承顺之规，是亦忠于陛下一至之分也。"[4]《奉天请数对群臣兼许令论事状》说得更为明确："夫知无不言之谓尽，事君以义之谓忠。臣之夙心，久以自誓，以此为奉上之道，以此为报主之资。"[5]可见，为报答德宗的知遇之恩，深受儒家思想影响的陆贽定下了一个远大的志向——"以国政为己任"[6]，而作为一个文人，为了实现这一志向，他选择的方式就是"不敢爱身，事有不可，极言无隐"[7]。

当一个人将自身的发展与国家的前途命运联系在一起后，一己的贫富穷达开始不那么重要。对理想的追求、对道德的持守使陆贽能超越具体的现实境遇，将为官所带来的种种矛盾与冲突，将生活中的劳心困形当作一种人生的历练和通向理想之路的磨砺，获得精神的自得之乐。在《兴元论解姜公辅状》中，陆贽说道："希旨顺承，则违于匡辅之义。涉嫌止贻于身患，违义实玷于君恩。徇身忘君，臣之耻也。"又说："顺旨者爱所由来，逆意者恶所从至，故人臣皆争顺旨而避逆意，非忘家为国，

[1] 刘昫：《旧唐书·陆贽传》（卷一三九），中华书局 1975 年版，第 3817 页。
[2] 权德舆：《权德舆诗文集·唐赠兵部尚书宣公陆贽翰苑集序》，郭广伟校点，上海古籍出版社 2008 年版，第 501 页。
[3] 陆贽：《陆贽集》，王素点校，中华书局 2006 年版，第 316 页。
[4] 陆贽：《陆贽集》，王素点校，中华书局 2006 年版，第 371 页。
[5] 陆贽：《陆贽集》，王素点校，中华书局 2006 年版，第 389 页。
[6] 刘昫：《旧唐书·赵憬传》，中华书局 1975 年版，第 3779 页。
[7] 刘昫：《旧唐书·陆贽传》（卷一三九），中华书局 1975 年版，第 3817 页。

捐身成君者，谁能犯颜色，触忌讳，建一言，开一说哉！"[1] 高洁的志向指引着陆贽，也让他超越了个人的荣辱，而在为人处世方面始终能保持一种平稳谦恭的人生态度。

对于人生际遇，陆贽总是采取"不争"的态度。前文已说过，因为才华突出，陆贽在战乱时期已有"内相"之称，特别是他以中书舍人充翰林学士期间，既掌内制，又掌外制，权力非常之大。贞元六年（790），陆贽守制完后由洛阳还京，朝臣满以为他将直接拜相，却不料因为窦参等人的排挤，等了一年多，陆贽得到的安排竟是正拜兵部侍郎，罢翰学，权知贡举。对这一明升暗降的安排，朝中不少官员为陆贽感到惋惜与不值，但陆贽却不以为意，一如以往，兢兢业业，并以自己独到的眼光拔擢了一批有才华的年轻人。《新唐书》载："（欧阳詹）举进士，与韩愈、李观、李绛、崔群、王涯、冯宿、庾承宣联第，皆天下选，时称龙虎榜。"[2] 可见，当理想与现实产生落差时，陆贽虽然有些尴尬无奈，但并没有因此而失去精神的平衡，而是适时地把握住自己的情感力度，以自己的道德持守心平气和地应对人生，忧勤惕厉地投入人生，表现出在任何人生情节中的淡定平静。这种淡定平和在陆贽公文中表现为以下两个方面。

1. 陆贽公文的情感主流是纡徐含蓄，很少激情洋溢、慷慨激昂

这是形成其公文正实切事、明晰峻切风格的重要前提。陆贽有着强烈的社会责任感和深厚的忧国忧民的情怀，以"上以革君心之非，下以通天下之志"[3] 为其人生使命，这也使其公文的核心目标就是要"经国济世、救时拯乱"。对文臣而言，这样的人生志向，如果像唐初魏徵一样，碰到的是唐太宗这样明理的君主，大可直言进谏，可惜陆贽碰到的唐德宗是一位猜忌臣子、拒谏饰非、刚愎自用的君主。他志大才疏，察人不明，心无常性，喜怒不测。即使是忠心耿耿的臣子，也常常会因为一两句逆耳的忠言或奸臣的谗言而触怒龙颜，轻者罚、贬，重则杀头。陆贽在德宗身边十六年，对德宗的为人了解得非常清楚，所以在其上行公文中非常注重藏锋敛锷，曲折达意，不仅反复示之以忠诚恳切之情，而且行文多纡徐委婉。如《论两河及淮西利害状》第一、第二段：

> 臣质性凡钝，闻见陋狭，幸因乏使，簪组升朝，荐承过恩，文学入侍。

---

[1]　陆贽：《陆贽集》，王素点校，中华书局 2006 年版，第 455 页。

[2]　欧阳修、宋祁：《新唐书·欧阳詹传》，中华书局 1975 年版，第 5787 页。

[3]　苏轼：《苏轼文集·乞校正陆贽奏议上进札子》，孔凡礼点校，中华书局 2004 年版，第 1012 页。

每自奋励，思酬奖遇，感激所至，亦能忘身。但以越职干议，典制所禁，未信而言，圣人不尚。是以循循默默，尸居荣近，日日以愧，自春徂秋。心虽怀忧，言不敢发，此臣之罪也，亦臣之分也。陛下天纵圣德，神授英谋，照明八表，思周万务，犹虑阙漏，下询刍荛，此尧、舜舍己从人，好问而好察迩言之意也……（臣）职居禁闱，当备顾问。承问而对，臣之职也；写诚无隐，臣之忠也。谨具件如后，惟明主循省而备虑之，岂直微臣独荷容纳之恩，实亿兆之幸、社稷之福也。

臣本书生，不习戎事。窃惟霍去病，汉将之良者也。每言行军用师之道，"顾方略何如耳，不在学古兵法"。是知兵法者无他，见其情而通其变，则得失可辩，成败可知。古人所以坐筹樽俎之间，制胜千里之外者，得此道也。臣才不逮古人，而颇窥其意。是敢承诏不默，辄陈狂愚……[1]

建中三年四年，藩镇叛将朱滔、田悦、王武俊、李纳、李希烈等纷纷称王，朝廷不得不南北分兵征讨。至建中四年八月，河北局势已转危为安，独李希烈兵力强大，一再打败官军，又率军三万进攻襄城，一时之间，襄城岌岌可危。在此局势下，德宗因陆贽"识古知今，合有良策"，故特遣宦官传旨征询陆贽意见，望他"宜具陈利害封进者"[2]。

是年陆贽刚刚三十岁，也是以祠部员外郎充翰林学士半年来首次奉旨上书言事。所以，其谦虚、谨慎之情溢于言表，在状头一而再、再而三地婉陈自己天分差，也不一定懂军事，但幸得明主德宗赏识，忝居臣列，所以在国家危难之际，必不做那"偷合苟荣之徒"，而要知无不言、言无不尽，表达心中"扶危救乱之意"[3]。国家危难之际，陆贽心中自是焦急万分，但饶是如此，他行文仍是从容不迫，其情感之内敛、为人为文之理性可见一斑。

这种精神气质与唐朝文人、唐朝文章精神气质的主流似有不符。唐朝是一个充满朝气、阳刚浪漫的时代，统治者高度自信，气度恢宏，胸怀宽广，文人们意气风发、志气宏放，诗文更是汪洋恣肆、情感强烈浓郁。且不论唐初魏徵常在公文中犯言直谏，直陈君弊，骆宾王为反武则天势力写下义正词严的讨伐檄文，直斥武则天为狐媚惑主，即使到了中晚唐时期，谈起国事，文人们的辛辣笔锋也没改变。温柔敦厚的

---

[1] 陆贽：《陆贽集》，王素点校，中华书局2006年版，第316—318页。

[2] 陆贽：《陆贽集》，王素点校，中华书局2006年版，第317页。

[3] 陆贽：《陆贽集》，王素点校，中华书局2006年版，第317页。

杜甫以"朱门酒肉臭，路有冻死骨"（《自京赴奉先咏怀五百字》）的诗句哀叹民生，指责社会中不公平现象；白居易创作大量讽喻诗，对"先世及当时事，直辞咏寄，略无避隐"[1]；刘蕡更是大胆，虽然只是一个普通士子，但指陈时弊，慷慨激昂，说出了当朝天子和朝堂上的衮衮诸公想说而不敢说的话："陛下之所忧者，宜忧宫闱将变，社稷将危，天下将倾，海内将乱……国权兵柄，专在左右，贪臣聚敛以固宠，奸吏因缘而弄法……官乱人贫，盗贼并起，土崩之势，忧在旦夕！"[2]文中痛斥了宦官祸国殃民的种种罪恶，一语中的，道出了晚唐政局的痼疾所在，其个人情感之激烈给人留下了深刻的印象。韩愈、柳宗元等古文运动的先驱更是在应用文中感怀言志，即使是公文，也是以感激怨怼奇怪之辞，发其穷苦愁思不平之声，既变"笔"为"文"，又使"文"具备了源于现实的情感力度。试看韩愈的两段文字：

> 父名晋肃，子不得举进士；若父名仁，子不得为人乎？[3]

> 今无故取朽秽之物，亲临观之，巫祝不先，桃茢不用，群臣不言其非，
>
> 御史不举其失，臣实耻之。乞以此骨付之有司，投诸水火，永绝根本。[4]

前者重在讥俗，当时社会舆论认为李贺必须避父名之讳、不得参加进士考试，对此，韩愈义愤填膺，不平则鸣，其文章援引古事，证以今典，追源溯流，横出锐入，步步紧逼，有力地抨击和嘲笑了"避讳"的不合情理，反问句的运用让文章充溢着强烈的情感力量。后者重在刺上，不仅直斥佛骨为"朽秽之物"，并对宪宗亲临观之的行为直白表明"耻之"。但不论是为李贺不平则鸣，还是批判举朝上下疯狂的迎佛骨的行为，韩愈的文章都充溢着强烈的情感力量，其情感犹如波涛翻卷的激流，给人以强烈的震撼。

世间文章，都可视之为是作者思想感情的产物，都离不开情感的积淀、释放与应用，公文也不例外。但是，公文的特有属性决定了它情感的表现有别于其他文章，不能像个人书信那样毫无节制。公文写作不是情动于中而行于言，而是为解决某个

[1]　洪迈：《容斋随笔》，上海古籍出版社 1978 年版，第 237 页。

[2]　刘蕡：《对贤良方正直言极谏策》，载《隋唐五代散文选注》，郭预衡主编，林邦钧选注，岳麓书社 1998 年版，第 410—413 页。

[3]　《讳辨》，载《韩愈文集汇校笺注》，韩愈著，刘真伦、岳珍校注，中华书局 2010 年版，第 243 页。

[4]　《韩愈文集汇校笺注·论佛骨表》，韩愈著，刘真伦、岳珍校注，中华书局 2010 年版，第 2906 页。

具体问题,"因事而作"或"受命而作",特别是奏、议、章、表等古代上行公文,读者是掌握生杀大权的皇帝,要凭借一只羊毫笔,打动帝王心,只求情感表达的痛快淋漓是不行的,甚至还会收到反效果,如韩愈冒冒失失上了这篇《论佛骨表》就差点丢了性命,求情告饶后还是被贬到了八千里外的潮州。相较而言,陆贽公文的情感表达方式更符合、更贴近君王的阅读期待与阅读心理,也就更有成效了。

2. 陆贽公文在情感表达上的突出特征是淡化个人情感,进行平衡式抒情

这是其公文形成正实切事、明晰峻切文风的具体手段。公文的情感不能是个人的狭隘的情感,而应是建立在责任、道义乃至国家利益、群众利益之上的高尚情感。陆贽的公文情感真挚深厚,但极少个人情感的直接表达与流露,即使有,也因为其中所包含的浓浓的儒家学说成分而上升成为了一种高品位、积极健康的社会情操。如以下两段文字:

> 臣质性凡钝,闻见陋狭,幸因之使,簪组升朝,荐承过恩,文学入侍。每自奋励,思酬奖遇,感激所至,亦能忘身。但以越职干议,典制所禁,未信而言,圣人不尚。是以循循默默,尸居荣近,日日以愧,自春徂秋。心虽怀忧,言不敢发,此臣之罪也,亦臣之分也……臣每读前史,见开说纳忠之士,乃有泣血碎首,牵裾断鞅者,皆以进议见拒,恳诚激忠,遂至发愤逾礼,而不能自止故也。况今势有危迫,事有机宜,当圣主开怀访纳之时,无昔人逆鳞颠沛之患,傥又上探微旨,虑匪悦闻,傍惧贵臣,将为沮议,首尾忧畏,前后顾瞻,是乃偷合苟容之徒,非有扶危救乱之意。此愚臣之所痛心切齿于既往,是以不忍复躬行于当世也。心蕴忠愤,固愿披陈,职居禁闱,当备顾问。承问而对,臣之职也;写诚无隐,臣之忠也。谨具件如后,惟明主循省而备虑之,岂直微臣独荷容纳之恩,实亿兆之幸、社稷之福也。[1]

> 右臣顷览载籍,每至理乱废兴之际,必反复参考,究其端由……陛下又果于成务,急于应机,竭国以奉军,顷中以资外,倒持之势,今又似焉。臣是以疚心如狂,不觉妄发,辄逾顾问之旨,深测忧危之端。此臣之愚于自量,

---

[1] 陆贽:《陆贽集·论两河及淮西利害状》,王素点校,中华书局2006年版,第316—318页。

而忠于事主之分也。[1]

儒家对待社会、人生的基本态度是积极用世的，所以，陆贽为了国事，"自春徂秋，心怀忧愁"，"疚心如狂，不觉妄发"；儒家倡导知识分子通过参政实现其修身、齐家、治国、平天下的政治理想，所以，陆贽"心蕴忠愤，固愿披陈，职居禁闱，当备顾问"，以做那"首尾忧畏，前后顾瞻的偷合苟容之徒"为耻；儒家理想中的君臣关系是"君使臣以礼，臣事君以忠"[2]，这个"忠"字有诚信的意思，也有谏诤的意思，所以陆贽在不同的文章中都反复申明，"承问而对，臣之职也；写诚无隐，臣之忠也"，他要做一个极言无隐的忠臣，而若有言辞不当之处，则要恳请德宗"循省而备虑之"了。陆贽的这些话语，情感真挚，声情并茂，表露朴实自然，感染力强，但其中蕴含的丰富的儒家理论学说与主张，让本是属于他个体的、主观的情感一举扩充提升为群体的、客观的情感，也显得更为含蓄深沉、引人深思了。

淡化个人情感使陆贽公文正实切事、明晰峻切的文风得到了充分而有效的表达，其淡化情感的具体办法是节制与含藏。不管遇到什么状况，陆贽都是首先从国家的利益、人民的得失角度去思索，相较而言，个人的情感始终是内敛乃至淡退的。如对于李楚琳，陆贽于公于私都应抓住机会将其绳之以法，但从国家安定的角度出发，陆贽在德宗欲除去李楚琳时，仍能压抑内心的个人恩怨，客观理性地看待李楚琳的功与过：

> 彼楚琳者，固是乱人，乘国难而肆逞其奸，贼邦君而篡居其位，按以典法，是宜泞潜。既属多虞，不遑致讨，乃分之以旌钺，又继之以宠荣，逮至南巡，颇全外顺，道途无壅，亦有赖焉。虽朝命累加，盖非获已；然王言一出，则不可渝。纵阙君臣之恩，犹须进退以礼。[3]

李楚琳杀害张镒而自立，并叛归朱泚，待朱泚势衰，又来进贡朝廷。其人之首鼠两端、奸怀叵测可见一斑，这是李楚琳之过。但不可否认，"逮至南巡，颇全外顺，道途无壅，亦有赖焉"，近期于朝廷，李楚琳还是有点小功劳的，不能全盘否定。更何况在陆贽看来，"王者有作，先怀永图"，君王的一举一动都要从长远影响着想，要进退有礼，经得起历史和后人的拷问与质疑。为此，陆贽上文，劝说德宗不杀李楚琳。

[1] 陆贽：《陆贽集·论关中事宜状》，王素点校，中华书局 2006 年版，第 334—335 页。

[2] 《论语·八佾》，载杨伯峻：《论语译注》，中华书局 1963 年版，第 32 页。

[3] 陆贽：《陆贽集·论替换李楚琳状》，王素点校，中华书局 2006 年版，第 514—515 页。

李楚琳也因为陆贽的进状，得保首领，显荣终身。

既然要淡化个人情感，陆贽的公文中很少有直接抒情叙事，更多的时候是通过议论来传达情感，借助逻辑力量将情感的内容推向深远，让读者超越官能兴奋和感知状态的触景生情，从而形成那些高品位、高效能、积极健康的社会情操。如《请还田绪所寄撰碑文马绢状》一文：

> 右田绪使节度随军刘瞻送书与臣，其书意缘奉进止，令为其亡父承嗣撰遗爱碑文，故送前件马绢等，以申情贶。
>
> 臣先奉恩旨，令撰碑文，于今半年，竟未缀缉。良以劝戒之道，忠义攸先；褒贬之词，《春秋》所重。爵位有侥倖而致，名称非诈力可求。将使循轨辙者畏昭宪而莫渝；怙奸妄者顾清议而知耻。仲尼修《春秋》而乱臣贼子惧，岂必临之以武，胁之以刑哉！褒贬苟明，亦足助理。田承嗣阻兵犯命，靡恶不为，竟逭天诛，全归土壤。此乃先朝所愧恨，义士所惋嗟。今田绪尚干宸严，请颂遗爱，微臣临蹐，实愤于心。谬承恩光，备位台辅，既未能涤除奸慝，匡益大猷，而又饰其愧词，以赞凶德。纳彼重赂，以袭贪风，情所未安，事固难强。是以屡尝执翰，不能措词，辄投所操，太息而止。缘承圣诲，姑务怀柔，昨见田绪使人，臣亦婉为报答，但告云："所为碑颂，皆奉德音，既异私情，难承厚贶。候稍休暇，续当撰成。"既无拒绝之言，计亦不至疑阻。其来书谨封进，所送马及绢等，令刘瞻便领却回讫，不敢不奏。谨奏。[1]

天宝十四年（755）十一月，安禄山于范阳反叛，率十五万大军南下，田承嗣即为其主将之一。其后，田承嗣多次拥兵作乱，荼毒河北十余年，这样一个罪大恶极之人，陆贽是从心底里痛恨的。但陆贽为相后，田承嗣之子田绪奏请为其父立"遗爱碑"，颂父功德，昏庸糊涂的德宗不仅答应了，还将这一光荣使命交给了陆贽。陆贽是不愿写此碑文的，拖了半年也未下笔，更写了此文向德宗说明原因。从文中可见，陆贽开头略叙田绪送贿因由，结尾又委婉地表达了推脱办法，不可谓不友好，不可谓不客气，陆贽内心真实的情感体现在哪呢？就在文中从"良以劝戒之道，忠义攸先"到"纳彼重赂，以袭贪风，情所未安，事固难强"的议论之中，也正因为田承嗣是如此个不忠不义之人，陆贽的"屡尝执翰，不能措词，辄投所操，太息而止"

---

[1]　陆贽：《陆贽集》，王素点校，中华书局 2006 年版，第 641—642 页。

也就合情合理、顺理成章了。议论强化了陆贽公文的理性色彩与逻辑力量，而其感性、感情的表达则被大大冲淡了。

陆贽公文在情感表现上的第二个表现特征是平衡式抒情。这种平衡式抒情，一般是把两个在某一侧面相反或相对的事物或一个事物的两个方面放在一起，在对比之中，让处于优势的事物或事物的一个方面不言自明，自然呈现。以这种对比的手法，陆贽既充分显示了事物的矛盾，突出了被表现事物的本质特征，增强了论证效果，又成功地淡化了文章的主观色彩，显得更为理性，让读者更易理解与接受，而其文章的情感也因此显得更为含蓄深沉。如在《奉天论前所答奏未施行状》中，为了劝请德宗"审察群情"，虚心纳谏，证明"治乱之本，在乎得众见情"，陆贽一一评述了唐太宗、唐高宗、武后、唐中宗、唐睿宗、唐玄宗以及唐肃宗、唐代宗八位皇帝在虚心纳谏、下情上达等方面的作为，其中有正面典型，也有反面教训，如议玄宗一段：

> 玄宗躬定大难，手振弘纲，开怀纳忠，克己从谏……朝清道泰，垂三十年……侈心一萌，邪道并进……有谠言切谏者，谓之诽谤邀名……议曹以颂美为奉职，法吏以识旨为当官……大盗一兴，至今为梗。岂不以忽于戒备，逸于居安，惮忠鲠之怫心，甘谀诈之从欲，渐渍不闻其失，以至于大失者乎？[1]

一个皇帝能否虚心纳谏，得到的是截然不同的后果。老祖宗的经验教训摆在那里，对比之下，德宗也自然而然意识到应该以史为鉴、虚心纳谏了。

从现存的史料来看，许多时候，陆贽与德宗在为人处世方面是大相径庭的，要劝服这样一个刚愎自用的君主，陆贽在议论时不得不经常兼顾两面，不走极端。《谢密旨因论所宣事状》一文即是典型代表：

> 猥蒙天慈，屡降深旨，慰眷稠叠，诲谕周详，骨肉之恩，无以加此。士感知己，尚合捐躯；臣虽屝微，能不激励！至于弥纶庶绩，督课群官，始终不渝，夙夜匪懈，是皆常分，曷足酬恩！自揣凡庸之才，又无奇崛之效，唯当输罄忠节，匡补圣猷。众人之所难言，臣必无隐；常情之所易溺，臣必不回。同然贞心，持以上报，此愚夫一志而不易者也。惟明主矜亮而保容之。

---

[1]　陆贽：《陆贽集》，王素点校，中华书局2006年版，第379—383页。

··········

少连又向臣说云："圣旨察臣孤贞，犹谓清慎太过。都绝诸道馈遗，却恐事情不通。如不能纳诸财物，至如鞭靴之类，受亦无妨者。"伏以货贿之利，耳目之娱，人间常情，孰不贪悦？况臣性实凡鄙，宁忘顾私；家本窭贫，安能无欲！所以深自刻慎，勉修廉隅者，盖由负戴厚恩，尸窃大任。既不克导扬风教，致俗清淳，又未能减息征徭，济人穷困，若无耻惧，更启贿门，是忘忧国之诚，仍速焚身之祸。由是苟行特操，杜绝交私，诚知无补大猷，所冀免贻深累。[1]

在陆贽任翰林学士期间，德宗是非常信任他的，将他当成了自己人，为了让陆贽知道这份信任，德宗暗地里派了官员口传密旨，不仅让陆贽以后有什么事大可通过疏状密封进呈，还特地开导陆贽，不要太过清廉，对人家的礼物一律拒绝是不通人情世故，像马鞭、鞋帽之类的小礼物，收受一点也无关紧要，这样也有利于圆融你陆贽在朝中的人际关系。应该说，德宗此番体己话完全是一番好意，但陆贽是个廉洁自律、坚守原则之人，不仅不能理解与接收德宗的这番好意，还站在臣子忠心进谏的立场上，认为有责任、有义务帮助德宗消除这样的糊涂想法，该怎么下笔呢？陆贽并没有一开篇就在文中反驳德宗，大谈特谈自己的见解，而是首先真诚地表达了对德宗知遇之恩的感激涕零之情，即上引文第一段中的"猥蒙天慈，屡降深旨，慰眷稠叠，诲谕周详，骨肉之恩，无以加此。士感知己，尚合捐躯，臣虽屡微，能不激励"等句，这样在情感上与德宗有了回应与交流；其次，在说出自己的不同见解之前，陆贽也以退为进，指出"伏以货贿之利，耳目之娱，人间常情，孰不贪悦？况臣性实凡鄙，宁忘顾私；家本窭贫，安能无欲"，表明喜爱财物，是人之常情，我陆贽也不例外，如此一来给了德宗一个台阶，后文即使是要批判德宗观点，也不会让德宗觉得很难堪了。陆贽之文，大多如此，不仅对事件的正面反面都一一考虑到，写文章也是不疾不徐，娓娓而谈，循循善诱，故而，强烈突然的情感冲动在其文中非常少见，绝大多数时候，他的文章都是平正通达，理性色彩十足。

---

[1]　陆贽：《陆贽集》，王素点校，中华书局2006年版，第561、565—566页。"臣必不回"，原作"臣不必不回"，衍一"不"字，兹据《翰苑集》（四部丛刊景宋本）、《陆宣公奏议注》（元至正十四年刻本）等书改正。

二、体现在思想内容上

奏议是封建士大夫履行职责、施展抱负、用以言事论政的主要工具，贵在言之有物，切于实用。陆贽刚直好谏，"事有不可，极言无隐"，其奏议密切联系社会生活，举凡政治、经济、军事、人事、农业等等，他的奏议内容无不涉及，充分反映了陆贽对当时现实政治的思考。据统计，在《陆宣公集》中，有关政治方面的论述有制诏 15 篇，奏草 26 篇，中书奏议 16 篇，共 57 篇；有关经济方面的论述有制诏 1 篇，奏草 1 篇，中书奏议 5 篇，共 7 篇；有关经济方面的论述有制诏 1 篇，奏草 1 篇，中书奏议 5 篇，共 7 篇；有关军事方面的论述有制诏 11 篇，奏草 6 篇，中书奏议 3 篇，共 20 篇。从经世致用的观点出发，陆贽为骈体公文乃至骈文融入了深广的现实内容与社会关怀，苏轼说："德宗以苛刻为能，而贽谏之以忠厚；德宗以猜忌为术，而贽劝之以推诚。德宗好用兵，而贽以消兵为先。德宗好聚财，而贽以散财为急。至于用人听言之法，治边驭将之方，罪己以收人心，改过以应天道，去小人以除民患，惜名器以待有功，如此之流，未易悉数，可谓进苦口之药石，针害身之膏肓。使德宗尽用其言，则贞观可得而复。"[1] 可谓是对陆贽奏议的现实意义和经世致用的实践品格的最好形容与肯定。

（一）针对现实，有为而作

《旧唐书·陆贽传》曾说："建中四年，朱泚谋逆，从驾幸奉天。时天下叛乱，机务填委，征发指踪，千端万绪，一日之内，诏书数百。贽挥翰起草，思如泉注，初若不经思虑，既成之后，莫不曲尽事情，中于机会，胥吏简札不暇，同舍皆伏其能。"[2]《新唐书·陆贽传》也写道："从狩奉天，机务填总，远近调发，奏请报下，书诏日数百，贽初若不经思，逮成，皆周尽事情，衍绎孰复，人人可晓。旁吏承写不给，它学士笔阁不得下，而贽沛然有徐。"[3] 这两段话意在说明陆贽之才思敏捷、识见周密。但自古文人相轻，陆贽要让同侪信服，乃至于让当时人和历史学家赞为"内相"，凭的恐怕不仅仅是妙笔生花，更重要的应是其有清醒的政治头脑、审时度势的修养以及能抓住问题的实质，拿出解决问题的方案与举措的才能。具体说来，就是正视现实，针对现实，直面君事，指陈时弊，即使是触怒君威也在所不辞。陆贽对于两

---

[1]　苏轼：《苏轼文集·乞校正陆贽奏议上进札子》，孔凡礼点校，中华书局 2004 年版，第 1012 页。

[2]　刘昫：《旧唐书·陆贽传》（卷一三九），中华书局 1975 年版，第 3791—3792 页。

[3]　欧阳修、宋祁：《新唐书·陆贽传》（卷一五七），中华书局 1975 年版，第 4914 页。

税法的批判即是一个典型的例子。

唐中期以来，随着均田制的破坏，沿用的租庸调制已无法继续推行，于是，造成政府财政大大减少。为了保障政府的财源，780年，唐德宗依宰相杨炎的建议，推行两税法，税收比行租庸调法有改进。唐德宗非常高兴，自是更加倚重信任杨炎。

但两税法实行后，土地兼并不再受到限制，故富者兼地数万亩、贫者无容足之居的现象越来越严重，此外，大地主千方百计隐瞒财产，把赋税转嫁到农民身上，而政府在两税之外又增加许多苛捐杂税，农民的负担更加沉重，两税法的施行并没有使人民受益。《资治通鉴》贞元三年十二月所载可为凭证：

> 上畋于新店，入民赵光奇家。问："百姓乐乎？"对曰："不乐。"上曰："今岁颇稔，何为不乐？"对曰："诏令不信。前云两税之外悉无他徭，今非税而诛求者殆过于税。后又云和籴，而实强取之，曾不识一钱。始云所籴粟麦纳于道次，今则遣致京西行营，动数百里，车摧马毙，破产不能支。愁苦如此，何乐之有！"[1]

陆贽醇醇儒家，秉承的是"以人为本，以财为末。人安则财赡养，本固则邦宁"的思想，自然不会坐视两税法之殃民。经过了十五年的调查研究后，陆贽于贞元十年五月，上呈一篇万字长文《均节赋税恤百姓六条》，畅谈了自己对两税法的看法与改革建议。

该文首先回顾了唐朝租庸调制的内容和由来，指出租庸调制坏于战乱，是时弊而非法弊。而执事者杨炎"知弊之宜革，而所作兼失其源；知简之可从，而所操不得其要"[2]，创行两税法，却只收到了"旧患虽减，新渗复滋"[3]的后果，原因何在？就是因为："此乃采非法之权令，以为经制；总无名之暴敛，以立恒规。是务取财，岂云恤隐？"[4]既然"作法而不以裕人拯病为本"[5]，而是以资产为宗，怎么可能没有流弊呢？接下来，陆贽在文中列举了两税法施行以来民益困穷的七件大事，并从三个方面提出了稍缓民困的具体办法。

缓民困只是治标之术，陆贽也深知唐德宗"圣情重慎，每戒作为"，从而"伏

---

[1] 司马光主编：《资治通鉴》（卷二三三），胡三省音注，中华书局1982年版，第7508页。

[2] 陆贽：《陆贽集》，王素点校，中华书局2006年版，第719页。

[3] 陆贽：《陆贽集》，王素点校，中华书局2006年版，第719页。

[4] 陆贽：《陆贽集》，王素点校，中华书局2006年版，第722页。

[5] 陆贽：《陆贽集》，王素点校，中华书局2006年版，第722页。

知贵欲因循，不敢尽求厘革"。接下来，陆贽从"论长吏以增户、加税、辟田为课绩"、"论税期限迫促"、"请以税茶钱置义仓以备水旱"和"论兼并之家私敛重于公税"四个方面，指出了两税法施行过程中出现的重大流弊，并一一提出了针对性的救弊方法。其拳拳为国为民之心，感人肺腑；其治乱救世之能力，值得钦佩。

实际上，两税法的弊端很多，但愿意也敢于向唐德宗提出的朝臣却很少。《均节赋税恤百姓六条》一文附状由及状尾中，陆贽写道，"昨奏人间疾苦，十分才及二三，圣情已甚惊疑，皆谓臣言过当"，并直言圣上"惊疑"的原因是"但闻之未熟耳"[1]，由此可见陆贽直面现实、针砭时弊的热忱和勇气。

不仅如此，遇到朝廷中不合理的现象，陆贽还常常会一而再、再而三地反复上文，表达情志，力求有所作为，如反复劝请德宗广征意见、接纳谏诤的《奉天论奏当今所切务状》《奉天论前所答奏未施行状》及《奉天请数对群臣兼许令论事状》三状；反对德宗尊号加字的《奉天论尊号加字状》《重论尊号状》两状；反对赏给梁州献瓜果百姓官号的《驾幸梁州论进献瓜果人拟官状》《又论进瓜果人拟官状》两状；分别为朝臣姜公辅和萧复辩解的《兴元论解姜公辅状》《又答论姜公辅状》和《兴元论解萧复状》《又答论萧复状》等，情感激越之处，不乏频繁黩冒乃至捋虎须、逆龙鳞的言语，如《奉天论前所答奏未施行状》最后一段：

> 陛下……以明威照临，以严法制断，流弊日久，浚恒太深……君臣意乖，上下情隔……故睿诚不布于群物，物情不达于睿聪。臣于往年曾任御史，获奉朝谒，仅欲半年，陛下严邃高居，未尝降旨临问；群臣踏踏趋退，亦不列事奏陈。轩墀之间，且未相谕；宇宙之广，何由自通？虽复例对使臣，别延宰辅，既殊师锡，且异公言。未行者则戒以枢密勿论，已行者又谓之遂事不谏……由是人各隐情，以言为讳。至于变乱将起，亿兆同忧，独陛下恬然不知，方谓太平可致……列圣升降之效，历历如彼；当今理乱之由，昭昭如此。未有不兴于得众，殆于失人；裕于金谐，蔽于偏信；济美因乎纳谏，亏德由乎自贤；……今陛下将欲悔祸徼福，去危从安，若不循太宗创业之规，袭肃宗中兴之理，鉴天宝致乱之所以，惩今者迁幸之所由，则何以孚圣怀，彰令问，新远迩之听，归反侧之心乎！[2]

---

[1]　陆贽：《陆贽集》，王素点校，中华书局 2006 年版，第 770 页。

[2]　陆贽：《陆贽集》，王素点校，中华书局 2006 年版，第 384—385 页。

在这段话中，陆贽不仅直言因为德宗拒绝谏诤，不"审查群情"，而是惯"以明威照临，以严法制断"，乃至于造成朝廷"群臣意乖，上下情隔"的局面，更在文中讽刺德宗，君臣之间不敢说真话，不愿说真话，"人各隐情，以言为讳"，后果其实是非常严重的，隐患就像即将爆发海啸的海面，看似平静的水面下已经是暗流汹涌，但德宗还不以为然，反而沾沾自喜于这表面的"太平可致"，这样的话就只差直言德宗愚蠢了。陆贽之忠直愚迂，可见一斑。《旧唐书·陆贽传》中记载："（贽）朋友规之，以为太峻，贽曰：'吾上不负天子，下不负吾所学。不恤其他。'"[1] 这两个"不负"、一个"不恤"，鲜明体现了陆贽为国为君赴汤蹈火、在所不惜的情怀。

（二）稽古证今，明白详尽

从前文中可见，陆贽非常会讲道理，但议论文既要"讲道理"，又要"摆事实"。有理无例，读来易乏味不说，有时也会显得缺乏说服力。陆贽上行公文的主要读者是唐德宗，为了让自己的观点能被德宗理解接受，陆贽之文既要切中要害，措辞又必须含蓄委婉，为了不流于空言，陆贽总是针对具体事件，稽古证今，做深入详尽的剖析，使利弊一目了然，使结论不言自明，形成很强的说服力，让德宗不得不接受。

陆贽面临的主要政治任务是协助德宗"治乱"，所以，在其奏议中，我们看到了大量前代治乱兴衰的历史史实，而且，为了让论证更具体、更有说服力，陆贽常常详述史实的始末，而不像以前骈文家那样，将之凝练为典故，排比出现，求得形式上的美感。如在《兴元请循抚李楚琳状》中，为了说明"安反侧"的重要意义，陆贽特地例举了前代帝王宽宏用人的例子：

> 自昔能建奇功，或拯危厄，未必皆是絜矩之士、温良之徒。驱驾扰驯，唯在所驭。朝称凶悖，夕谓忠纯；始为寇雠，终作卿相。知陈平无行而不弃，恣韩信自王而遂封，蒯通以析理获全，雍齿以积恨先赏，此汉祖所以恢帝业也。置射钩之贼而任其才，释斩祛之怨以免于难，此桓文所以弘霸功也……[2]

天下虽大，但十全十美、完全称心如意的臣子是没有的，正所谓千里马也需伯乐赏识，有没有良臣，有多少良臣，关键是看帝王能不能容人、会不会用人。此处所举的汉高祖刘邦与陈平、韩信、蒯通、雍齿等臣子的故事，以及齐桓公用管仲，

---

[1]　刘昫：《旧唐书·陆贽传》（卷一三九），中华书局1975年版，第3817页。

[2]　陆贽：《陆贽集》，王素点校，中华书局2006年版，第494—496页。

晋文公恕寺人披的典故在封建社会可谓妇孺皆知，德宗在唐朝皇帝中也算是有文才之人，于经史亦称淹博，为何陆贽还要不厌其烦，详细说明，归根到底还是要以此说明君主要恢宏大度的重要性，继而敦劝德宗忍忿弃瑕以化敌、以用人。事实证明，这一举例论证法收到了很好的效果。"德宗本非宽仁诚信之辈，但却深知利害，故一阅此状，便'释然开悟，善待楚琳使者，优诏存慰之'。"[1]

　　陆贽还常常同时列举正反两方面的材料，对比出现，即使是本朝的史实，也常被他信手拈来，以为佐证。前文所举《奉天论前所答奏未施行状》即为典型例子，兹不赘述。

　　数据是说明事物特征或事理的最精确、最科学、最有说服力的依据，通过数字来说明事物的特点，可成功地给予读者具体准确的印象。为了切中要害，谨严议事，陆贽还常常用数据说话。最典型的例子即是《均节赋税恤百姓六条》，因原文太长，在此只摘录部分段落：

> 　　往者初定两税之时，百姓纳绢一匹，折钱三千二百百文，大率万钱，为绢三匹。价计稍贵，数则不多。及乎颁给军装，计数而不计价，此所谓税入少而国用不充者也。近者百姓纳绢一匹，折钱一千五六百文，大率万钱，为绢六匹。价既转贱，数则渐加，向之蚕织不殊，而所输尚欲过倍，此所谓供税多而人力不给者也。今欲不甚改法，而精救灾害者，在乎约循典制，而以时变损益之。[2]

　　　　　　　　　　　　——其二《请两税以布帛为额不计钱数》

> 　　今京畿之内，每田一亩，官税五升，而私家收租，殆有亩至一石者，是二十倍于官税也。降及中等，租犹半之，是十倍于官税也。夫以土地王者之所有，耕稼农夫之所为，而兼并之徒，居然受利。官取其一，私取其十，穑人安得足食，公廪安得广储，风俗安得不贪，财货安得不壅！
>
> 　　昔之为理者，所以明制度而谨经界，岂虚设哉！斯道浸亡，为日已久，顿欲修整，行之实难，革弊化人，事当有渐。望令百官集议，参酌古今之宜，凡所占田，约为条限，裁减租价，务利贫人。法贵必行，不在深刻，裕其制以便俗，严其令以惩违，微损有余，稍优不足。损不失富，优可赈穷。

---

[1]　王素：《陆贽评传》，南京大学出版社 2006 年版，第 250—251 页。

[2]　陆贽：《陆贽集》，王素点校，中华书局 2006 年版，第 738 页。

此故乃古者安富恤穷之善经，不可舍也。[1]

——其六《论兼并之家私敛重于公税》

比起后人拼凑材料，主观推测，陆贽这样的议论，有史实依据，有对比分析，有翔实数据，有应对举措，增强了文章持论的鲜明性和信服力，文章也因此显得理性十足了。

三、体现在行文结构上

形式作为文学的手段，对文学风格的形成起着重要作用。陆贽正实切事、明晰峻切的文风在其行文结构上也多有体现。他的文章思致明晰，结构严谨有序，很少纵横变化、腾挪跌宕，更无省略缺失和错综倒置，其目的就是要取得一种明朗的表达效果，以便使读者通过意脉的清晰连贯获得对文意的准确把握。

好的议论文，观点鲜明，见解正确，论证有力，要如刘勰所云，做到"理枝循干"，从而使"众理虽繁，而无倒置之乖，群言虽多，而无棼丝之乱"[2]。因为时局纷乱，情况瞬息万变，陆贽的公文不可能像前人文章那样，迂回辗转，旁征博引，而大多是缘事而发，围绕一个个具体问题，集中笔墨分析并拿出针对性的解决方案。所以，其行文虽然纡徐曲折，但结构安排颇见"法度"，各部分的安排不蔓不枝、绝去浮墨，紧紧围绕中心思想或观点而进行。

陆贽论事析理善于治繁总要，抓住根本，切中要害，其观点常常是开门见山，其议论则是精当透辟。苏轼称赞陆贽文章"论深切于事情"[3]，刘熙载亦称许其奏议"正实切事"[4]，都指出了这一特点。如其《奉天论奏当今所切务状》一文。当时，奉天之围虽解，但长安之城未复。在战局关键时刻，唐德宗猜忌功臣、刚愎自用的老毛病犯了，不仅不让李怀光等入城见驾，还下令李怀光等屯兵咸阳附近，与唐将李晟、李建徽等待机收复长安，此举引来李怀光等极大不满，也让时局悄然转变："怀光怨恚，故意屯军不进；河北田悦、王武俊、李纳闻奉天围解，叛志动摇，意存观望；唯朱滔与兄泚遥相呼应；淮西李希烈自恃兵强，仍伺机掠地。自是德宗居奉天，

---

[1] 陆贽：《陆贽集》，王素点校，中华书局 2006 年版，第 768—769 页。

[2] 《文心雕龙·附会》，载《文心雕龙注》，刘勰著，范文澜注，人民文学出版社 2001 年版，第 651 页。

[3] 苏轼：《苏轼文集·乞校正陆贽奏议上进札子》，孔凡礼点校，中华书局 2004 年版，第 1012 页。

[4] 《艺概笺注》，刘熙载著，王气中笺注，贵州人民出版社 1986 年版，第 58 页。

朱泚据长安，两个皇帝隔渭相持，直至年末。"[1] 对此局面，唐德宗束手无策，不得不秘密遣人宣问陆贽该如何是好。《奉天论奏当今所切务状》的状由说得明白："朝隐昨日奉宣圣旨：逆贼虽退，犹未收城，令臣审思当今所务，何者最切，具条录奏来者。"[2] 陆贽的回答简洁鲜明：

> 伏以初经大变，海内震惊，无论顺逆贤愚，必皆企竦观听。陛下一言失则四方解体，一事当则万姓属心，动关安危，不可不慎。臣谓当今急务，在于审察群情。若群情之所甚欲者，陛下先行之；群情之所甚恶者，陛下先去之。欲恶与天下同，而天下不归者，自古及今，未之有也。夫理乱之本，系于人心，况乎当变故动摇之时，在危疑向背之际，人之所归则植，人之所去则倾。陛下安可不审察群情，同其欲恶，使亿兆归趣，以靖邦家乎！此诚当今之所急也！[3]

他的答案就是要"审察群情"、"同其欲恶"，从而达到"使亿兆归趣，以靖邦家"的效果。

在戎马倥偬的战争年代，当务之急就是兵事与军务，一般人也会从这两者出发，提出意见与建议，但陆贽高瞻远瞩，敏锐地意识到了在天下大乱、人心涣散的时代，要再安唐室，解除危机，关键在于争取人心。"夫理乱之本，系于人心，况乎当变故动摇之时，在危疑向背之际，人之所归则植，人之所去则倾。"这段话治繁总要，深刻地揭示了变故动摇之时，"审察群情"、"同其欲恶"与"理乱之本"的内在联系及其因此而具有的重大意义，开宗明义地为全篇树起立论的纲要。

接下来，陆贽围绕"审察群情"、"同其欲恶"八个字大发议论。第二段"然尚恐为之不易者"表明当今与群情同欲恶的条件不成熟，因为"今天下之所欲者，在息兵，在安业；天下之所恶者，在敛重，在法苛"。但如果唐德宗"欲息兵，则寇孽犹存，兵固不可息矣。欲安业，则征徭未罢，业固未可安矣。欲薄敛，则郡县惧乏军用，令必不从矣。欲去苛，则行在素霁威严，言且无验矣"[4]。所以，唐德宗能做的也就只能是"唯当违欲以行己所难，布诚以除人所病，乃可以彰追咎之意，

[1]　王素：《陆贽评传》，南京大学出版社 2006 年版，第 202 页。

[2]　陆贽：《陆贽集》，王素点校，中华书局 2006 年版，第 366—367 页。

[3]　陆贽：《陆贽集》，王素点校，中华书局 2006 年版，第 367 页。

[4]　陆贽：《陆贽集》，王素点校，中华书局 2006 年版，第 367—368 页。

副惟新之言"[1]了。

"同其欲恶"因为时机不对，不能推行，那"审察群情"可以吗？在第三段中陆贽断言"审察群情"不仅不难，行之还好处多多。"盖谓含弘听纳，是圣主之所难；郁抑猜嫌，是众情之所病。伏惟陛下神无滞用，鉴必穷微，愈其病而易其难，如淬锋溃疣，决防注水耳。可以崇德美，可以济艰难，陛下何虑不行，而直为此懔懔也？"[2]至此，陆贽才顺理成章地在第四段提出了"审察群情"的具体做法："臣谓宜因文武群官入参之日，陛下特加延接，亲与叙言，备询祸乱之由，明示咎悔之意，各使极言得失，仍令一一面陈。"更以"虑有愚而近道，事有要而似迂"[3]之言，鼓励德宗含宏听纳，俾下情上闻。

这篇奏状观点鲜明，逻辑严密，读来令人信服，该文上呈后，虽因德宗个人原因而被搁置，但不久后陆贽代德宗撰写的《奉天改元大赦制》却因很好地体现了文中提倡的"彰追咎之意，副惟新之言"，而感动了天下军民，当时的将士闻诏书之词，"虽武人悍卒无不感动流涕。后李抱真入朝，为帝言：'陛下在奉天、山南时，赦令至山东，士卒闻者皆感泣思奋。臣是时知贼不足平。'议者谓兴元戡难功，虽爪牙宣力，盖贽有助焉"[4]。一篇罪己诏在当时"克平寇难"的政治斗争中能发挥如此巨大的作用，这也是对陆贽政治眼光与才华的高度肯定。

陆贽还善于精选文眼，这些解释全文主题的字眼在结构中突出了题旨，从而使文章结构更完整、更严密。如《奉天请数对群臣兼许令论事状》一文旨在谏请德宗推诚及人，开怀纳谏。故而在文中陆贽围绕"推诚"二字展开，反复申述。状头在感励之余，再次提出推诚纳谏之请："傥陛下广推此道，施及万方，咸奖直以矜愚，各录长而舍短，人之欲善，谁不如臣，自然圣德益彰，群心尽达。愚衷恳恳，实在于斯。"[5]接下来，陆贽针对德宗在推诚方面的种种推诿，一一辩驳："是知人有邪直贤愚，在处之各得其所而已，必不可以忠良者少，而阙于询谋献纳之道也。"是驳德宗所云"上封事及奏对者少有忠良"。"臣闻人之所助在乎信，信之所立由乎诚。守诚于中，然后俾众无惑；存信于己，可以教人不欺。唯信与诚，有补无失……是知诚信之道，不可斯须去身。愿陛下慎守而行之有加，恐非所以为悔者也！"是

---

[1]　陆贽：《陆贽集》，王素点校，中华书局 2006 年版，第 368 页。

[2]　陆贽：《陆贽集》，王素点校，中华书局 2006 年版，第 369 页。

[3]　陆贽：《陆贽集》，王素点校，中华书局 2006 年版，第 369—370 页。

[4]　欧阳修、宋祁：《新唐书·陆贽传》（卷一五七），中华书局 1975 年版，第 4932 页。

[5]　陆贽：《陆贽集》，王素点校，中华书局 2006 年版，第 389 页。

驳德宗所谓"失在诚信，失在推诚"。"谏而能从，过而能改，帝王之美，莫大于斯。"则是驳德宗所谓"谏官论事，意在归过于朕者"[1]等等。陆贽行文，有破有立，可见一斑。接下来，陆贽分析了君臣上下之情不通的原因，并提出了有利于君主"推诚"的四大措施。整篇文章以"推诚"为主干，再添枝加叶，文章也因此主旨集中，脉络清晰，有伦有脊，神聚形完。

为使文章议论更为清晰流畅，陆贽还善于在每段开头用虚字。如《又答论萧复状》一文：

> 右钦淑奉宣圣旨："卿所奏萧复事，朕已具悉。假使更无别意，终是不识事宜，今巡行诸道，转恐事多乖失。缘孟噪年老，今欲除萧复为福建观察使，便令赴任，去就亦应得所，卿意以为何如者？"
>
> 伏以将相之任，所委皆崇，中外迭居，亦是常理。然君臣有礼，进退不可以不全；理体有宜，本末不可以不称。顷盗兴都邑，驾适郊畿，陛下悔征赋之殷繁，念黎元之困悴，诞降慈旨，深示悯伤，特遣大臣，普询疾苦，本期还报，将议优蠲，众情颙颙，日望上达。今若未终前命，遽授远藩，则是膏泽将布而复收，涣汗已发而中废。事既失望，人何以观！斯乃进退之礼不全，本末之宜不称，谓为得所，臣实疑之。
>
> 倘虑处事乖方，不欲淹留在外，则当谕以诏旨，促其归程；远郡巡历未周，但令副介分往。待其复命，亲访物情，革弊垂恩，用符德号。使务既毕，能否益彰，徐择所宜，以图进退。庶于事体，允得厥中。谨奏。[2]

第一段在简单叙述事由后，即以"伏以"一词转入议论，而第三段"倘虑"一词，又表明文章转向了对未来可能发生事宜的处理方案，如此手法，使文章脉络清晰，读者也更为明了。类似这样的虚字还有"是以"、"至如"、"夫"等等。

以上是从整体上分析陆贽公文结构的严谨。其实，从文章的局部乃至细节处均可见这种完整严密的风格。陆贽有着远大的眼光和卓越的见解，又深达奏议体制的特点。为了更好地发挥奏议经邦治国的谋政功能、监督制约的谏诤功能，他的奏议不仅在内容上下系民瘼，上关政本，切于事实，深中时弊，而且条分缕析，逻辑严密，具有很高的论辩技巧。

---

[1]　陆贽：《陆贽集》，王素点校，中华书局 2006 年版，第 390—394 页。

[2]　陆贽：《陆贽集》，王素点校，中华书局 2006 年版，第 469—470 页。

前文已经讲过，陆贽论事析理善于治繁总要，抓住根本，切中要害，在中心观点提出后，他特别长于条分缕析，酌古御今，反复申论，使事理周备严密。《驾幸梁州论进献瓜果人拟官状》《又论进瓜果人拟官状》即是突出的例子。

德宗奔梁州途中，百姓有献瓜果者。或许为了笼络人心，德宗欲赏之以"散试官"，彼时德宗非常信任陆贽，所以在中书进状前，特地先询问陆贽可否，陆贽回了一篇百余字的奏状，摘录于下：

> 伏以爵位者，天下之公器，而国之大柄也。唯功勋、才德，所宜处之。
> 非此二途，不在赏典。恒宜慎惜，理不可轻！轻用之，则是坏其公器，而
> 失其大柄也。器坏则人将不重，柄失则国无所持，起端虽微，流弊必大。
> 缘路所献瓜果，盖是野人微情，有之不足光圣猷，无之不足亏至化。量以
> 钱帛为赐，足彰行幸之恩。馈献酬官，恐非令典。谨奏。[1]

君子曰："唯器与名，不可以假人。"[2] 在陆贽看来，爵位是天下之公器，如果因献瓜果这样的蝇头小利就随便许与人，从大的方面来说，伤害了国家的规矩与礼制；从小的方面来讲，伤害了那些真正为国家做出贡献的功臣。可惜，德宗是一个重小恩小惠、不识大体之人，看了陆贽的奏状后，竟不以为然，"朕所到处，欲得人心喜悦，试官虚名，无损于事，宰臣已商量进拟，与亦无妨者"[3]。如此，陆贽不得不再写一篇《又论进瓜果人拟官状》，谏阻德宗。

在首段中，陆贽即明确提出自己的观点："爵赏刑罚，国之大纲，一纲或棼，万目皆弛，虽有善理，末如之何。"[4] 接下来，陆贽围绕赏与罚、义与权、名与利、虚与实、轻与重的相辅相成、相互转化立论。

陆贽议论"正实切事"，不为空言，讲道理，摆事实，首先举了天宝年间的史实为例证，说明赏罚不可轻授：

> 天宝季年，嬖幸倾国，爵以情授，赏以宠加，天下荡然，纪纲始紊。
> 逆羯乘衅，遂乱中原，遣戍岁增，策勋日广。财赋不足以供赐，而职、官
> 之赏兴焉；职员不足以容功，而散、试之号行焉。青朱杂沓于胥徒，金紫
> 普施于舆皂。熏莸无辨，泾渭不分，二纪于兹，莫之能整。当今所病，方

[1] 陆贽：《陆贽集》，王素点校，中华书局 2006 年版，第 445—446 页。
[2] 杨伯峻：《春秋左传注》，中华书局 1983 年版，第 788 页。
[3] 陆贽：《陆贽集》，王素点校，中华书局 2006 年版，第 447 页。
[4] 陆贽：《陆贽集》，王素点校，中华书局 2006 年版，第 448 页。

在爵轻。设法贵之，犹恐不重；若又自弃，将何劝人！[1]

天宝年间纪纲紊乱，胡乱授官，带来了"熏莸无辨，泾渭不分"的不良后果，其流弊至今仍在，在这种情况下，德宗您还"自弃"，又将如何激励、奖赏那些为国为君冲锋陷阵、在所不惜的功臣呢？

陆贽文章结构严谨、逻辑严密。唐德宗认为"试官虚名，无损于事"，陆贽"窃以为过"，他先从大道理说起：

> 夫立国之道，惟义与权；诱人之方，惟名与利。名近虚而于教为重，利近实而于德为轻，凡所以裁是非、立法制者，则存乎其义。至于参虚实，揣轻重，并行而不伤，迭用而不悖，因众之欲，度时之宜，消息盈虚，使人不倦者，则存乎其权……故国家之制赏典，锡货财，赋秩廪，所以彰实也；差品列，异服章，所以饰虚也。居上者必明其义，达其变，相须以为表里，使人日用而不知，则为国之权得矣。[2]

对于国家而言，处理好"义与权"的关系是立国之道，凡是关系到是非曲直、法律规章的都是大事，是"义"涵盖的范围，根据现实情况灵活运用，则是"权"，但不论如何，都不能与"义"矛盾冲突，"名与利"，即国家、君主对臣民的赏罚也应在这一体系下进行，要掌握好尺度与分寸。为了让德宗更加明白，陆贽还详细解释了朝廷分类设官的本意：

> 谨按命秩之载于甲令者，有职事官焉，有散官焉，有勋官焉，有爵号焉。虽以类而分，其流有四，然其掌务而授俸者，唯系于职事之一官，以序才能，以位贤德，此所谓施实利而寓之虚名者也。其勋、散、爵号三者所系，大抵止于服色、资荫而已，以驭崇贵，以甄功劳，此所谓假虚名以佐其实利者也……今之员外、试官，颇同勋、散、爵号，虽则授无费禄，受不占员，然而突铦锋、排患难者，则以是赏之，竭筋力、展勤效者，又以是酬之。其为用也，可谓重矣。[3]

由此看来，即便是"散试官"，朝廷都自有设置的理由与作用，是专门用来激励、

---

[1]　陆贽：《陆贽集》，王素点校，中华书局 2006 年版，第 448—449 页。

[2]　陆贽：《陆贽集》，王素点校，中华书局 2006 年版，第 449 页。

[3]　陆贽：《陆贽集》，王素点校，中华书局 2006 年版，第 450—451 页。

奖赏那些"突锋镝、排患难者"与"竭筋力、展勤效者"的，绝不是德宗口中的虚名而已，如果随便赏赐，带来的后果只能是伤害这些为国为君忠心效命之人，使得国家最终"谁复为用"乃至无人能用罢了。

为了强调胡乱授官问题的严重性，陆贽又用一段驳斥了德宗轻用"试官"、认为"无损于事"的错误思想：

> 且员外、试官，无俸禄之资，无摄管之柄，无见敬之贵，无免役之优，唯假空名以笼浮俗。浮俗所以若存若亡而未甚厌弃者，徒以上之所惜耳。今陛下若又轻用之，以为无损于事，人窥斯旨，复何赖焉！后之立功，曷用为赏？陛下若欲赏之以职事，则官员有限，而勋伐无穷，固不胜其用矣。陛下若欲赏之以货财，则人力已殚，而帑藏皆匮，固不充其费矣。即未有实利以敦劝，又不重虚名而滥施，人无藉焉，何以为国！ [1]

"散试官"本是一空名，只是因为少而贵，因为得之不易而贵，如果德宗自己不珍惜，随意发放，最终结果只能是使其含金量大大贬值，成为可有可无的鸡肋。朱泚乱后，官价极贱，员外试官一纸，只抵一筐瓜果，前车之鉴，尚未离远，德宗何必又雪上加霜，使得情况更加恶化呢？由此，陆贽的结论水到渠成："且植瓜树果，多是野人贫者，所资唯在衣食，假以冗号，亦奚用焉？必欲使之欢欣，不如厚赏钱帛。人不失利，国不失权，各得所宜，两全其宝，何有不可？"[2]与其给穷老百姓一些虚名，不如给他们实实在在的钱财奖赏，如此一来，国家没有坏了规矩，老百姓也高兴，岂不是两全其美吗？陆贽的结论合情合理，但凡有点头脑的人都会欣然接受了。

陆贽独具特色的论辩艺术，受到人们的交口称赞。宋代的朱熹赞不绝口："陆宣公奏议极好看。这人极会议论，事理委曲说尽，更无渗漏。虽至小底事，被他处置得亦无不尽。"[3]金钜香亦赞曰："虽处乱世，事暗君，所言所行，皆足补剂末运，得非骈文之最有用者乎！"[4]斯言是矣。

四、体现在语言的旋律与节奏上

陆贽正实切事、明晰峻切的文风在形式上最突出的体现，就是其峻洁顿挫、铿

---

[1] 陆贽：《陆贽集》，王素点校，中华书局 2006 年版，第 451 页。
[2] 陆贽：《陆贽集》，王素点校，中华书局 2006 年版，第 451 页。
[3] 黎靖德编：《朱子语类》（卷一三六），王星贤点校，中华书局 1986 年版，第 3248 页。
[4] 金钜香：《骈文概论》，商务印书馆 1933 年版，第 100 页。

锵利落的语音语调和张弛有度的节奏。

语言是以语音为物质外壳，以词语为建筑材料，以语法为结构规律而构成的符号体系。语音、词语、语法三者之中，古人最重视语音，范温在《潜溪诗眼》中说："自《论语》、六经，可以晓其辞，不可以名其美，皆自然有韵。左丘明、司马迁、班固之书，意多而语简，行于平夷，不自矜持，故韵自胜。"[1] 清代刘大櫆在《论文偶记》中指出："神气者，文之最精处。音节者，文之稍粗处也。字句者，文之最粗处也。然论文而至于字句，则文之能事尽矣。盖音节者，神气之迹也；字句者，音节之矩也。神气不可见，于音节见之；音节无可推，以字句准之。"[2] 说明古人都意识到了，语言的节奏和旋律的变化在文章运用中会产生不同的语感效果，这种语感效果里包含着丰富的感情成分、情绪成分，有时还有很多用文字难以表达、非常微妙的东西，在某种意义上，甚至会成为区分、确立不同作家不同文章风格的关键因素。

对此，明人宋懋澄有明确的议论，他在《辨文章五声》一文中明确指出："贵人之词多宫声，而余词多羽，故清商清徵之词，为仙，为贾，为富人，而君臣则属之宫声。羽词多客，而艺工农圃，每谐角调。六经之文章宫也，韩柳欧苏亦然，近世馆阁咸宫之遗也。邹阳之文，枚叟之诗，悉羽音也，不特荆轲也……矧羽之为声，其思窘，其辞迫，关山凄怆之象，非游子不能领略之，彼绛节黄幡之夫，虽老于行，亦能以宫而文其羽，况高议云台之上乎？"[3] 语音既然是语言的物质外壳，因而音节的疾徐高下和抑扬顿挫势必参与着作家的创作活动，成为其文章审美效果不可或缺的一部分。如在宋懋澄看来，富贵者和道德家的文章多平和舒缓的宫声，困窘迁播之人则多为思窘词迫的羽声。对此，外国学者也有同感，如韦勒克曾指出："每一件文学作品首先是一个声音系列，从这个声音的系列再生出意义。""声音的层面引起了人们的注意，构成了作品审美效果不可分割的一个部分。"[4] 在他看来，文学作品的本质就存在于讲述者或诗歌读者发出的声音序列中。前文已经讲过，陆贽文章的主导风格是正实切事、明晰峻切，所以，其公文相应的在音节上呈现出一种峻

---

[1]　范温：《潜溪诗眼》，转引自郭绍虞：《宋诗话辑佚》（上册），中华书局1980年版，第372—375页。

[2]　转引自袁晖、宗廷虎：《汉语修辞学史》（修订本），山西人民出版社1995年版，第281—282页。

[3]　宋懋澄：《辨文章五声》，转引自王利器校录：《九籥集》，中国社会科学出版社1984年版，第181页。

[4]　[美]韦勒克等：《文学理论》，刘象愚译，生活·读书·新知三联书店1984年版，第166页。

洁诚挚而又爽朗明快的特征，给人一种平和持正的感觉。

"鉴于汉语语音系统不够发达，因而在对汉语诗歌进行文体分析时应'避虚就实'地不谈语音的轻重读、元辅音之分造成的韵律变化，而着重分析由字音造成的韵脚乃至四声的平仄对仗等（对中国古诗来说）。"[1] 公文这类叙述文体的分析也不例外。要对陆贽全部公文的平仄情况做一统计，比较繁难。现在以《佩文韵府》和《诗韵合璧》[2] 为据，标出陆贽公文若干篇的平仄情况，以此为例，来分析一下其公文音节声调与语言风格的关系。下行公文以《重原宥淮西将士诏》为例：

> 乃者希烈乱常，阻兵窃号，污胁士众，残虐烝黎。朕志在好生，诚深罪己，为人受耻，不忍加兵。惟兹一军，代著忠节，果歼元恶，不替旧勋。询于众情，就拜戎帅，人亦劳止，期于小康。旋乖恤下之方，重致丧身之祸。由朕薄德，俾人不宁，抚临万邦，且愧且悼。犹赖将校士旅，秉其诚心，邦人不惊，军部无挠。以兹节效，良有可嘉。所宜慰安，俾洽宽泽。应将士吏人承前所有诸过犯，罪无轻重，一切释放，旷然昭洗，咸与惟新。其有先请受庄宅财物者，各以见管为主。将士衣赐节料并家口粮赐等，一切并准旧例，以时给付，不得停减。先令优与赏设，亦准元敕处分，务令丰厚，以称朕怀。仍加晓谕，各委知悉。[3]

其平仄为：

> 仄仄平仄仄平，仄平仄仄，平仄仄仄，平仄平平。仄仄仄仄平，平平仄仄，仄平仄仄，平仄平平。平平仄平，仄仄平仄，仄平平仄，中[4]仄仄平。平平仄平，仄平仄仄，平仄平平，平平平平。平平平仄平，仄仄仄平平仄。平平仄平仄，仄仄平中平，仄仄仄平，平平平仄。平平仄平仄仄，仄平仄平，平平仄平，平平平仄。仄平仄仄，平仄平平，仄平平平，仄仄平仄。 平仄仄仄平平平仄仄平仄仄，仄仄平仄仄，平仄仄仄，仄平仄仄，平仄平平。平仄平仄仄平仄平仄仄，仄仄仄仄平仄。仄仄平仄仄仄平仄平仄，仄仄仄仄仄仄，

[1] 张毅：《文学文体概说》，中国人民大学出版社 1993 年版，第 298 页。

[2] 张玉书等编：《佩文韵府》，清文渊阁四库全书本。汤文璐：《诗韵合璧》，上海书店出版社 1982 年版。

[3] 陆贽：《陆贽集》，王素点校，中华书局 2006 年版，第 105—106 页。

[4] "中"表示该字是多音字，可平可仄，下同。与诗词格律中表某位置可平可仄的"中"不尽相同。

仄平仄仄，中仄平仄。平平平仄仄仄，仄仄平仄仄仄，仄平平仄，仄仄仄平。

平平仄仄，仄仄平仄。

　　这封诏书可以分为两段。从开头到"俾洽宽泽"是第一段，"应将士吏人"到末尾是第二段。下面笔者分别从句中和句脚字是否平仄交替两方面来分析这封诏书的声律特征和陆贽的思想感情、语言风格的关系，以及陆贽如何做到和谐和拗怒的统一的。

　　先看句中的平仄交替。第一段除了"旋乖恤下之方，重致丧身之祸"是六言骈句外，其他都是四句一组，基本都是四言骈句，或两句邻对，或两两隔对，有工对、宽对、流水对，也有少数半对半不对，甚至不对，运单成复，疏朗通脱而又不失整齐。此段又分两层，"乃者"到"小康"是第一层，回顾淮西李希烈叛乱始末。第一至第四句是第一组，以虚字"乃者"领起，除"污胁士众"音节拗怒，情感激切外，其余都是两平两仄相间（包括句间平仄相对）的和谐音节，虽然是对李希烈罪行的声讨和谴责，但也为下文德宗怀柔做了声情上的铺垫。第五至第八句是第二组，以朕字统师，去声发调，振起音节，倍觉清劲有力，显出皇家的威严。四句又构成了和谐的音节，显出舒徐优柔的情调，与这里要表达的德宗的宽容和怀柔是相称的。第九至第十二句是第三组，"惟兹一军"叠用平声，稍显低沉，而"代著忠节"叠仄两救，音节又有些拗怒，与前面的低沉音节互为调节，显示情感由低落转向悲壮。接下来两句又是和谐的音节，表现出德宗对李希烈部将陈仙奇平叛之功的追念和欣慰。第十三句到第十六句是第四组，"询于众情"叠平，音节低回，靠去声字"众"振起，而"就拜戎帅"叠仄，音节趋于激昂；"人亦劳止"叠仄，声情危苦急迫，而"期于小康"叠平，声情又趋于凄黯感伤，真切而又曲折地传达出了人们对战乱的复杂感受，也流露出陆贽悲天悯人、关注民生的情怀，备极吞吐之妙。第十七和第十八句是第五组，这是一组六言骈句、工整的流水对，以"旋"、"重"这对虚字为转关，转入第二层，反映了当前情势的突变——陈仙奇被杀，虽然句内平仄和谐，但这组最后一字却以仄声收尾，和谐中又有拗怒，表现了痛惜之情。第十九至第二十二句是第六组，代君罪己，情意恳切，率尔成对，音节有拗有救："由朕薄德"、"且愧且悼"叠仄，音节拗怒，情感痛切；"俾人不宁"、"抚临万邦"叠平，又是低沉的音节，情感悲凉。第二十三至第二十六句是第七组，"将校士旅，秉其诚心"运单成复，散句双行。前者叠仄，见军容整肃；后者叠平，显君心悲悯。着一动词"秉"字，破骈为散，出之以跌宕，而上句自对，散不失骈。仄声起调，上一下三，"其"字带过，前仄后平，"拗怒之中，自饶和婉"。以"犹赖"统帅二句作转关，宕开一笔，引出主题。"邦人不惊"叠平，音节低沉，靠不字（不字古有平上去人四读，此处以读去声为佳）振起；而"军部无挠（扰乱，与扰通）"叠仄，声情峭拔，然一平一仄相间，又别有韵致。第二十七至第三十句是第八组：前两句音节和谐，表现出雍容和悦的感情，与对淮西将士的嘉奖相协调。"所宜慰安"是一仄一平相间的特殊音节，低沉中见挺拔，"俾洽宽泽"叠仄两救，显现出皇家的雍容大气。两句承上启下，点出主题，并引出第二段原宥淮西将士的具体措施。"应将士吏人承前所有诸过犯"，长达十二字，冲破骈体文体制的限制，易短为长，运散入骈，浑灏流转，把前面过于整齐的骈句形式疏宕一下。同时又充当领句，领起下面四句，"所有诸过犯"，音节拗怒，救"吏人承前"叠平之低沉，表现了朝廷的威严和庄重。接下来又是四个整齐的四言偶句，而且句组以平声"新"字落脚，又使刚才略显紧张的节奏舒缓下来，表明朝廷对淮西将士的既往不咎。其中"一切释放"一句全仄，却是拗怒的音节，在舒缓平和之中有慷慨悲壮之慨。"其有先请受庄宅财物者"，长达十字，又是散文句法，疏宕文气，领起"各以见管为主"，总共十六字，每个节奏点（"有"、"受"、"宅"、"物"、"者"、"以"、"管"、"主"）上均叠用仄声，且各以仄声收尾，音节极其拗怒。"将士衣赐节料并家口粮赐等，一切并准旧例"与前两句句法声情类似。这四句虽是散文句法，参差不齐，但散中有骈，错落有致。特别是"各以见管为主"与"一切并准旧例"更是句式整齐，遥相成对，错综之中见整饬，只不过其散文文气掩盖了其排偶之迹而已。以上接连排比三个散句，运散入骈，以散驭骈，有条不紊地叙述了宽宥淮西将士的具体措施，悲壮豪迈之气奔赴笔端，干练务实之才跃然纸上，既纡馀婉转，又明晰晓畅。"以时给付，不得停减"，又是四言骈句，把前面紧张的节奏再舒缓一下，其中"不得停减"稍显拗怒，表明朝廷的有令必行，斩钉截铁。下面两句"先令优与赏设，亦准元敕处分"变为六言骈句，上下句都叠用仄声，情感又趋急迫。"务令丰厚，以称朕怀"又是工整的四言骈句，音节舒缓，显示了德宗的慷慨和悦。最后以四言骈句收束全文，上句是和谐的音节，但下句叠仄，且以入声落脚，音节拗怒，情怀高迈激越，宽容平和中仍不失君临天下、皇恩浩荡的气象。

　　再看句脚字的平仄安排。第一段第一层句脚字平仄递用，而且每一组都以平声收尾，构成了整体的和谐音节，表达出雍容宽和的感情。第二层句脚字也是平仄交替，但每一组都是仄声落脚，和谐之中又稍带拗怒，这与前后感情的变化是相符的。第一层写的是过去，与当下的现实拉开了一段距离，所以其情感可以更平和舒缓。而第二层讲的是当下，更牵动人心，虽然仍要采用怀柔政策，体现德宗的宽容胸怀，但藩镇割据的局面仍未得到改观，面对这样严峻的现实，陆贽以沉痛之辞，直书君过，借德宗之口来表明自己对现实的忧虑和痛切之情，同时又通过这些拗怒的音节来表现皇家凛然不可侵犯的威严，于是就有了这种声情的变化。第二段的句脚除"新"、"怀"用平声，与前面的句子连起来，音节比较谐婉外，其余均为仄声字，构成整体拗怒的音节，易于表达激切刚直的情怀，体现庄严肃穆的气象，同时又符合陆贽处理政务的郑重切实、坚毅果断、雷厉风行的作风。

上行公文以《驾幸梁州论进献瓜果人拟官状》为例：

> 伏以爵位者，天下之公器，而国之大柄也。唯功勋、才德，所宜处之。非此二途，不在赏典。恒宜慎惜，理不可轻！轻用之，则是坏其公器，而失其大柄也。器坏则人将不重，柄失则国无所持。起端虽微，流弊必大。缘路所献瓜果，盖是野人微情。有之不足光圣猷，无之不足亏至化。量以钱帛为赐，足彰行幸之恩。馈献酬官，恐非令典。谨奏。[1]

该文平仄为：

> 仄仄仄仄仄，平仄平平仄，平仄平仄仄。平平平、平仄，仄平仄平。平仄仄平，平仄仄仄。平平仄仄，仄中仄平！平仄平，仄仄仄平仄平，平仄平仄仄。仄仄仄平平中仄，仄仄仄平仄平平。仄平平平，平仄平仄。平仄仄平平，仄仄平平平平。仄平中仄平仄平，平平中仄平仄，平仄平仄，仄平平仄平平。仄仄平平，平仄仄仄。仄仄。

与《重原宥淮西将士诏》多抒情之辞不同，这篇奏议以议论为主。议论以筋骨思理见胜，需要气势畅达，逻辑性强，有说服力，骈句虽然可以建立文章的结构，整饬散漫的音节，但拘泥于工整骈句、和谐音节则会妨碍文气的流畅和思理的深刻，使骨力乏弱，文意模糊，而骈散兼行、拗谐相济则可以避免这个弱点。陆贽的议论深切透辟，明白晓畅，就是与此分不开的。这篇奏议就是如此。

（1）骈散兼行。除"伏以爵位者，天下之公器，而国之大柄也"、"轻用之，

---

[1]　陆贽：《陆贽集》，王素点校，中华书局2006年版，第445—446页。

则是坏其公器，而失其大柄也"和文末的奏议套语"谨奏"三个散句外，其他都是字数整齐的骈句。四言骈句有十句，其中"起端虽微，流弊必大"、"非此二途，不在赏典"是流水对，"恒宜慎惜，理不可轻"可看作宽对，其余四句本可用对偶却不用对偶。六言骈句有四句，其中"量以钱帛为赐，足彰行幸之恩"两句可看作宽对，而"缘路所献瓜果，盖是野人微情"两句则半对半不对。七言骈句有四句，其中"器坏则人将不重，柄失则国无所持"是工对，而"有之不足光圣猷，无之不足亏至化"却不避重字相对。既有工对，也有宽对，既有正对，又有流水对，还有半对半不对，似对非对，甚至不对，就在工整中见变化，显得通脱而不拘泥。再加上大量使用的"虽"、"则"、"而"、"之"等虚字以及顶真的修辞手法，化板滞为流动，使句式蝉联而下，如行云流水，议论层层深入，如抽丝剥茧。"伏以"句和"轻用"句虽是散句，但其中又含有"天下之公器，而国之大柄"、"坏其公器，失其大柄"这样的对偶形式，参差中又有整齐。于是，骈不离散，散不离骈，骈散兼行，既保持了骈文相对整齐的音节，又运之以散文流动的气势，无论对偶与否，但取其文气朗畅，意脉贯通，便于议论驰骤。

（2）拗谐相济。其句内音节仄声字居多，拗怒多于和谐，但陆贽通过拗怒与和谐的调节，做到了二者的统一。"伏以"句是拗怒的音节，而紧接着的"唯功勋、才德"音节和谐，"所宜处之"则趋低沉，以救开头之拗。"非此二途"音节和谐，而"不在赏典"则音节拗怒，以救"所宜处之"之低沉。"恒宜慎惜，理不可轻"又是和谐的音节。上面连续好几句都是四言偶句，下面用了个散句疏宕一下，流转文气，而"坏其公器，失其大柄"亦平仄交替，只是句间不相对。"器坏则人将不重"，音节和谐，而"柄失则国无所持"，又稍显低沉。"起端虽微"音节更显低沉，而"流弊必大"则又是拗怒的音节，适足表现陆贽的忧心忡忡。"缘路所献瓜果"音节拗犯，而"盖是野人微情"略显低沉。"有之不足光圣猷，无之不足亏至化"两句又都是拗怒的音节。"量以钱帛为赐"继续拗怒，而"足彰行幸之恩"和"馈献酬官，恐非令典"三句则是和谐的音节。虽然这篇奏议有这么多拗怒的句子，似乎感到不够和谐，但句脚字却基本是平仄递用的，这又是拗怒中有和谐，也是矛盾的统一。

总之，陆贽的公文，无论是上行公文，还是下行公文，通过拗谐相济、骈散兼行，形成高下徐疾、抑扬抗坠的音节，以符合内容表达和不同公文体式的需要，实现矛盾的统一，很适合表现陆贽的高迈之行、刚正之节和激切仗义之心，又使行文既纡徐曲折，又明白晓畅，这也正是陆贽正实切事、明晰峻切的文风在声律上的体现。

第二节　语言特征：骈散相间　晓畅自然

公文的性质、作用以及公文独特的语体，决定了公文语言必须是准确规范、简明朴实、庄重得体的，这是对公文语言的基本要求。陆贽的骈体公文内容虽然均是围绕国家大事展开，但为了实现经世致用、教民化世的政治目的，陆贽在表达上力求通畅自然、明白平易，充分显示了公文语言的基本特点。

一、少用典故，不尚藻饰

有唐一代，经由六朝的全面振兴和初盛唐的进一步发展，骈文已充分显示出其作为一种文体不断充实发展的优势，以其文体的无可替代性和应用的广泛性，以至于成为几乎所有文化人都不能脱离的一种文化生活。举凡国家公文、科举取士，皆以骈文为本。然而，对于公文这一典型的应用文体而言，由于骈体文过于注重形式，要求六四对偶，注重声韵辞藻对偶，追求音律、用典，其萎靡的文风和僵化的形式，日益成为文人们表达思想的障碍，过犹不及之后，读来只会令人心烦生厌。如贞观二十年（646），太子李治在长安建专门译经院。玄奘法师上呈了一篇《请入嵩岳表》，表中写道：

> 玄奘少来颇得专精教义，唯于四禅九定未暇安心。今愿托虑禅门，澄心定水，制情猿之逸躁，絷意象之奔驰，若不敛迹山中，不可成就。窃承此州嵩高少室，岭嶂重叠，峰涧多奇，含孕风云，苞蕴仁智，果药丰茂，萝薜清虚，实海内之名山，域中之神岳。其间复有少林伽蓝、闲居寺等，皆跨枕岩壑，萦带林泉，佛事尊严，房宇闲邃。即后魏三藏菩提留支译经之处，实可依归以修禅观。[1]

文章写得很美，但也委实有些啰唆，说到底就是玄奘法师间接委婉地提出其出家之地净土寺"可依归以修"，请皇上拨点款，对这些寺院和嵩山附近的偃师故里给以维修罢了。很难想象，在形势纷繁复杂、瞬息万变的战乱年代，会有多少读者有这个耐心去深研细读，直截了当、切中要害才是更实用的方式。陆贽的骈体公文少用典故甚至不用典故，而出之以准确平易、简练朴实的语言，因而无论是叙事、

---

[1]　《寺沙门玄奘上表记》（卷一），载《大正新修大藏经》（史传部五十二卷），（台北）新文丰出版社股份有限公司1998年版，第818页。

陈情或是说理，都具有"明白晓畅，用笔如舌"[1]的特点。试看下列两段文字：

> 所谓委任责成者，将立其事，先择其人。既得其人，慎谋其始。既谋其始，详虑其终。终始之间，事必前定。有疑则勿果于用，既用则不复有疑。待终其谋，乃考其事。事忽于素者，革其弊而黜其人；事协于初者，赏其人而成其美。使受赏者无所与让，见黜者莫得为辞。夫如是，则苟无其才，孰敢当任；苟当其任，必得竭才。此古之圣王，委任责成，无为而理之道也。[2]

> 窃以尊号之兴，本非古制。行于安泰之日，已累谦冲；袭乎丧乱之时，尤伤事体。今者銮舆播越，未复宫闱；宗祏震惊，尚愆禋祀。中区多梗，大憝犹存。此乃人情向背之秋，天意去就之际。陛下诚宜深自惩励，以收揽群心；痛自贬损，以答谢灵谴。岂可近从末议，重益美名，既亏追咎之诚，必累中兴之业！以臣庸蔽，未见其宜。乞更详思，不为凶孽所幸，此臣之至愿也。谨奏。[3]

第一段文字阐明的是陆贽对于官吏如何委任、责成的具体办法；第二段文字讲述的是在丧乱之时，皇上不要不识时务，给尊号加字的道理。内容虽然不同，但语言却是一样的简洁朴实、通俗易懂、近于口语。"陆贽奏议，实为此类文章之杰构。骈体发展至此，可以说已经去尽骈体之一切弊病，而有骈体节奏感强，抑扬铿锵之优点，就明白流畅而言，可以说只差一步，就可以与散文完全合而为一了。"[4]罗宗强等的评价，可谓一针见血。

刘勰在《文心雕龙·议对》篇说："文以辨洁为能，不以繁缛为巧。"[5]罗大经指出："刘平国云：'奏疏不必繁多，为文但取其明白，足以尽事理，感悟人主而已。'此论极好，如《伊训》、《说命》、《无逸》、《立政》所未论，只如诸葛孔明前后《出师表》，何尝费词！"[6]陆贽的骈体公文就达到了这两人的要求。

当然，陆贽的骈体公文也不是完全不用典故。但即使用典，他也是力避生僻，

[1] 朱自清：《经典常谈》，复旦大学出版社2004年版，第85页。

[2] 陆贽：《陆贽集·请许台省长官举荐属吏状》，王素点校，中华书局2006年版，第542页。

[3] 陆贽：《陆贽集·奉天论尊号加字状》，王素点校，中华书局2006年版，第406—407页。

[4] 罗宗强主编：《隋唐五代文学史》，高等教育出版社1994年版，第369页。

[5] 《文心雕龙注》，刘勰著，范文澜注，人民文学出版社2001年版，第438页。

[6] 罗大经：《鹤林玉露》（乙编卷一）"奏疏贵简"条，中华书局1997年版，第133页。

尽量选用通俗易懂的前代史实或明白浅近的儒家典故，同时，常将典故作为论据来使用，做较详尽的申述，而不是以工整对句的形式出现，其公文语言也因此畅达无碍、明白易晓了。试看下列两段：

> 夫以韩信才略，当时莫俦，且负嫌猜，已遭告讦，纵之足以乱区宇，除之可以安国家，幸而成擒，犹谓失策，当时被攻战之害，百代流诡诈之讥。况楚琳卒伍凡材，厮养贱品，因时扰攘，得肆猖狂，非有陷坚歼敌之雄，出奇制胜之略，颇同狐鼠，乘夜睢盱，晨光既升，势自踡缩。[1]

> 然以长于深宫之中，暗于经国之务。积习易溺，居安忘危。不知稼穑之艰难，不察征戍之劳苦。泽靡下究，情不上通，事既壅隔，人怀疑阻。犹昧省己，遂用兴戎。征师四方，转饷千里。赋车籍马，远近骚然；行斋居送，众庶劳止。或一日屡交锋刃，或连年不解甲胄。祀奠乏主，室家靡依，生死流离，怨气凝结。力役不息，田莱多荒。暴命峻于诛求，疲甿空于杼轴。转死沟壑，离去乡闾，邑里丘墟，人烟断绝。天谴于上而朕不悟，人怨于下而朕不知。[2]

第一段中用了事典，韩信的故事可谓家喻户晓、妇孺皆知，但饶是如此，陆贽仍在文中做了详尽的说明，深入浅出的文字，使得文章文理通畅，也让读者毫无生僻之感。第二段中用了言典，分别引用或化用了《礼记》《尚书》《汉书》《诗经》等典籍以及潘岳、曹植等文人的作品，但因为运用恰当，即使不知道这几句话的出处，也丝毫不妨碍对文章文意的理解。

所谓用典，《文心雕龙·事类》篇说："事类者，盖文章之外，据事以类义，援古以证今者也。"[3]可见用典的目的本是在于援引古人、古事和古人的话来加强论据，证明自己的观点是古已有之，是正确的。可惜，随着南北朝以降文人审美情趣的日趋华丽、文学风格的日追典雅，文人对于用典过犹不及，以至到了殆同书钞的地步。相较之下，陆贽从其经世致用、教民化世的政治理想出发，强调文章的现实功用，其典故的运用也合情合理，其论事也直截了当、切中要害，其语言也因此变

---

[1]　陆贽：《陆贽集·论替换李楚琳状》，王素点校，中华书局2006年版，第516—517页。

[2]　陆贽：《陆贽集·奉天改元大赦制》，王素点校，中华书局2006年版，第2—3页。

[3]　《文心雕龙·事类》，载《文心雕龙注》，刘勰著，范文澜注，人民文学出版社2001年版，第614页。

得明白流畅，真正实现了刘永济先生所要求的用典"意婉而尽"、"气畅而凝"[1]的美学要求，而其在骈文史上的意义，则如钱钟书评论说："陆宣公文骤未摆脱俳偶而容与畅达，不多组织典故成语，既异唐人骈文，又不同宋人四六，论事明切犀利，如《论裴延龄奸蠹书》中云所谓'失人心而聚财贿，亦何异割支体以徇口腹哉'。《兴元论中官及朝官赐名定难功臣状》云：'见危无补，曷谓功臣？致寇方深，孰云定难？纵使遭罹围逼，跋履崎岖，难则当之，定将安据？劳或有矣，功其谓何？'此等何待韩柳古文革除，亦非韩柳古文能革除也。"[2]

平直地罗列论据往往显得单薄，恰当地运用比喻，可把抽象深奥的道理阐述得生动形象、浅显易懂，更容易被读者明白与接受。陆贽也常常采用比喻论证的方法，不仅可明晰地表达出复杂的事情，还收到了迂回说服的效果。如《论裴延龄奸蠹书一首》开篇即是这样一段话：

> 臣闻君子小人，用舍不并，国家否泰，恒必由之。君子道长，小人道消，于是上下交而万物通，此所以为泰也。小人道长，君子道消，于是上下不交而万物不通，此所以为否也。夫小人于蔽明害理，如目之有眯，耳之有充，嘉谷之有蟊，梁木之有蠹也。眯离娄之目，则天地四方之位不分矣。充子野之耳，则雷霆蝇虻之声莫辨矣。虽后稷之稼，禾易长亩，而蟊伤其本，则零瘁而不植矣。虽公输之巧，台成九层，而蠹空其中，则圮折而不支矣。[3]

裴延龄是为陆贽所不齿的卑劣小人，为了说明这样的卑劣小人对国家可能会产生的严重危害，陆贽在文章第一段就采用博喻的手法来说明事理，指出小人就像那目中之眯、耳中之充、嘉谷之蟊、梁木之蠹，他们的危害如此之大，以至于明如离娄、充如子野、稼如后稷、巧如公输的能人都会受其祸害而无法施展长技，四个比喻生动而贴切，把"小人于蔽明害理"为祸之烈的道理说得既深入浅出，又鲜明警醒，引人深思。

从现存的史料来看，许多时候，陆贽与德宗在为人处世方面是大相径庭的，要说服一个人，特别是一个像德宗这样刚愎自用的君主时，仅仅打情感牌是不够的，更多时候还是要以理服人。所以，看陆贽的文章，绝大多数都是先摆出一个大道理来，再做深入详尽的剖析，如《驾幸梁州论进献瓜果人拟官状》中在提出不能随意

[1] 《文心雕龙校释》，刘勰著，刘永济校释，中华书局1962年版，第140页。

[2] 钱钟书：《钱钟书手稿集·容安馆札记》，商务印书馆2003年版，第1994页。

[3] 陆贽：《陆贽集》，王素点校，中华书局2006年版，第667—668页。

授官的观点前，先畅谈了爵位（官位）的重要性："伏以爵位者，天下之公器，而国之大柄也。唯功勋、才德，所宜处之。非此二途，不在赏典。恒宜慎惜，理不可轻！轻用之，则是坏其公器，而失其大柄也。器坏则人将不重，柄失则国无所持，起端虽微，流弊必大。"[1] 有了这一段话垫底，陆贽提出自己的观点就是水到渠成、顺其自然了。又如《奉天请数对群臣兼许令论事状》一文：

> 故"惟天下至诚，为能尽其性；能尽其性，则能尽人之性"。若不尽于己而望尽于人，众必绐而不从矣；不诚于前而曰诚于后，众必疑而不信矣。今方岳有不诚于国者，陛下则兴师以伐之；臣庶有亏信于上者，陛下则出令以诛之。有司顺命诛伐，而不敢纵舍者，盖以陛下之所有，责彼之所无故也。向若陛下不诚于物，不信于人，人将有辞，何以致讨？是知诚信之道，不可斯须去身。[2]

陆贽想劝德宗"数对群臣，兼许令论事"，从而审察群情，但德宗文过饰非，反而抱怨"上封事及奏对者，少有忠良"，说自己往日也曾对臣子"诚信不疑"，结果反而"多被奸人卖弄"等等。所以，陆贽在谈到君臣之间要推诚时，首先就畅谈了诚信的重要性与当今环境下诚信的必要性，继而肯定德宗素来能做到以诚信待人。这一番话用语平易，道理却讲得很透彻，且字里行间带有恭维之意，比直接讲道理更委婉而富有说服力。

古代臣子伴君如伴虎，所以陆贽不得不采用多种手法，藏锋敛锷，曲折达意，其奏议也取得了辞婉而意严的效果。后人也对此非常推崇。"陆宣公奏议，妙能不同于贾生。贾生之言犹不见用，况德宗之量非文帝比，故激昂辩折，有所难行，而纡馀委备，可以巽入，且气愈平婉，愈可将其意之沈切。故后世进言，多学宣公一路。"[3] 刘熙载此语可以说道出了许多封建文人的心声。

二、文从字顺，不用生词

朱熹曾言："作文须是靠实，说得有条理乃好。不可架空细巧。大率要七分实，只二三分文。"[4] 可见文学的价值不在外在华丽的形式，而在于本质的实际内容。

---

[1] 陆贽：《陆贽集》，王素点校，中华书局 2006 年版，第 446 页。

[2] 陆贽：《陆贽集》，王素点校，中华书局 2006 年版，第 391 页。

[3] 《艺概笺注》，刘熙载著，王气中笺注，贵州人民出版社 1986 年版，第 58 页。

[4] 何焯：《义门读书记》（卷四十三），中华书局 2006 年版，第 804 页。

但另一方面，正如康熙所云："出入《风》、《雅》之中，自有温柔敦厚之气，知其本乎性情者深也。"[1] 外在简单的语言形式必然要求以内在深刻的思想、充实的内容为底里，恰如儒家的温厚平和之气表现在文章风格上就是一种平淡自然的风味，这种平淡自然不仅是语言上的锤炼，也是道德修养的外在表现。但如果内容不充实，一味强调只用朴素通俗的语言，则底里毕露。受儒家传统文艺观的影响，陆贽对文的要求也遵从于儒家尚质素的观点。他的公文，不雕琢堆砌，不夸张陈词，少用寄托手法，而是深入浅出，以思路清晰、条达疏畅的说理，把道理讲清楚，文章也因此而明白易懂，指摘说尽。如其《论岭南请于安南置市舶中使状》一文，全文如下：

> 岭南节度、经略使奏："近日舶船，多往安南市易，进奉事大，实惧阙供，臣今欲差判官就安南收市，望定一中使与臣使司同钩当，庶免隐欺。"希颜奉宣圣旨宜依者。
>
> 远国商贩，唯利是求，绥之斯来，扰之则去。广州地当要会，俗号殷繁，交易之徒，素所奔凑。今忽舍近而趋远，弃中而就偏，若非侵刻过深，则必招怀失所，曾无内讼之意，更兴出位之思。玉毁椟中，是将谁咎；珠飞境外，安可复追。《书》曰："不贵远物，则远人格。"今既徇欲如此，宜其殊俗不归。况又将荡上心，请降中使，示贪风于天下，延贿道于朝廷。黩污清时，亏损圣化，法宜当责，事固难依。且岭南、安南，莫非王土；中使、外使，悉是王臣。若缘军国所须，皆有令式恒制，人思奉职，孰敢阙供！岂必信岭南而绝安南，重中使以轻外使！殊失推诚之体，又伤贱货之风。望押不出。[2]

唐时，沿海各地与境外通商兴旺，船舶往来频繁。市舶使司即是专门管理对外贸易的机构，其使或由地方官兼任，或由朝廷派中使专任，既是地方财源，也是宫廷供奉所必需。岭南道管辖今天广东、广西及越南北方一代，道治在今广州，从唐玄宗开元间起，广州即设有市舶使。从状由中，我们可知，岭南节度使建议在安南都护府增设市舶司，但怕朝廷不准，便借口可以此保证宫廷贡奉，并奏请朝廷指派中使与岭南使署合办。而爱财的唐德宗也已批准，交中书诏行。但耿直的陆贽却有

---

[1] 爱新觉罗·玄烨：《御选古文渊鉴》（卷五十二），载《文渊阁四库全书》（第1418册），（台湾）商务印书馆1983年版，第507页。

[2] 陆贽：《陆贽集》，王素点校，中华书局2006年版，第574—576页。

不同意见，在这篇 342 字的短文中，针对对方谬误之处，他有条不紊，一一驳来。

陆贽首先指出，商人本性，应是唯利是求，想方设法追求利润最大化，广州与安南，前者近而后者远，但为何近日如岭南节度使而言，商人、商船皆舍近而趋远，往安南而去，可见广州"若非侵刻过深，则必招怀失所"，敲剥太甚，吓跑了商人；其次，若是依节度使所奏，在安南设置市舶司，只会伤害广州市舶司利益，使广州财源外溢；第三，安南节度使奏请朝廷定一中使同往安南，其目的就是要挑动皇帝贪心，真若成行，就会"示贪风于天下，延贿道于朝廷"，给天下不好的示范；第四，凡属军国所需之物，早就有统一规定，只要官员尽职尽责，根本不会存在岭南节度使所说贡品短缺之忧。综上可知，岭南节度使的奏请不合法度、不合情理，所以，陆贽立即对岭南节度使之奏请做出八字判决"法宜当责，事固难依"。

在这篇判词中，陆贽不用任何生字、难字、僻字，"远国商贩，唯利是求，绥之斯来，扰之则去。广州地当要会，俗号殷繁，交易之徒，素所奔凑"等语句甚至带有较强的口语化气息，粗通文墨之人即可看懂，领会其意。陆贽用这些浅近朴素的文辞表达思想，使读者能专注于理解、思索其字里行间传递出的信息，而不至于被华丽的文辞弄得眼花缭乱，不能理解。此外，文章中虽也引用了《论语》《汉书》等典籍中的语言与典故，但都是常见易懂的词语，普通读书人多能理解，"语言的通俗性与自然朴素美很好地发展了其尽意的功能"[1]。

陆贽的文章表意清楚、通顺，也和他善用虚字有关。如在此篇判文中，"若非"、"则必"、"曾无"、"更兴"等虚字的运用，不仅打破了四六之句造成的严整规范，而且将句间关系交代得清楚分明，使文意开阖有度，语气连贯，文章也因此而一气流走、畅达自然了。

从前文可见，陆贽注重句间关系的整体表达。其文没有秾丽的色彩，没有愤慨怨激之词，没有严苛训斥之意。整体感觉像是一位温和的长者，侃侃论理，循循善诱，收到了很好的效果。他的骈体公文，也恰如谢无量在《骈文指南》中所言："终考有唐一代骈文，初唐犹袭陈隋徐庾，燕许微有气骨。陆宣公善论事，质直而不尚藻饰。温李诸人，所谓三十六体者，稍为秀发。唐骈文之变迁，其荦荦大者，如是而已。"[2]成为唐代骈文变迁中的一大转折关键点。陆贽曾以书判拔萃，调渭南簿，权德舆《唐

---

[1]　吴孟复：《唐宋古文八家概述》，安徽教育出版社 1985 年版，第 220 页。

[2]　谢无量：《骈文指南》，中华书局 1918 年版，第 54—55 页。

赠兵部尚书宣公陆贽翰苑集序》中也说他"精于吏事，斟酌剖决，不爽锱铢"[1]，其公文的成功在很大程度上也源于他的这种能力与技巧吧。

三、"出入六经、洁而不芜"

在儒家信徒看来，儒家经典从内容到表达形式都达到了高度的统一，简约的文字表现形式不仅传载着传世的永恒价值，也表现了著者对儒道体认的深度。陆贽在《论叙迁幸之由状》中曾言："臣志性介劣，学识庸浅，凡是占算秘术，都不涉其源流，至于兴衰大端，则尝闻诸典籍。"[2] 在人生中以儒家之道为皈依的他，在语言上推崇的也是儒家经典般简约雅正的文风。

陆贽对儒学的钻研最终落实于经世致用、教民化世。因此，儒家经典往往被他用来当作解决现实问题的依据，他的奏议经常取法前代典籍特别是先秦儒家经典，或直接引用成语，或点化经典中的语言，反复加以论证，从而有意识地造成了公文语言雅正的特点。直接引用的例子如《论叙迁幸之由状》。在这篇文章中，针对德宗借天命之说开托、逃避责任的谬论，陆贽进行了有理有据的批判。而他的主要思想武器，即是儒家经典，在文中，陆贽遍引了六经中由人事不由天命的理论进行阐述：

> 《书》曰："天视自我人视，天听自我人听。"又曰："德惟一，动罔不吉；德二三，动罔不凶。惟吉凶不僭在人，惟天降炎祥在德。"又曰："天惟忱，命靡常。常厥德，保厥位。厥德靡常，九有以亡。"此则天所视听，皆因于人，天降炎祥，皆考其德，非于人事之外，别有天命也。故祖伊责纣之辞曰："我生不有命在天！"武王数纣之罪曰："吾有命，罔惩其侮。"此又舍人事而推天命，必不可之理也。《易》曰："自天佑之，吉无不利。"仲尼以为："佑者助也。天之所助者顺也，人之所助者信也。履信思乎顺，又以尚贤，是以自天佑之，吉无不利。"又曰："危者，安其位者也；亡者，保其存者也；乱者，有其理者也。故君子安而不忘危，存而不忘亡，理而不忘乱，是以身安而国家可保。"又曰："视履考祥。"又曰："吉凶者，得失之象也。"夫《易》之为书，穷变知化，其于性命，可谓研精。及乎论天人佑助之由，辩安危理乱之故，必本于履行得失，而吉凶之报象

---

[1] 权德舆：《权德舆诗文集·唐赠兵部尚书宣公陆贽翰苑集序》，郭广伟校点，上海古籍出版社 2008 年版，第 501 页。

[2] 陆贽：《陆贽集》，王素点校，中华书局 2006 年版，第 360 页。

焉。此乃天命由人，其义明矣。《春秋传》曰："祸福无门，唯人所召。"
又曰："人受天地之中以生，所谓命也。是以有动作威仪礼义之则以定命。
能者养之以福，不能者败以取祸。"《礼记》引《诗》而释之曰："《大雅》
云：'殷之未丧师，克配上帝。仪监于殷，骏命不易。'言得众则得国，
失众则失国也。"又引《书》而释之曰："《康诰》云：'惟命不于常。'
言善则得之，不善则失之。"此则圣哲之意，六经会通，皆为祸福由人，
不言盛衰有命。盖人事著于下，而天命降于上。是以事有得失，而命有吉凶，
天人之间，影响相准。《诗》《书》已后，史传相承，理乱废兴，大略可记。
人事理而天命降乱者，未之有也；人事乱而天命降康者，亦未之有也。[1]

《书》《易》《大雅》《礼记》等儒家经典典籍中的语言，不仅将儒家天命与
人事的关系阐述得剀切详明，还让陆贽的公文言有尽而意无穷，具有了典雅之美。

为了让自己的思想观点更清晰明了，更多时候，陆贽是点化儒家典籍中的思想
与经典语言，反复进行论证。如《请遣使臣宣抚诸道遭水州县状》文中说：

臣又闻圣人作则，皆以天地为本，阴阳为端。庆赏者顺阳之功，故行于春、
夏；刑罚者法阴之气，故用之秋、冬。事或愆时，人必罹咎。是以《月令》
所载：夏行秋令，则苦雨数来，邱隰水潦；夏行冬令，则后乃大水，败其
城郭。典籍垂诫，言固不诬，天人同符，理当必应。[2]

陆贽借此次水灾致祸之事劝谏德宗要降恩于下，他的理论依据就来源于儒家的
天地人合一的思想。古人仰观俯察，逐步认识了天地运行的自然规律，意识到"日
月运行，一寒一暑"，"日月不过，四时不忒"，春夏秋冬为何推移？为什么从无
差错？古人认为这是阴阳相交互动的结果。从阴阳的概念出发，古人们将天地间万
物做了总的分类，《周易·说卦传》中说："昔者，圣人之作《易》也，将以顺性
命之理，是以立天之道，曰阴曰阳；立地之道，曰柔与刚；立人之道，曰仁与义。"
在天道、地道、人道三者之中，天道为大，人一定要顺天应人、与时偕行。所谓"夫
大人者，与天地合德，与日月合其明，与四时合其序，与鬼神合其吉凶。先天而天
不违，后天而天奉时。天且弗违，而况于人乎？况于鬼神乎？"[3] 在孔子看来，有圣

[1]　陆贽：《陆贽集》，王素点校，中华书局 2006 年版，第 360—361 页。

[2]　陆贽：《陆贽集》，王素点校，中华书局 2006 年版，第 555—556 页。

[3]　《周易·说卦传》，载阮元校刻：《十三经注疏》，中华书局影印本 1980 年版，第 93—94 页。

德的人，他的行为一定是遵循天道即天体运行的规律而有序地变化，所以天也不会惩罚他。所以，在陆贽看来，此次发生水灾绝不是德宗所说的"天命"作祟，而恰恰是因为地上的人主违背天道，"秋行夏令"，对此，其《蝗虫避正殿降免囚徒德音》中说得更为明白："夫人事失于下，则天变形于上，咎征之作，必有由然。"[1] 所以，德宗作为人君，一定要顺天应人，要从"仁义"的角度出发，抚恤民众，爱民如子，如此，才是正确和合理的做法。从语言角度来讲，陆贽这段话平实质朴，文意畅达，但儒家经典思想的融入使文章具有了道德规范和价值提升的意义，语言也因此而有了一种庄严、理性和温柔敦厚之美。

引用或化用前人语句毕竟只是一种论证方式与手段，起到一个辅助的作用。陆贽公文最成功之处在于，他能沿袭六经文风，形成了淡而实腴、洁而不芜的语言风格。

淡而实腴、洁而不芜的特色在陆贽公文中首先表现为语言简洁。如在《收河中后请罢兵状》中论述朝廷应立即罢兵时首段即说：

> 凶梗歼荡，关畿廓清，实圣谋广运之功，亦宗社无疆之祚。应须处置大略，已附钦溆口陈，展转传言，恐未尽意，谨复荐其固陋，愿陛下少留察焉。

> 臣闻祸或生福，福亦生祸。丧者得之理，得者丧之端。故晋胜鄢陵，范燮祈死；吴克劲越，夫差启殃。是知福不可以久徼幸，得不可以常觊觎。居福而虑祸，则其福可保；见得而忘丧，则其丧必臻。[2]

这段文字以极其简省的篇幅，言简意赅地点出了在叛将李怀光自缢而死的局势下，朝廷立即用兵讨伐另一叛将李希烈的弊端，短短两句话就涉及了福与祸、得与失两大对立方面。

作为救时宰相，陆贽每天面对的事情千头万绪，纷繁杂乱，但他极善于以简练的语言驾驭材料，其文章也因此而条分缕析，头绪分明。如《平朱泚后车驾还京大赦制》中说："国家受命百七十载，八圣储庆，敷佑下人，迈种宽大之德，累戢苛酷之令，盖仁之所积者厚，故泽之所流者深。兹予小子，获主重器，懵于理乱之本，溺于因习之安，授任不明，赏罚乖当。立法以齐众，而犯命愈甚；兴戎以除害，而长乱益繁。"[3] 寥寥几笔，道尽了此前百多年唐朝的繁盛与近年来多年战乱的原因。又如《贞元九年冬至大礼大赦制》中一段：

---

[1] 陆贽：《陆贽集》，王素点校，中华书局 2006 年版，第 87 页。

[2] 陆贽：《陆贽集》，王素点校，中华书局 2006 年版，第 520—521 页。

[3] 陆贽：《陆贽集》，王素点校，中华书局 2006 年版，第 20 页。

贞元九年十一月十日昧爽已前，系囚见徒，大辟已下，罪无轻重，咸赦除之。其见于官司辩对者，亦并放免。官人犯入已赃，不可令其却上，已后勿以为累。左降官及流人，并量移近处。其官已经量移，未复资者，还其阶爵。窜谪遐裔，冀速沾恩，比者准制量移，所司比例申牒，屡加盘覆，累涉岁年，既甚淹迟，且不均一，宜令吏部、刑部审勘检本流贬及量移敕旨，比类元犯事状轻重，两月内与处分。[1]

既要大赦天下，涉及的方方面面的人和事纷繁复杂，但陆贽有条不紊、从容道来。此段主要是对于左降官的安排，从"左降官及流人"起至段尾，短短 107 个字却包含了四层内容：一是限定了左降开始的时间，"贞元九年十一月十日昧爽已前"；二是规定了沾恩的主要内容，即分别为移近、复资、还爵等；三是提出了三点要求，即办理从速、赦面从宽、标准求一；四是追责了此前吏部、刑部对此事处理、落实不力，强调指出应在两个月内办理完毕。文字之简明概要可见一斑。

淡而实腴、洁而不芜也表现在陆贽善于根据文章内容、情感走向变换语言风格，使内容和形式相得益彰，从而更好地表达文章思想。有时，他以骈体的形式委婉含蓄地表达情感：

良以褒斜峻阻，素号畏途。缘侧迳于巅岩，缀危栈于绝壁。或百里之内，历险且千；或一程之中，涉水数四。若遇积雨滞浸，群峰澍流，巨石崩奔，訇殷相继，深谷弥漫，径来不通，悉非功力之所支，筹略之所遏。斯须之顷，跬步之间，仓皇遭陕，皆不可测。[2]

全文以工整的对句，工笔描绘了蜀道之艰难、斜谷之险峻，而在这骈词俪句之中，对于反叛者猖狂行径之痛恨、对于德宗悲凉处境之同情、对于自身无力救德宗于水火之自责……种种复杂情感全都蕴含其中，读之令人慨叹深思。

有时，陆贽又以铺陈排比手法痛快淋漓地表达情感：

户部侍郎裴延龄者，其性邪，其行险，其口利，其志凶，其矫妄不疑，其败乱无耻，以聚敛为长策，以诡妄为嘉谋，以掊克敛怨为匪躬，以靖谮服谗为尽节，总典籍之所恶以为智术，冒圣哲之所戒以为行能，可谓尧代

---

[1]　陆贽：《陆贽集》，王素点校，中华书局 2006 年版，第 77 页。

[2]　陆贽：《陆贽集·銮驾将还宫阙论发日状》，王素点校，中华书局 2006 年版，第 507—508 页。

之共工，鲁邦之少卯。[1]

连用六个"其"和"以"来排比，语气强烈，语言犀利，读来痛快淋漓，陆贽心中对裴延龄的卑劣人品与卑鄙行径的痛恨之情，以及绝不与其同流合污、熏莸同器的凛然正气跃然纸上。

有时借助虚词、语气词获得低回深沉的情致：

> 惟陛下勤思焉，熟计焉，舍己以从众焉，违欲以遵道焉，远憸佞而亲忠直焉，推至诚而去逆诈焉，杜谗沮之路，广谏诤之门焉，扫求利之法，务息人之术焉，录片善片能以尽群材焉，忘小瑕小怨俾无弃物焉。[2]

为了唐王朝和天下百姓，陆贽竭忠尽智，毫无保留。他希望德宗在万方多难之际，励精图治，勤于政事，广开言路，亲贤远佞，强烈深沉的情感转化寄托在文中连用的十个语气词"焉"上，给读者以强烈震撼与深刻印象。

有时又以陈述句、疑问句、设问句的句式变化传达情感。如：

> 伏以制事之体，所贵有常；顺人之情，尤重改作。革而能当，尚恐未孚，动且非宜，曷由无扰！臣等每承睿旨，常以百姓为忧，审知事不可行，安敢默而无述？每年蓄聚刍槁，所司素有恒规，计料税草不充，即便开场和市，既优价直，复及农收，人皆乐输，事不劳扰。陛下追想往年之事，岂尝有刍草不足，上关宸虑者乎？延龄欲衒己能，颇骤旧制，苟收经费之用，以资赢羡之功，遂使储备空虚，支计寥落，厩圉告阙，频烦圣聪。去岁已然，今夏尤甚。此乃不遵旧制之过也。旧制何害，而变之哉！[3]

连用三个问句将裴延龄为炫己能，为媚德宗，乃至于违反常规、无视旧制，盘剥百姓的卑劣行径披露无遗，陆贽心中的痛恨与不屑之情也就不言自明了。

清末朱一新在《无邪堂答问》中这样说道："骈文自当以气骨为主，其次则词旨渊雅，又当明于向背断续之法。向背之理易显，断续之理则微。语续而不断，虽悦俗目，终非作家。惟其藕断丝连，乃能回肠荡气……以骈文论，则曾选中刘圈三最工此。潜气内转，上抗下坠，其中自有音节，多读六朝文则知之。四杰用俳调，

---

[1] 陆贽：《陆贽集·论裴延龄奸蠹书一首》，王素点校，中华书局2006年版，第669—670页。

[2] 陆贽：《陆贽集·论叙迁幸之由状》，王素点校，中华书局2006年版，第362—363页。

[3] 陆贽：《陆贽集·论度支令京兆府折税市草事状》，王素点校，中华书局2006年版，第655页。

故与此异，燕许尚皆如此，至中唐后而始变。"[1] 可见，骈文要美，首当其冲的是要有"气骨"、有思想，其次才是辞藻、对偶、声律等外在形式之修饰，陆贽之文也正是因为首先有了高洁的思想、充沛的文气，才能如先秦儒家经典那样，做到平易与深刻的自然交融、醇厚与平淡的和谐统一。

四、句杂长短，骈散结合

诏敕奏议涉及的多为复杂的国家大事，要将这些或头绪纷繁、或下笔不易的内容阐述得清楚明白，让读者易于接受，本不是件容易事。再加上诏敕奏议多用俪语，属于骈体文，而骈体文发展至六朝时期已完全成熟，在形式上自有一套言必骈俪、词不单设的严整的四六格式要求，对形式的过分追求必然会带来对内容的挤压，削弱文章的议事功能，影响文章显豁明白地表情达意。有鉴于此，陆贽对骈文进行了局部的改造，他将散文的句法引入到骈体之中，骈散结合，单复互用，极大地增强了骈文的议事功能。为使文气更为畅达，他还根据行文需要，在文意转折处，用单行的散文句子承转，并利用文句的长短变化、语助词的衔接转换，加强文句之间的联系，使文气若行云流水，流转畅达。

从句式的角度看，陆贽的公文以短句和散句为主体，以长句和整句为补充，体现出长短错落、整散合一的风格特征。在陆贽撰写的公文中，句子绝不拘束于骈文"骈四俪六"的呆板要求，而是根据表情达意的需要，适时短长。长的如《论缘边守备事宜状》中："臣愚谓宜罢诸道将士番替防秋之制，率因旧数而三分之：其一分委本道节度使募少壮愿住边城者以徙焉；其一分则本道但供衣粮，委关内、河东诸军州募蕃、汉子弟愿傅边军者以给焉；又一分亦令本道但出衣粮，加给应募之人，以资新徙之业。"[2] 最长的一句竟有 31 个字。短的如《论裴延龄奸蠹书一首》中对裴延龄恶劣品性的概括：

> 其性邪，其行险，其口利，其志凶，其矫妄不疑，其败乱无耻，以聚敛为长策，以诡妄为嘉谋，以掊克敛怨为匪躬；以靖谮服缠为"尽节"；总典籍之所恶以为智术，冒圣哲之所戒以为行能，可谓尧代之共工，鲁邦之少卯。[3]

---

[1]　朱一新：《无邪堂答问》，中华书局 2000 年版，第 92 页。

[2]　陆贽：《陆贽集》，王素点校，中华书局 2006 年版，第 626 页。

[3]　陆贽：《陆贽集》，王素点校，中华书局 2006 年版，第 669—670 页。

裴延龄其人，"僻戾而好动，躁妄而多言，遂非不悛，坚伪无耻，岂独有识深鄙，兼为流俗所嗤。"[1]他对经济治国一窍不通，却善于弄虚作假、弄景造势，凭借三寸造假之舌、信口雌黄之术，不惜倾全国财力贿赂皇帝，不惜谤毁群臣而取信德宗李适，其弄术之大胆堪称一绝，其造假之能事空前盖世，对于这样一个品行低劣之人，陆贽是深恶痛绝，其情感之激越也毫不掩饰。上述引文以字数而言，有三字句、五字句、六字句、七字句、八字句和九字句；就语句关系而言，有排比句，有工对句，也有散对句；就平仄而言，主要是仄声字为主，所以，文章读来气促词激，似有一种疾风迅雨似的紧张感，千年之后，我们仍能感受到陆贽对裴延龄的愤怒与不屑。

当然，受儒家思想的影响与以文扬道的需要，陆贽大多数公文的情感是纡徐含蓄的，行文是委婉曲折的。为此，陆贽常常通过增加虚词使原本紧缩的意脉变得疏朗。如《奉天论奏当今所切务状》：

> 顷者窃闻舆议，颇究群情：四方则患于中外意乖，百辟又患于君臣道隔。郡国之志，不达于朝廷；朝廷之诚，不升于轩陛。上泽阙于下布，下情壅于上闻。实事不必知，知事不必实。上下否隔于其际，真伪杂糅于其间。聚怨嚣嚣，腾谤籍籍。欲无疑阻，其可得乎！物论则然，人心可见。盖谓含弘听纳，是圣主之所ези；郁抑猜嫌，是众情之所病。伏惟陛下神无滞用，鉴必穷微，愈其病而易其难，如淬锋溃疣，决防注水耳。可以崇德美，可以济艰难，陛下何虑不行，而直为此懔懔也？[2]

该文是一篇议论文，并带有驳论的意味，本可以写得义正词严，斩截凌厉。但陆贽没有这样做，不仅通过"则"、"又"等连词，以及"乎"、"耳"、"也"等语气词来打破骈四俪六的拘束，使语气显得舒缓，还用问句和感叹句造成一种娓娓论道的情感氛围，从而舒缓文气，婉曲达意，使文章平顺自然。"唐宋古文中经常包含这样一些字句，他们的存在并非为了意义的表达，去除它们也不至于违反抑扬顿挫的节律，它们的主要功能是为了舒缓语气的形成。"[3]如此一来，行文在节奏上就不是那么躁急紧张，其说理也更加亲切柔和，易于接受。

陆贽还常常在偶句之中穿插或承接以散句，让文章节奏有所变动。如《论宣令

[1] 陆贽：《陆贽集·论宣令除裴延龄度支使状》，王素点校，中华书局2006年版，第579页。

[2] 陆贽：《陆贽集》，王素点校，中华书局2006年版，第368—369页。

[3] 徐艳：《试析袁宏道小品的语体解放及其与五四白话散文的关系》，载《复旦学报》2002年第3期。

除裴延龄度支使状》开篇即言：

> 伏以周制六官，实司理本。冢宰制国用，量入为出；司徒掌邦赋，敷
> 教恤人。今之度支，兼此二柄，准平万货，均节百司，有无懋迁，丰败相补，
> 利害关黎元之性命，费省系财物之盈虚；加以馈饷边军，资给禁旅，刻客
> 则生患，宽假则容奸，若非其人，不可轻授。[1]

这一段话以单句起，又以"今之度支，兼此二柄"和"若非其人，不可轻授"
两个单句承上启下，这种以散句承转的方式，使文字流畅自然，叙述、议论无不如意，
绝无做作卖弄之态，文章叙事议事功能因而大大增强。

陆贽之文，在议论说理、引用典故之时多用双行偶句，而叙说事情，记叙事件
时则以散行句式为主。而当陆贽以散句结尾时，其文更具有了情感摇曳流散之美。
如《论裴延龄奸蠹书一首》最尾一段：

> 臣以卑鄙，任当台衡，既极崇高，又承渥泽。岂不知观时附会，足保旧恩；
> 随众沉浮，免贻厚泽。谢病黜退。获知几之名；党奸苟容，无见嫉之患。
> 何急自苦，独当豺狼，上违懂情，下饵谗口。良由内顾庸昧，一无所堪，
> 夙蒙眷知，唯在诚直。绸缪帐扆，一纪于兹。圣慈既以此见容，愚臣亦以
> 此自负。从陛下历播迁之颠危，睹陛下致兴复之艰难，至今追思，犹为心悸。
> 所以畏覆车而骇惧，虑毁室而悲鸣，盖情激于衷，虽欲罢而不能自默也。
> 因事陈执，虽已频繁，天听尚高，未垂谅察，辄申悃款，以极愚诚。忧深
> 故语烦，恳迫故词切。以微臣自固之谋则过，为陛下虑患之计则忠。糜躯
> 奉君，非所敢避；沽名衔直，亦不忍为。愿回睿聪，为国熟虑，社稷是赖，
> 岂惟微臣！[2]

此段前大半几乎均为排偶骈俪，读来虽然流丽条畅，但陆贽的情感也如深谷车
行，曲折往复，回环压抑。末尾以散句作结，使语气陡然变得纡徐舒畅，在整齐铿
锵的韵律中造成了波折变化，其情感也仿佛找到了突破口，一下子宣泄出来，给人
以深刻印象。清人马传庚评价此篇说："小人得志，误国殃民。始以权术结主知，
继遂猖狂肆己志，人罹其害，君售其欺。辨惑惩奸，非公谁敢极言直谏？此文而后，
惟杨忠愍奏劾严嵩一疏足以并峙千古。"[3]写出的应就是这种感受。

---

[1]　陆贽：《陆贽集》，王素点校，中华书局2006年版，第578—579页。

[2]　陆贽：《陆贽集》，王素点校，中华书局2006年版，第691页。

[3]　陆贽：《陆贽集》，王素点校，中华书局2006年版，第692页。

总而言之，陆贽从文体形式到思想内容对骈文做了极大改革：他从经世致用、教民化世的思想出发，规范了骈文创作的题材，即关注现实、叙事说理，为骈体公文乃至骈体文融入了深广的显示内容与社会关怀；他确定了骈散结合、以散为主的语体，既融散入骈，迭用奇偶，除去骈文板滞雕琢之弊，又运单成复，散句双行，保存了骈体整练排宕之美；他一扫骈文堆砌板滞之疵、绮罗香泽之态，不用典，不征事，树立了骈文流畅自然、淳朴无华的文风，使之成为一种平易自然、驱使自如的文体，极大地提升了骈文的表现功能。在陆贽之前，骈文多用来吟咏哀思，摇荡性灵；在他之后，骈体在原有描摹风景、畅怀写情的功能上，更可用来议论说理，可以说，至此，骈文已经完全具备了古文的表现功能，成为了情文并茂、华实相扶的实用性文体。

下编

陆贽骈体公牍文的影响

第八章　陆贽与中晚唐骈体公牍文

陆贽的公牍文有深远的社会意义和巨大的思想价值，也有着突出的文学成就。虽然采取的仍是骈体形式，但却能突破骈体骈词偶句、声律辞藻之约束，自如畅达地陈情、叙事与说理。其创作的骈体公牍文不仅充分体现了公文文体的论辩及表情技巧和文体特征，还大大发挥了公文经世致用的应用价值，将骈体公文的创作推向了顶峰，成为唐代骈体公文最杰出的代表，对当时及后代都产生了深远的影响。他的《翰苑集》长期受到士人甚至皇帝的尊崇与追慕，并延至晚清而不衰。

第一节　对韩愈、柳宗元的影响

一、韩愈、柳宗元推崇陆贽的原因

在中国文学史上，韩愈、柳宗元以对骈文的批判与对文以明道、文从字顺的古文的提倡而名扬史册。但无独有偶的是，他们对骈体公文大家陆贽都推崇备至、由衷钦敬。韩愈在《顺宗实录》中盛赞陆贽卓越的政治才干、直言敢谏的为人风节和出类拔萃的文学才华，并对他最后卒于迁所深表同情与惋惜。柳宗元在陆贽被贬不久，即写了篇题为《故御史周君墓碣》的文章，借表彰唐玄宗时为贤臣张九龄抗言，最终竟被贬而死的御史周子谅，表达了对陆贽作为贤臣竟被放退的痛惜。后又于贞元十四年（798），为谏议大夫阳城因替陆贽辩诬而接连被贬一事连写《与太学诸生喜诣阙留阳城司业书》和《国子司业阳城遗爱碣》两篇文章，鲜明地表达了他对陆贽的支持态度。原因何在呢？

（1）在于陆贽对韩愈、柳宗元皆有知遇之恩。韩愈、柳宗元虽然均为文学大家，但在科举之路上并不平顺。韩愈曾在《上宰相书》一文中回顾自己科举的辛酸史："四举于礼部乃一得，三选于吏部卒无成；九品之位其可望，一亩之宫其可怀。遑遑乎四海无所归；恤恤乎饥不得食，寒不得衣；滨于死而益固，得其所者争笑之。"[1] 将他从这种水深火热中解救出来的正是陆贽。"贞元七年，兵部侍郎陆贽权知贡举。时崔元翰、梁肃文艺冠时，贽输心于肃。与元翰推荐艺实之士，升第之日，虽众望不惬，然一岁选士才十四五，数年之内，居台省者十馀人。"[2] 韩愈就于此次贡举及第，所谓"二十五年而擢第于春宫"[3]，可见陆贽与韩愈有座主门生之谊也。

对柳宗元，陆贽的帮助与影响更大。其一是他的父亲柳镇的被诬昭雪。柳镇品格刚正，嫉恶如仇，但因得罪了权臣窦参被贬，直至陆贽出任宰相，柳镇才得以平冤昭雪。其二是柳宗元自身的进士及第。柳宗元年少时就以聪慧闻名，甫一登上文坛，更赢得广泛声誉，人皆称其文思密致，文字优美，璨若珠贝。可是，柳宗元三次参加科举考试均落榜，直到贞元九年（793）陆贽任宰相后，任用执法严格的户部侍郎顾少连知贡举，二十一岁的柳宗元才在第四次科举考试后终于登第，几年后又举博学宏辞科，授秘书省校书郎、迁蓝田尉，至贞元十九年，升任监察御史。可见，于家庭、于自身利害，陆贽都对柳宗元影响甚大。

（2）在于韩愈、柳宗元由衷敬佩陆贽卓尔不群的政治才能、公忠体国的为人品性和出类拔萃的文学才华。陆贽辅政，悉心报国，济世安民，在战乱动荡之际，他总揽全局，谋划调度，使风雨飘摇之中的大唐王朝得以苟延残喘，"匡主安民，拨乱反正，三代以下，一人而已"[4]；他敏于吏事，而又能守法不阿、公忠体国，即使坐到宰相高位，也能审慎处事，律己甚严，不以一己之恩怨而荒殆法典朝章，赢得朝臣钦佩与赞许；他精于儒学，更从经世致用的观念出发，对骈体公文进行了大胆的革新与改造，使骈体文由原来过于注重形式的美文转而成为美学价值与应用价值相得益彰的实用文体，为骈体文的发展注入了新的生机与活力。"古以四六入章奏者多矣，贺谢表而外，惟荐举及进表，则或用之，品藻比拟，此其长也。若敷陈论列，无往不可，而又纂组辉华，宫商谐协，则前无古后无今，宣公一人而已。指事如口讲手画，说理则缕析条分。旁延景物，则举会飞骞；远计边琐，则武库森列。大抵

---

[1] 《韩愈文集汇校笺注》，韩愈著，刘真伦、岳珍校注，中华书局2010年，第646页。

[2] 王溥：《唐会要》（卷七十六），中华书局1955年版，第1384页。

[3] 《与凤翔邢尚书书》，载《韩愈文集汇校笺注》，韩愈著，刘真伦、岳珍校注，中华书局2010年版，第842页。

[4] 王夫之：《读通鉴论》（卷二十四），中华书局1975年版，第845页。

义蕴得自六经,而文词则《文选》烂熟也。惟公兼体,是以独擅。"[1] 可以说,对于韩愈、柳宗元这样的后辈而言,陆贽代表了儒家精神指引下最完美的知识分子形象。

对于这种敬佩之情,韩愈、柳宗元毫不掩饰。如韩愈在其主撰的《顺宗实录》卷四中,他用1 625字的篇幅回顾、评价了陆贽的一生,是该书所有人物传记中篇幅最长的。在文中,韩愈高度肯定了陆贽的平乱之功——"议者咸以为德宗克平寇难,旋复天位,不惟神武成功,爪牙宣力,盖以文德广被,腹心有助焉";钦佩陆贽之刚直敢言——"裴延龄判度支,天下皆嫉怨,而独幸于天子,朝廷无敢言其短者。贽独身当之,日陈其不可用";伤感叹惋于陆贽之不遇明主——"贽之为相,常以少年入翰林,得幸于天子,长养成就之,不敢自爱,事之不可者皆争之。德宗在位久,益自揽持机柄,亲治细事,失君人大体,宰相益不得行其事职,而议者乃云由贽而然"。在对陆贽人生命运的感叹之中,也包含着韩愈、柳宗元对自身命运的伤感、彷徨与无奈。

(3)在于韩愈、柳宗元与陆贽在思想上的相通。在政治方面,面对中唐社会危机,他们都确立了拯时济世的理想,不约而同地选择了以儒学道统为救世的武器。他们都有着朴素的民本思想,其政治行事的立足点在于社稷民生,扶危济困,如陆贽曾说,"立国之本,在乎得众",认为"建官立国,所以养人也;赋人取财,所以资国也。故立国而不先养人,国固不立矣"。韩愈也从民本思想出发,提出了利国便民的变盐法,体现了他以国为体,以民为本,反对官吏扰民,利国利民的政治主张。柳宗元更创造性地提出了"吏为民役"的观点,认为官员的职责是为民服役而非役使民众。又进一步说,"凡民之食于土者,出其十一佣乎吏,使司平于我也",认为既然民拿出其出产的十分之一,用来雇佣官吏为自己服务,官员就应当为民服务,"蚤作而夜思,勤力而劳心,讼者平,赋者均,老弱无怀诈暴憎"[2],勤勤恳恳,尽心尽职,处理好诉讼、服役等问题,做不到的官员以及反过来侵害人民利益的官员都应受到惩罚。在封建社会,这样的思想是相当大胆甚至离经叛道的。为了心中的理想与信念,他们都刚直敢言、不避艰难,有切合实际的改革主张与措施,更有大无畏的精神与勇气,体现出了卓越政治家应有的品质。陆贽"以受人主殊遇,不敢爱身,事有不可,极言无隐"[3]。亲朋好友规劝他注意点,陆贽的回答是:"吾上不负天子,下不负吾所学,

[1] 孙梅:《四六丛话》(卷三十二),转引自王水照主编:《历代文话》,复旦大学出版社2007年版,第4928页。

[2] 柳宗元:《柳宗元集·送薛存义之任序》,吴文治点校,中华书局1979年版,第616页。

[3] 刘昫:《旧唐书·陆贽传》(卷一三九),中华书局1975年版,第3817页。

不恤其他。"[1] 韩愈为人木强，勇于任事，《旧唐书》本传评其"发言真率，无所畏避，操行坚正，拙于世务"[2]。柳宗元更是亲自参加了王叔文、王伾的永贞革新，在政治舞台上同宦官、豪族、旧官僚进行了尖锐的斗争，即使因此屡受贬谪、饱经磨难，也毫不动摇，并不改变心中的政治理想，其革新精神与斗争精神难能可贵。

思想、政事上的认同与接受，也带来了文学思想的传承。在文学方面，出于经世致用的政治思想，陆贽、韩愈、柳宗元都视文学为改变现实的工具，主张文以明道；为更好地发挥文学拯时济世的功能，他们在骈体公文和散文等领域进行了大胆而富有实效的革新，对唐代文学乃至中国古代文学都产生了深远的影响。而陆贽在文学上的巨大成就，对韩愈、柳宗元文体文风改革提供了成功的实践资源，对韩柳文体文风改革有重要的启发意义。可以说，韩愈、柳宗元之所以能够掀起古文运动，形成新的古文品格，陆贽其人其文功不可没。

二、对韩愈、柳宗元骈体公牍文的影响

韩愈、柳宗元虽然是"古文运动"的倡导者，但他们对骈体文也没有一概抹杀。韩愈的作品中，存在着大量的骈体成分。一方面，"《韩愈全集校注》收韩文318篇（含4篇诗序），其中，骈文成分较浓的有68篇，占21%"[3]，这68篇中就包括22篇表状、1篇代皇帝起草的公文、2篇祭文和1篇书信，可见几乎所有的应用文，韩愈都是遵循传统，用骈体写作的。另一方面，韩愈"骈文成分较淡的古文凡203篇，其中叙事性较强的有106篇；骈文成分较浓的文章凡77篇，其中议论性较强的有58篇。前者占52%，后者占75%"[4]。可见，即使是散文，为抒情议论的需要，韩愈也加入了不少骈文成分。而柳宗元本人就是中唐著名的骈文家，早年在京师即以骈文蜚声文坛，登门求教者众多，即使是遭贬谪后，岭南一带应进士考试的士人也都以他为师，还有士人不远千里追随而来学习骈文写作技巧，可见他的骈文功底之深和影响之大。

因为对陆贽才学品行的倾慕，韩愈、柳宗元在写作骈体公牍文时深受其影响。"是愈之先早有以古文名家者。今《独孤及文集》尚行于世，已变骈体为散文，其胜处有先秦、西汉之遗风，但未自开生面耳。又如《陆宣公奏议》，虽亦不脱骈偶之习，

---

[1] 陆贽：《陆贽集》，王素点校，中华书局2006年版，第816页。

[2] 刘昫：《旧唐书·韩愈传》（卷一六〇），中华书局1975版，第4195页。

[3] 付琼：《韩愈"古文"中的"骈文成分"》，载《周口师范学院学报》2006年第3期。

[4] 付琼：《韩愈"古文"中的"骈文成分"》，载《周口师范学院学报》2006年第3期。

而指切事情，纤微毕到，其气又浑灏流转，行乎其所不得不行，此岂可以骈偶少之。此皆在愈之前，固已有早开风气者矣。"[1]清代史学家赵翼的这番话，明确阐发了韩愈与陆贽文章的前后影响。而柳宗元在顺宗朝，曾专百官章奏，恰与陆贽擅长的文体一致，从柳宗元对其奏议"历览古今之变，而通其得失"，"发群谋于章奏之笔"，为天子"论烈熟计，而导扬威命"[2]的自述中，我们也能明显看到他的骈体公牍文与陆贽骈体公牍文的相连相通之处。

出于政事的需要，韩愈、柳宗元写作了大量的骈体公牍文，在陆贽对骈体公牍文改造的基础上，他们对骈体公牍文的主要贡献是：一是追随陆贽骈体公牍文写作思路，明确地提出了文章要"文以明道"、"辅时及物"；二是延续陆贽对骈文的变革方式与思路，进一步"破骈为散"；三是进一步增强了骈体公牍文的"气势美"。

（1）明确提出文章要"文以明道"、"辅时及物"。韩愈、柳宗元都是关心国家前途、百姓命运、社会进步的政治家，他们的为文之道也很一致，都强调文学的社会功能和社会作用，将文学看成是"益世"、"利民"的武器。韩愈在《谏臣论》中说："君子居其位，则思死其官；未得位，则思修其辞以明其道。"[3]柳宗元在《答吴武陵论非国语书》中，明说自己的写作"不以是取名誉，意欲施之事实，以辅时及物为道"[4]。可见他们的写作都是为了对时代和客观现实有所帮助，使文章成为参与现实政治的强有力的舆论工具。

他们的奏议指陈国策，切中时弊。安史之乱后，藩镇割据，回纥、吐蕃侵扰，宦官擅权，唐王朝的经济受到严重破坏，人民饱受兵灾和天灾之苦，处于水深火热之中。韩愈在《御史台上论天旱人饥状》一文中这样描写当时百姓的苦难："上恩虽弘，下困犹甚，至闻有弃子逐妻以求口实，坏屋伐树以纳税钱，寒馁道涂，毙踣沟壑。"[5]笔触大胆直露，无所畏避。

他们的奏议多为"经济之文"，论事切实得当。如韩愈的《论淮西事宜状》一文，在分析了淮西三州目前面临的残弊困剧之局面后，他指出，淮西三州从军力方面已

———————

[1] 赵翼：《廿二史劄记校证》（卷二）"唐古文不始于韩柳"条，王树民校证，中华书局1984年版，第442页。

[2] 柳宗元：《柳宗元集·送邠宁独孤书记赴辟命序》，吴文治点校，中华书局1979年版，第591页。

[3] 《韩愈文集汇校笺注》，韩愈著，刘真伦、岳珍校注，中华书局2010年版，第469页。

[4] 柳宗元：《柳宗元集》，吴文治点校，中华书局1979年版，第824页。

[5] 《韩愈文集汇校笺注》，韩愈著，刘真伦、岳珍校注，中华书局2010年版，第2810页。

无法与朝廷抗衡，但能否拿下，关键在于唐宪宗有没有战斗到底的信心与决心："况以三小州残弊困剧之馀，而当天下之全力，其破败可立而待也。然所未可知者，在陛下断与不断耳。"[1] 为了鼓励唐宪宗一鼓作气，打败叛将李元济，收复淮西三州，接下来，韩愈从敌我双方士兵心理、后方保障、百姓倾向等方面一一深入分析，更强调了拿下淮西三州对平定其他叛藩的意义与影响，以及朝廷为防止叛藩之间相互勾结可采取的怀柔政策，思路清晰，考虑全面，措施切实可行，对现实极具指导意义。对此，明代茅坤赞道："始予慕昌黎为文词，或特疑其司马迁、刘向以下一文士而已。及读所论淮西事宜，并凿凿中名实，可当施行，其经略措置，与宋之韩、范、富、欧亦略相当。"[2]

为更好地叙事说理，他们的奏议一改骈文繁辞俪语、精工整齐之局促，而代之以平易朴实的文风。仍以韩愈《论淮西事宜状》为例，其开篇一段如下：

> 右，臣伏以淮西三州之地，自少阳疾病，去年春夏以来，图为今日之事。有职位者，劳于计虑抚循；奉所役者，修其器械防守。金帛粮畜，耗于赏给。执兵之卒，四向侵掠，农夫织妇，携持幼弱，饷于其后。虽时侵掠，小有所得；力尽筋疲，不偿其费。又闻畜马甚多，自半年已来，皆上槽枥。譬如有人，虽有十夫之力，自朝及夕，常自大呼跳跃，初虽可畏，其势不久，必自委顿。乘其力衰，三尺童子可使制其死命。况以三小州残弊困剧之馀，而当天下之全力，其破败可立而待也。然所未可知者，在陛下断与不断耳。[3]

此段文字平仄如下：

> 仄，平仄仄平平平平平仄，仄仄平仄仄，仄平平仄仄平，平仄平仄平仄。仄仄仄仄，平平仄仄仄平；仄仄仄仄，平平仄仄平仄。平平仄仄，仄平仄仄。仄平平平，仄仄平仄，平平平仄仄，仄平平仄。平平平仄，仄仄仄仄；仄仄平平，平平平仄。仄平仄仄平，仄仄平仄平，平平平仄。仄平仄平，平仄仄平平，仄平仄仄，平平平仄仄，平平平仄，平仄中仄，仄仄仄仄。平平仄平，平仄平仄仄仄平仄仄。仄仄平仄平平仄仄仄平平，

---

[1]　《韩愈文集汇校笺注》，韩愈著，刘真伦、岳珍校注，中华书局 2010 年版，第 3011 页。

[2]　吴文治：《韩愈资料汇编》，中华书局 1983 年版，第 967 页。

[3]　韩愈：《论淮西事宜状》，载《韩愈文集汇校笺注》，韩愈著，刘真伦、岳珍校注，中华书局 2010 年版，第 3011 页。

平平平仄平平仄，平仄仄仄仄平仄仄。平仄仄仄平仄，仄仄仄仄仄中仄仄。

在语音方面，此段文字全然不遵守骈文讲究平仄对仗的规矩；从语句来看，不讲究骈偶，整段话中很少有四字句、六字句相对，反而有不少五字、七字乃至十一字句等单行散句穿插其中；在用词方面，没有用典，也没有华丽的辞藻，而代之以形象的比喻、简明质朴的语言。如要形容李元济已经是"力尽筋疲"时，打了个比方："譬如有人，虽有十夫之力，自朝及夕，常自大呼跳跃，初虽可畏，其势不久，必自委顿。"通俗易懂，形象生动。对此，林云铭《韩文起》中分析道："其文以明切为主，如说家常话。经济奏疏，原不待向字句上争奇耳。"[1] 甚是贴切。

（2）延续陆贽对骈文的变革方式与思路，进一步"破骈为散"。骈文在声律、辞藻、对偶、用典等方面的严格规定，极大地限制了骈文议论说理的功能，韩愈、柳宗元志在天下，渴望以一己之笔革天下之弊，对内容的高度重视使他们突破了骈文在形式上的约束，延续陆贽对骈体公牍文的变革方式与思路，进一步"破骈为散"。

这种破骈为散分为两种形式，一是以骈体为主，穿插散句。如柳宗元的《进农书状》：

> 右，伏奉某月日敕，宜以二月一日为中和节，所司进《农书》，永以为恒式者。
>
> 臣伏以平秩东作，《虞书》立制；俶载南亩，周《雅》垂文。此皆奉天时以授人，尽地力而丰食。自陛下惟新令节，益励农功，既立典于可传，每陈书而作则。耕凿之利，数帝力于嘉谟；稼穑之难，动天心于睿览。勤劳率下，超迈古先。凡在率土，不胜幸甚。前件《农书》，谨函封进。谨奏。[2]

全文除了第一段的状由和文末的"谨奏"，其他多是工整的骈句。即使是"凡在率土，不胜幸甚。前件《农书》，谨函封进"，结构上也大致相对。

二是纯以散文句法行文，骈句倒是成为文中偶尔的点缀了。如柳宗元的《为裴中丞奏邕管黄家贼事宜状》：

> 右，今月四日，邕管奏事官严训过，称押衙谭叔向等与黄家贼五千馀人，谋为翻动，虽已诛斩，犹未清宁。当时差本道同十将某至邕管界首宾州以来，

---

[1] 吴文治：《韩愈资料汇编》，中华书局1983年版，第970页。

[2] 柳宗元：《柳宗元集》，吴文治点校，中华书局1979年版，第1020—1021页。

迎探事宜，兼为声援。昨得十四日状，并严训状报同，其黄家贼并已退散，名归洞穴讫。

伏以鼠窃狗偷，非足为患。陛下威灵运被，神化旁行。遂使奸猾之谋，先期而自露；回邪之党，不戮而尽夷。伏恐飞章已达，吉语未闻，尚轸天心，犹烦庙算。臣谬居方镇，忝接疆界，所得事宜，不敢不奏。[1]

第一段为状由，以叙事为主，全为散句。第二段为正文，但五句话中除了第二、第三句外，其他三句全为散句，可见其"破骈为散"之彻底。

又如韩愈之《黄家贼事宜状》，因原文太长，只摘引第一段中部分：

右，臣伏以臣去年贬岭外刺史，其州虽与黄家贼不相邻接，然见往来过客，并谙知岭外事人，所说至精至熟。其贼并是夷獠，亦无城郭可居。依山傍险，自称洞主。衣服言语，都不似人。寻常亦各营生，急则屯聚相保。比缘邕管经略使多不得人，德既不能绥怀，威又不能临制，侵欺虏缚，以致怨恨。蛮夷之性，易动难安，遂致攻劫州县，侵暴平人，或复私仇，或贪小利，或聚或散，终亦不能为事。[2]

以上引文几乎全用散句，从容不迫，娓娓道来，文中出现的"或复私仇，或贪小利，或聚或散"等排比句式更加重了文章的散体气息，实际上，这样的公文已经很难称为骈体公牍文了。

（3）进一步增强了骈体公牍文的"气势美"。古人云：文如其人。韩愈、柳宗元为人为官正直刚强、大公大义，他们的骈体公牍文也"议论博大，而气亦昌"[3]，字里行间具有一股充沛的浩然之气。如韩愈的《论今年权停举选状》：

右，臣伏见今月十日敕，今年诸色举选宜权停者。道路相传，皆云以岁之旱，陛下怜悯京师之人，虑其乏食，故权停举选，以绝其来者，所以省费而足食也。

臣伏思之，窃以为十口之家，益之以一二人，于食未有所费。今京师之人，不啻百万；都计举者不过五七千人，并其僮仆畜马，不当京师百分

---

[1]　柳宗元：《柳宗元集》，吴文治点校，中华书局1979年版，第1015—1016页。

[2]　《韩愈文集汇校笺注》，韩愈著，刘真伦、岳珍校注，中华书局2010年版，第2998—2999页。

[3]　吴文治：《韩愈资料汇编》，中华书局1983年版，第797页。

之一。以十口之家计之，诚未为有所损益。又今年虽旱，去岁大丰，商贾之家，必有储蓄。举选者皆赍持资用，以有易无，未见其弊。今若暂停举选，或恐所害实深：一则远近惊惶。一则人士失业。臣闻古之求雨之词曰："人失职欤？"然则人之失职，足以致旱。今缘旱而停举选，是使人失职而召灾也。臣又闻君者阳也，臣者阴也，独阳为旱，独阴为水。今者陛下圣明在上，虽尧舜无以加之。而群臣之贤，不及于古，又不能尽心于国，与陛下同心，助陛下为理。有君无臣，是以久旱。以臣之愚，以为宜求纯信之士，骨鲠之臣，忧国如家、忘身奉上者，超其爵位，置在左右。如殷高宗之用傅说，周文王之举太公，齐桓公之拔宁戚，汉武帝之取公孙宏。

清闲之馀，时赐召问，必能辅宣王化，销珍旱灾。臣虽非朝官，月受俸钱，岁受禄粟，苟有所知，不敢不言。谨诣光顺门奉状以闻。伏听圣旨。[1]

在这篇文章中，韩愈不赞同朝廷"权停举选"，他分析了"道路相传"的暂停举选原因的荒谬之处，指出了暂停举选的危害，更表明了自己为君为国当竭忠进言的决心，其分析合情合理，其理由充足恰当，其情感充沛恣肆，读来别有一种浩荡气势之美，而文中如"纯信之士，骨鲠之臣，忧国如家、忘身奉上者"，以及"如殷高宗之用傅说，周文王之举太公，齐桓公之拔宁戚，汉武帝之取公孙宏"等语句，连用排比，不仅加强了文章的气势，更使韩愈的个人情感充溢纸上，读来感人至深。恰如林云铭所说："当时庙堂之上，议国是者，皆以此为救荒奇策，则其立朝伎俩可知，即报国肝肠亦可见矣。"[2]

三、对韩愈、柳宗元古文的影响

陆贽骈体公牍文的主要艺术成就是虽以骈体为根本，但采用散句双行、运单成复的手法，开拓了骈文说理叙事的功能。他的求新意识与成就对韩愈、柳宗元倡导的中唐文体文风改革有重要的启发意义，并为韩柳文体文风改革的成功提供了丰富的实践资源。在以古文为根本的前提下，韩愈、柳宗元适当地吸收了骈文在修饰渲染等方面的长处，使中唐的散文创作上了一个新的台阶。总的说来，陆贽骈体公牍文对韩愈、柳宗元古文的影响在于：一开拓了韩柳的视野，提升了韩柳的眼界，使韩柳能消除门户之见，提出正确合理的主张，在理论上奠定了散文创作的基础；二

---

[1] 《韩愈文集汇校笺注》，韩愈著，刘真伦、岳珍校注，中华书局2010年版，第2806—2807页。

[2] 吴文治：《韩愈资料汇编》，中华书局1983年版，第968—969页。

在实践上，融散入骈，开创了一种摆脱陈言俗套、随着语言自然音节、自由抒写的文风，恢复了散文的历史地位，使古文在写景言情方面更富审美意蕴；三以革新精神，将散文的实用范围推广到墓志铭、送序、游记、寓言小品等文体的写作中，推出了一批佳作。

1. 启发韩柳提出正确合理的主张，在理论上奠定了散文创作的良好基础

前文已经讲过，从隋至初盛唐，出于维护与加强统治的需要，历代皇帝与朝臣中的有识之士均大力反对南北朝时期延续下来的绮艳浮靡文风。但一方面，由于创作惯性使然，由隋至初唐，文坛上还是以华艳的文风为主；另一方面，什么样的文风才是体现时代发展趋势的文风？怎样创作，才能使文学作品既能传达儒家经世致用之理念，又能兼顾平衡文学的审美功能？韩柳之前，文人们屡有探讨，却没有定论，虽有创作，但少见佳作。直到韩柳登上文坛，并在陆贽的启发下提出正确合理的主张，转机才得以出现。

陆贽器识宏达，政治家宽宏的襟怀和卓越的识见使他身为骈文大家，却没有门户之见，不仅不排斥古文和古文家，对梁肃一类的古文家，他还倾心推服，并与之精诚合作，共同选出了对中晚唐影响深远的"龙虎榜"，其创作也体现出骈散相融、互促互进的特点。陆贽博采众家之长、兼容并蓄的气魄对韩愈、柳宗元影响至深，在他的言行的启发下，韩愈、柳宗元在古文运动中大力倡导复古而能变古，反对因袭而志在创新，为他们倡导的古文创作奠定了良好的理论基础。

在继承李华、萧颖士、独孤及、梁肃、柳冕等前人理论主张的基础上，韩愈、柳宗元提出了更明确、更具有现实针对性的古文理论，即"文以明道"。韩愈一再表白："愈之为古文，岂独取其句读不类于今者邪？思古人而不得见，学古道则欲兼通其辞。通其辞者，本志乎古道者也。""然愈之所志于古者，不惟其辞之好，好其道焉耳。"[1] 柳宗元也说："圣人之言，期以明道，学者务求诸道而遗其辞……道假辞而明，辞假书而传，要之，之道而已耳。道之及，及乎物而已耳。"[2] 既要以文明道，自然要反对不切实际的文体文风，反对浮靡空洞的文体文风，而赋予文章强烈的政治色彩、鲜明的现实品格以及激昂的情感力量，这样的创作理论切合了时代与现实的需要、思想与政治的需要，也得到了众多文人士子的响应。在韩愈身边，

---

[1]　《答李图南秀才书》，《韩愈文集汇校笺注》，韩愈著，刘真伦、岳珍校注，中华书局2010年版，第296、725页。

[2]　柳宗元：《柳宗元集》·《报崔黯秀才论为文书》，吴文治点校，中华书局1979年版，第886页。

聚集了张籍、李翱、李汉、皇甫湜、樊宗师、侯喜等一批古文作者，声势颇为强盛。而柳宗元即使身在南方贬所，也有"江岭间为进士者，不远数千里皆随宗元师法，凡经其门，必为名士。著述之盛，名动于时"[1]。

2. 在实践上，融骈入散，使古文在写景言情方面更富审美意蕴

与前辈古文家们相比，韩愈、柳宗元思想上比较包容辩证，既重道，也不忽视"文"的作用。为此，他们转益多师，博采众长，将学习、模仿的对象从儒家的经典典籍拓展到了经书以外的各种文化典籍，即使是骈文，也注意吸收其中的有益成分，充实到古文的创作之中。他们的古文，也因此别具有一番情志涤荡摇曳之美。如柳宗元之《天爵论》：

> 柳子曰：仁义忠信，先儒名以为天爵，未之尽也。夫天之贵斯人也，则付刚健，纯粹于其躬，倬为至灵，大者圣神，其次贤能，所谓贵也。刚健之气，钟于人也为志，得之者，运行而可大，悠久而不息，拳拳于得善，孜孜于嗜学，则志者其一端耳。纯粹之气，注于人也为明，得之者，爽达而先觉，鉴照而无隐，眈眈于独见，渊渊于默识，则明者又其一端耳。明离为天之用，恒久为天之道，举斯二者，人伦之要尽是焉。故善言天爵者，不必在道德忠信，明与志而已矣。
>
> 道德之于人，犹阴阳之于天也；仁义忠信，犹春秋冬夏也。举明离之用，运恒久之道，所以成四时而行阴阳也。宣无隐之明，著不息之志，所以备四美而富道德也。故人有好学不倦而迷其道挠其志者，明之不至耳；有照物无遗而荡其性脱其守者，志之不至耳……[2]

这是一篇散体写就的议论文，但在文章中不难发现，"拳拳于得善，孜孜于嗜学"，"眈眈于独见，渊渊于默识"以及"举明离之用，运恒久之道，所以成四时而行阴阳也。宣无隐之明，著不息之志，所以备四美而富道德也"等语句具有鲜明的骈句色彩，其文章也因为这些骈偶句而读来朗朗上口，增加了一些回环往复、错落灵动的音乐美感。

韩愈的《师说》亦是如此：

> 古之学者必有师。师者，所以传道授业解惑也。人非生而知之者，孰

---

[1] 刘昫：《旧唐书·柳宗元传》（卷一六〇），中华书局1975年版，第4214页。

[2] 柳宗元：《柳宗元集》，吴文治点校，中华书局1979年版，第79—80页。

能无惑？惑而不从师，其为惑也终不解矣。生乎吾前，其闻道也，固先乎吾，吾从而师之；生乎吾后，其闻道也，亦先乎吾，吾从而师之。吾师道也，夫庸知其年之先后生于吾乎？是故无贵无贱，无长无少，道之所存，师之所存也。

嗟乎！师道之不传也久矣！欲人之无惑也难矣！古之圣人，其出人也远矣，犹且从师而问焉。今之众人，其下圣人也亦远矣，而耻学于师。是故圣益圣，愚益愚；圣人之所以为圣，愚人之所以为愚，其皆出于此乎？爱其子，择师而教之，于其身也，则耻师焉，惑矣！彼童子之师，授之书而习其句读者，非吾所谓传其道解其惑者也。句读之不知，惑之不解，或师焉，或不焉，小学而大遗，吾未见其明也。巫医乐师百工之人，不耻相师；士大夫之族，曰师曰弟子云者，则群聚而笑之。问之，则曰："彼与彼年相若也，道相似也，位卑则足羞，官盛则近谀。"呜呼！师道之不复，可知矣。巫医乐师百工之人，君子不齿，今其智乃反不能及，其可怪也欤？[1]

文中句子有骈有散，骈散相间，骈句如"生乎吾前，……吾从而师之；生乎吾后，……吾从而师之"和"圣益圣，愚益愚；圣人之所以为圣，愚人之所以为愚"，"位卑则足羞，官盛则近谀"等，不拘于骈文的四六，也不拘于意义上的对偶和句式、词性的刻板要求，只求意思上的对举和文气的自然流露，读来明快流畅，节奏自然。文中骈句、散句跟随内容需要与情感流走自然变化言之长短与声之高下，所以，其文情激理切、气势浩瀚，具有了特别能感染人的气势美。

韩愈、柳宗元的创作，开创了一种摆脱陈言俗套、随着语言自然音节、自由抒写的文风，恢复了散文的历史地位，成为新体古文典范性的语言。不可否认，这种文风的形成与韩愈、柳宗元善于融骈入散不无关系。

3. 革新了墓志铭、送序、游记、寓言小品等文体的写作

陆贽思想上崇儒，出于经世致用、救民济世的政治目的，他在骈体公牍文创作中求新求变，从根本上改变了骈体公牍文的创作方式与思路。在思想上，韩愈、柳宗元崇拜钦慕陆贽；在文学创作中，他们也追踵陆贽，以求新求变的思想与精神，革新了墓志铭、送序、游记、寓言小品等文体的写作，推出了一批佳作。

对一些旧有的文体，韩愈、柳宗元进行了大胆成功的革新改造。比如韩愈对序

---

[1]　《韩愈文集汇校笺注》，韩愈著，刘真伦、岳珍校注，中华书局2010年版，第139—140页。

文（即赠序）的改革。赠序文兴起于南北朝，从内容来看，一般用在临别时，以勉励、祝福的话，表达惜别之情。从结构来看，一般由送别集会、被送者的目的地、归去之举和作者的惜别之情四部分组成，从风格来看，一般较为呆板晦涩、平淡无奇。韩愈别出心裁，以此种文体表现对现实社会的各种感慨，如《送李愿归盘谷序》本是送一隐士归山，但韩愈由此申发开去，立足于整个社会，以仕者与隐者的鲜明对比，揭露官场的腐败黑暗，文章也因此具有了广泛深刻的社会意义。又如《张中丞传后叙》写张巡等人抵抗安史军队、坚守睢阳的事迹，绘声绘色，其鲜明的人物形象、生动的叙述描绘，将动乱之际忠臣与叛将的形象都栩栩如生地刻画出来，两相对比，高下自现，优劣自明，生动而深刻地表达了作品的思想意义。经韩愈的改造，赠序这个以往的应酬之作，已然成了一种熔记事、抒情、议论于一炉的新散文形式。其他如韩愈之于传记、抒情散文，柳宗元之于传记文、骚赋等均是如此。

韩愈、柳宗元也以自己的创作实践，成功地发展了一些新的文学体裁。如柳宗元之于山水游记、寓言小品。对前者，柳宗元以主观之情融客观之景，在景物中托意遥远，抒写胸中种种不平，使得山水也带有了人的性格，游记由此发展成为一种独立的文体，柳宗元也因而被称为"游记之祖"。对后者，柳宗元以强烈的、愤世嫉俗的批判精神和冷峭犀利的笔锋，赋予简短的寓言故事丰富的内容与深远的寓意，寓言也由此从先秦诸子散文中的片段描写，发展成为一种独立的文学样式，标志着我国寓言文学的完全成熟。

韩愈、柳宗元的古文创作开创了一代文风，对之后的唐代散文和后世散文的繁荣与发展都产生了极为深远的积极影响。

第二节　陆贽与元稹、白居易骈体公牍文

元稹、白居易是中唐公文大家，前者的制诰、后者的奏疏在中唐元和年间都曾产生过广泛深远的影响。如《旧唐书·元稹传》即言："变诏书体，务纯厚明切，盛传一时。"[1]继陆贽之后，元稹、白居易领导的"公文改革运动"对骈体公牍文的改造成绩主要是让其更为"通俗化"，具体表现为：一内容更加明切具体，实事求是，务求公文有补于时事；二语言浅易通俗，明白晓畅；三文风平实自然，颇有古意。

---

[1]　刘昫：《旧唐书·元稹传》（卷一六六），中华书局 1975 年版，第 4333 页。

一、元稹、白居易对陆贽的推崇

元稹、白居易分别小陆贽二十五岁、十八岁，对这位前辈，两人也是饱含推崇之情。贞元十一年（795）陆贽因参奏裴延龄被贬时，元稹只有十七岁，但也写了一篇文章《论裴延龄表》，表达对陆贽的声援。文中这样写道：

> 陆贽等得罪之由，起于谗构。此皆延龄每自昌言，以弄威宠。及奉宣示，奸诈乃明。陆贽久在禁垣，复典枢要，今之谴责，固出圣衷。窃以李充励志克人，勤身奉职，惠爱之化，洽于细微。顷以公事之间，与延龄相敌，未贬之月，延龄亦以语人。谗构之端，群情是惑。臣闻大臣之体，出于谗辞，安可持密勿之言，为忿怒之柄。朝廷侧目，远迩摇心，百官素不能亲附延龄者，屏气私门，不知自保。陛下圣德下照，物无所遗，岂独厚于一夫，而乃薄于天下。伏惟发诚谨中官，备问闾里。有言延龄无罪，李充有过。臣实微眇，敢逃天诛。李充覆族亡家，于臣何害？事关大本，不敢自私。延龄奸计万殊，方司邦赋，必能公用财贿，阴结匪人，则他时之过，彰闻路绝。伏以贞观遗训，日经宸心，去其邪谋，以慰天下，幸甚幸甚。臣不胜恳迫之至。[1]

从文中可见，元稹对于陆贽因奸臣被贬愤恨不已，对陆贽的才华也是高度认可。

现存的典籍中很少见到白居易对陆贽的直接评语，但在《寄唐生》这首诗中，我们辗转可见白居易对陆贽的同情：

> 贾谊哭时事，阮籍哭路歧。唐生今亦哭，异代同其悲。唐生者何人？五十寒且饥。不悲口无食，不悲身无衣；所悲忠与义，悲甚则哭之。太尉击贼日，尚书叱盗时。大夫死凶寇，谏议讽蛮夷。每见如此事，声发涕辄随。往往闻其风，俗士犹或非。怜君头半白，其志竟不衰。我亦君之徒，郁郁何所为？不能发声哭，转作乐府诗……[2]

唐生即唐衢，是白居易《新乐府》诗里最早的知音者之一。引文部分即是叙述唐衢关心国事，心怀忠义，为人正直，对当时社会上一些丑恶的现象郁愤不满，经常为之痛哭不已。其中，在"谏议讽蛮夷"句下，白居易自注说，"阳谏议左迁道州"，而阳谏议即是指阳城，当陆贽为奸臣裴延龄所谗时，时为谏议大夫的阳城率

---

[1]　元稹：《元稹集》，冀勤点校，中华书局 1982 年版，第 648—649 页。

[2]　白居易：《白居易集·寄唐生》，顾学颉校点，中华书局 1979 年版，第 15 页。

拾遗王仲舒等力辩陆贽无罪、延龄奸佞，又极力反对让裴延龄为宰相，因而得罪德宗，被贬为道州刺史。陆贽、阳城都因为奸佞小人裴延龄被贬，所以，白居易在诗句中为阳城鸣不平，也等于是为陆贽鸣了不平。

此外，比较陆贽与白居易留下的奏疏，我们可以发现两人在治理唐弊方面的许多观点和建议都是一致的，比如对于货币起源的认识，两人都从便利商品交换的技术角度及维护政权统治的实际需要出发，认同《管子》的"先王制币说"（亦称"货币国定说"），认为货币乃是帝王贤哲人为设计制造出来的。又如，对于两税法，陆贽、白居易都曾上文，列举两税法量出制入、巧取豪夺等种种弊端，主张恢复租庸调制等。政治观点的一致必然会带来白居易对前辈陆贽其人其文的关注，从而有意无意地接受、学习、模仿陆贽的作文技巧与风格。对此，钱基博已经指出："白居易之文，不废排比，而出以坦迤，陆贽之支流乎？"[1] 可见白居易的文章风格形成与陆贽有着密切的关系。

二、元稹、白居易对骈体公牍文的改造

前文分析了韩愈、柳宗元等对骈文、散文的革新与改造，在中唐文坛的革新之路上，他们并非踽踽独行者，"当时致力古文。而思有所变革者，并不限于昌黎一派。元白二公，亦当时主张复古之健者。不过宗尚稍同，影响亦因之有别，后来遂淹没不显耳"[2]。陈寅恪先生更明确指出，就公文的改革而言，韩愈失败了，但元稹取得了成功：

> 今《白氏长庆集·中书制诰》中有"旧体"、"新体"之分别。其所谓"新体"即微之所主张，而乐天所从之复古改良公式文字新体也……在昌黎平生著作中，《平淮西碑文》乃一篇极意写成之古文体公式文字，诚可称勇敢之改革，然此文终遭废弃……就改革当时公式文字一端言，则昌黎失败，而微之成功，可无疑也。至北宋继昌黎古文运动之欧阳永叔为翰林学士，亦不能变公式文之骈体。司马君实竟以不能为四六文，辞知内制之命。然则朝廷公式文体之变革，其难若是。微之于此，信乎卓尔不群矣。[3]

可见，就公文改革而言，元稹、白居易取得的成绩、做出的贡献不可小觑。具

[1] 钱基博：《中国文学史》，中华书局1996年版，第418页。
[2] 陈寅恪：《元白诗笺证稿·读〈莺莺传〉》，生活·读书·新知三联书店2001年版，第117页。
[3] 陈寅恪：《元白诗笺证稿·读〈莺莺传〉》，生活·读书·新知三联书店2001年版，第117页。

体说来，他们取得的成就如下。

1. 内容更加明切具体、实事求是，务求公文有补于时事

陆贽的公文建言切实，持论笃正，身为新乐府运动的发起者，元稹、白居易也一再强调公文创作应补察时政、泄导人情。在诗歌《酬翰林白学士代书一百韵》的自注中，元稹说道："旧说，制策皆以恶讦取容为美。予与乐天，指病危言，不顾成败，意在决求高等。初就业时，今裴相公戒予：'慎勿以《策苑》为美。'予深佩其言，然而怪其多大，拟取有可取，遂切求潜览，功及累月，无所获。"[1] 明言制策一类的公文不应"以恶讦取容为美"，而应"指病危言，不顾成败"。白居易也持相同观点，在《策林·议文章》中，他说：

然臣闻：大成不能无小弊，大美不能无小疵。是以凡今秉笔之徒，率尔而言者有矣，斐然成章者有矣。故歌咏、诗赋、碑碣、赞咏之制，往往有虚美者矣，有愧辞者矣。若行于时，则诬善恶而惑当代；若传于后，则混真伪而疑将来。臣伏思之，恐非先王文理化成之教也。且古之为文者，上以纫王教，系国风，下以存炯戒，通讽谕。故惩劝善恶之柄，执于文士褒贬之际焉；补察得失之端，操于诗人美刺之间焉。[2]

在白居易看来，文学的功能就在于"纫王教，系国风"和"存炯戒，通讽谕"。也就是说，从社会功能来看，文学要稽查修补政教的缺失；从道德功能来看，文学一定要褒是贬非、劝善惩恶。

从这样的创作指导思想出发，元稹、白居易对骈体公牍文进行了大胆的革新。在内容上，他们的公文针对时政，畅言无隐。如元稹的《钱货议状》：

奉进止：当今百姓之困，众情所知。欲减税则国用不充，欲依旧则人困转甚，皆由货轻钱重，征税暗加。宜令百寮各陈意见，以革其弊。

右，闰正月十七日，宰相奉宣进止如前者。臣以为当今百姓之困，其弊数十，不独在于钱货征税之谓也。既圣问言之，又以为黎庶之重困，不在于赋税之暗加，患在于剥夺之不已。钱货之轻重，不在于议论之不当，患在于法令之不行……诚能禁藩镇大臣不时之献，罢度支转运别进之名，绝赂遗之私，节侈靡之俗，峻风宪之举，深赃罪之刑，精核考课之条，慎

---

[1]　周相录：《元稹年谱新编》，上海古籍出版社2004年版，第53页。

[2]　白居易：《白居易集》，顾学颉校点，中华书局1979年版，第1369页。

选字人之长。若此,则不减税而人安,不改法而人理矣。[1]

元稹直言百姓困顿的原因正在于朝廷"剥夺之不已"、"法令之不行",并提出了解决问题的好方法,这简直就是面对面地指斥和讽刺唐穆宗统治无能了,其心系家国的政治抱负与务实为民的政治节操可见一斑。

又如白居易的《奏阌乡县禁囚状》:

> 右,伏闻前件县狱中,有囚数十人,并积年禁系,其妻儿皆乞于道路,以供狱粮。其中有身禁多年,妻已改嫁者;身死狱中,取其男收禁者。云是度支转运下,囚禁在县狱,欠负官物,无可填陪,一禁其身,虽死不放。前后两遇恩赦,今春又降德音,皆云:节文不该。至今依旧囚禁。臣伏以罪坐之刑,无重于死。故杀人者罪止于死,坐赃者身死不征。今前件囚等,欠负官钱,诚合填纳;然以贫穷孤独,唯各一身,债无纳期,禁无休日。至使夫见在而妻嫁,父已亡而子囚。自古罪人,未闻此苦。行路见者,皆为痛伤。[2]

所谓"囚犯",实际是无力交纳赋税的劳动人民,他们的惨死,正是因为封建官吏的残酷迫害。白居易在奏章中揭露的不仅是中唐刑狱制度的残酷性、黑暗性,更触及了封建社会惨无人道、灭绝人性的本质特征,其文风之大胆犀利实为罕见,其为民鸣冤请命、呼走奔号的热情让人感动。故而王夫之在谈到白居易的制策、奏状时说:"观其应制之策,与登科以后慷慨陈言,持国是,规君过,述民情,达时变,洋洋乎其为昌言也。而抑引古昔,称先王,无悖于往圣之旨,则推重于有道之士而为世所矜尚,宜矣。推此志也,以登三事,任密勿,匡主而庇民,有馀裕焉。"[3]

出于宣传政教的需要,元稹、白居易等还常常用具有一定现实意义的议论训诫的文辞来充实文章。如白居易《赠刘总太尉册文》:

> 维长庆元年,四月,某日,皇帝若曰:朕闻古有履忠仗顺,生而大有为者,又有功成身退,殁而永不朽者。非正气令德,间生挺出,则高名大节,孰能兼之哉?故天平军节度使、检校司徒、兼侍中、楚国公刘总:降自天和,立为人杰,得君于先帝,叶运于昌时。纂戎弓裘,守土燕蓟。迨此一纪,

---

[1] 元稹:《元稹集》,冀勤点校,中华书局1982年版,第395—396页。

[2] 白居易:《白居易集》,顾学颉校点,中华书局1979年版,第1246页。

[3] 王夫之:《读通鉴论》(卷二十五),中华书局1975年版,第878—879页。

北方晏然。有开必先，纳款于我。沈断大事，奋扬奇谋。捧幽都四封之图，挈卢龙三军之籍。尽献阙下，高谢人间。感动君臣，惊激忠义。顾妻子若脱屣，视富贵如浮云。惟道是从，奉身以退。仲连事成而蹈沧海，子房名遂而追赤松。贤明所归，今古一致。朕方改授兵柄，移镇郓郊。合作司徒，倚为左相。期奋乃志，将沃朕心。而天不慭遗，邦失柱石。夫臣戴君如元首，则君视臣如股肱。股肱或亏，何痛如是！兹朕所以废朝轸念，备礼加恩，庸建尔于上公：盖褒赠之崇重者也。呜呼！尔总尚知之乎？今遣使某官某，副使某官某，持节册赠尔为太尉。[1]

已经谢世的刘总，政治上曾有污点，但其"奉身以退"的节操，以及对待名利的态度，却完全符合儒家的忠义标准，所以，白居易在文中大发议论，高度赞扬与肯定了刘总，将其与鲁仲连、张良等相提并论，赞扬其成功后不贪恋权位，不追名逐利的高风亮节。联系中唐藩镇割据、列强环绕的局面，以及节镇叛主之事时有发生的严峻现实，我们更能体会到白居易此文中所昭示的隐忧心态及其渴求敬主忠臣的迫切心情。

2.语言浅易通俗，明白晓畅

元稹、白居易希望借儒家之"道"维护、巩固唐王朝的统治，重现盛唐风貌，所以非常反感初唐时期采丽竞繁、红香翠软的病态公文，"近世以科试取士文章，司言者苟务刓饰，不根事实；升之者美溢于词，而不知所以美之之谓；黜之者罪溢于纸，而不知所以罪之之来。而又拘以属对，局以圆方，类之于赋判者流。先王之约束盖扫地矣。"[2] 元稹对当下司言者"苟务刓饰，不根事实"的行为极为不满，那什么样的文章好呢？在《进田弘正碑文状》中，元稹曾说："臣若苟务文章，广征经典。非唯将吏不会，亦恐弘正未详。虽临四达之衢，难记万人之口。臣所以效马迁史体，叙事直书，约李斯碑文，勒铭称制，使弘正见铭而戒逸，将吏观叙而爱忠。不隐实功，不为溢美，文虽朴野，事颇彰明。"[3] 可见，元稹推崇的是先秦诸子以及司马迁所著《史记》那样朴拙通畅、疏荡爽朗的文风，提倡公文写作复古风。白居易说的更为明白直接，在《策林·议文章》中，他说：

---

[1]　白居易：《白居易集》，顾学颉校点，中华书局1979年版，第1063页。

[2]　元稹：《元稹集·制诰序》，冀勤点校，中华书局1982年版，第442页。

[3]　元稹：《元稹集》，冀勤点校，中华书局1982年版，第405页。

今褒贬之文无核实，则惩劝之道缺矣；美刺之诗不稽政，则补察之义废矣。虽雕章镂句，将焉用之？臣又闻：稂莠秕稗生于谷，反害谷者也；淫辞丽藻生于文，反伤文者也。故农者耘稂莠，薅秕稗，所以养谷也。王者删淫辞，削丽藻，所以养文也。伏惟陛下：诏主文之司，谕养文之旨。俾辞赋合炯戒讽谕者，虽质虽野，采而奖之；碑诔有虚美愧辞者，虽华虽丽，禁而绝之。若然，则为文者，必当尚质抑淫，著诚去伪，小疵小弊，荡然无遗矣。则何虑乎皇家之文章，不与三代同风者欤？ [1]

在白居易看来，既然文学的功能是要惩劝补察、褒贬美刺，淫辞丽藻、华靡绮艳的文风会分散读者的注意力，反而对文章自身造成伤害，为此，他专门提出了"尚质抑淫，著诚去伪"的创作原则，强调公文语言一定要删繁刈艳，以明白晓畅、古朴简洁为美。

为此，元稹、白居易的公文很少繁辞俪语，善于用最浅近、最朴素的文辞表达思想，不使读者感到艰涩难懂或眼花缭乱。如元稹《同州刺史谢上表》前几段：

臣罪重责轻，忧惶失据，虑为台府迫逐，不敢徘徊阙庭，便自朝堂匍匐进发，谨以今月九日到州上讫。臣某辜负圣朝，辱累恩奖，便合自求死所，岂宜尚忝官荣？臣稹诚恐诚惭，死罪死罪。

臣八岁丧父，家贫无业，母兄乞丐，以供资养，衣不布体，食不充肠。幼学之年，不蒙师训。因感邻里儿稚，有父兄为开学校，涕咽发愤，愿知诗书。慈母哀臣，亲为教授。年十有五，得明经出身。自是苦心为文，夙夜强学。年二十四，登乙科授校书郎。年二十八，蒙制举首选，授左拾遗。始自为学，至于升朝，无朋友为臣吹嘘，无亲党为臣援庇。莫非苦己，实不因人。 [2]

通篇文章明白如话，似乎元稹坐于对面，娓娓而谈。所要表达的谢罪之情已在第一段中明白表示，"罪重责轻，忧惶失据"，"诚恐诚惭，死罪死罪"纯似口语，"不敢"、"便"、"岂宜"等虚字的使用则让情感的转折走向更为清晰，文中对往事的回忆更使这份谢罪之情平添几分伤感，顿生同情之心。恰如白居易赞扬的："诚

[1]　白居易：《白居易集》，顾学颉校点，中华书局 1979 年版，第 1369 页。

[2]　元稹：《元稹集》，冀勤点校，中华书局 1982 年版，第 383—384 页。

知制诰，而能芟繁词，铲弊句，使吾文章言语，与三代同风。"[1]

他们的公文句式简单，很少用典，做到了"文笔清疏，而意独恳到"[2]。非常接近陆贽的文风。如白居易的《崔咸可洛阳县令制》：

> 敕：度支员外郎崔咸：汉以四科辟士，求多略不惑，强明决断者，任三辅令。故今四京令缺，亦择尚书郎有才理者补之。而咸在郎署中，推为利用；加以词学，缘饰吏能，操割洛阳，必有馀刃。然宰大邑，如烹小鲜。人扰则疲，鱼扰则馁；宽猛吐茹，其鉴于兹。可洛阳令。[3]

第一句回顾汉代以德行举士的标准，本可以用典故以骈句的形式体现，但白居易选择了以敷陈的方式解释述说。而在文末对崔咸提出施政的建议和忠告时，白居易用烹小鱼的比喻，形象化地提出了勿要扰民、宽猛适度的要求。文章因此更加文意疏朗，简洁晓畅。

3. 文风平实自然，颇有古意

陆贽公文虽语言平易，但字里行间有股雍容华贵的气度，韩愈公文文从字顺，但因其情感所至，平顺之中时见奇傲。与他们的公文相比，元稹、白居易的公文更显通俗，且含古意。

与陆贽的公文相比，他们的公文如先秦散文一样，情感更为直露，更有力度。如元稹的《同州刺史谢上表》中倒数第二段：

> 元和十四年，宪宗皇帝开释有罪，始授臣膳部员外郎。与臣同省署者，多是臣初登朝时举人；任卿相者，半是臣同谏院时遗阙。愚臣既不能低心曲就，辈流亦以望风怒臣。不料陛下天听过卑，知臣薄艺，朱书授臣制诰，延英召臣赐绯。宰相恶臣不出其门，由是百计侵毁。陛下察臣无罪，宠奖逾深，召臣面授舍人，遣充承旨学士，金章紫服，光饰陋躯，人生之荣，臣亦至矣。然臣益遭诽谤，日夜忧危，唯陛下圣鉴照临，弥加保任，竟排群议，擢备台司。臣忝有肺肝，岂并寻常宰相？况当行营退散之后，牛元翼未出之间，每闻陛下轸念之言，微臣恨不身先士卒。所以问计策遣王友明等救解深州，盖

---

[1]　白居易：《白居易集·元稹除中书舍人、翰林学士、赐紫金鱼袋制》，顾学颉校点，中华书局1979年版，第1048页。

[2]　康熙：《御选古文渊鉴》，（台湾）商务印书馆，影印文渊阁四库全书本，第28页。

[3]　白居易：《白居易集》，顾学颉校点，中华书局1979年版，第1037页。

欲上副圣情，岂是别怀他意？不料奸人疑臣杀害裴度，妄有告论，尘黩圣聪，愧羞天地。臣本待辨明亦了，便拟杀身谢责。岂料圣慈尚在，薄贬同州，虽违咫尺之颜，不远郊畿之境。伏料必是宸衷独断，乞臣此官。若遣他人商量，乍可与臣远处藩镇，岂肯遣臣俯近阙庭？臣所恨今月三日，尚蒙召对延英，此时不解泣血，仰辞天颜，便至今日窜逐。臣自离京国，目断魂销。每至五更朝谒之时，臣实制泪不得。若馀生未死，他时万一归还，不敢更望得见天颜，但得再闻京城钟鼓之音。臣虽黄土覆面，无恨九原。臣某无任自恨自惭，攀恋圣慈之至。[1]

这本是一篇写给当朝皇帝的例行公文，但元稹回顾自己的个性、遭遇，感慨万分，得到赏识的荣光、频遭小人诬陷的愤懑、无辜被贬的委屈、壮志不得伸展的惶惑——一涌上心头，流于笔下。文中连用三个反问句，将这种激越的情感显露无疑，文章也因此而情意恳切、文辞俱佳，古意迭出。

白居易《初授拾遗献书》最后一段亦是如此：

臣谨按《六典》：左右拾遗掌供奉、讽谏，凡发令举事，有不便于时，不合于道者，小则上封，大则庭诤。其选甚重，其秩甚卑。所以然者，抑有由也。大凡人之情，位高则惜其位，身贵则爱其身。惜位则偷合而不言，爱身则苟容而不谏：此必然之理也。故拾遗之置，所以卑其秩也，使位未足惜，身未足爱也。所以重其选者，使上不忍负恩，下不忍负心也。夫位未足惜，恩不忍负；然后能有阙必规，有违必谏；朝廷得失无不察，天下利病无不言，此国朝置拾遗之本意也……然今后万一事有不便于时者，陛下岂不欲闻之乎？万一政有不合于道者，陛下岂不欲革之乎？候陛下言动之际，诏令之间，小有遗阙，稍关损益；臣必密陈所见，潜献所闻，但在圣心裁断而已。臣又职在中禁，不同外司；欲竭愚衷，合先陈露。伏希天鉴，深察赤诚。无任感恩欲报，恳款屏营之至！谨言。[2]

元和三年(808)四月二十八日，白居易迁转为左拾遗，并依前充翰林学士。升职当天，他已经上状陈谢。但深感荣恩的白居易觉得此前的《谢官状》意犹未尽，故

[1] 元稹：《元稹集》，冀勤点校，中华书局1982年版，第384—385页。
[2] 白居易：《白居易集》，顾学颉校点，中华书局1979年版，第1228—1229页。

特地又写了此文，向唐宪宗明心见性、誓志表态。在这篇文章中，白居易大发议论，毫无保留，畅谈对左拾遗一职职责的界定与理解，表达自己将披肝沥胆、竭忠尽职、有阙必规、有违必谏的忠耿态度。真挚的情感已经显露无疑，而文中排比句、诘问句、对句等不同句型的交叉使用，更增添了文章内在的情感张力，让读者轻松把握住了白居易情感跳动的真实脉搏，读罢全文，一位锐气十足，将不惮风险甚至不顾性命而苦谏、直谏的忠耿刚直之士的形象跃然纸上。

元稹、白居易的公文短小精悍、言简意赅，力争用最简单的语言，表达最完备的意思。如元稹之《献事表》：

> 臣闻理乱之始，各有萌象，……容直言，广视听，躬勤庶务，委信大臣，使左右近习者不敢蔽疏远之臣庶，此理之象也。此而不理，万无一焉。大臣不亲，直言不进，抵忌讳者杀，犯左右者刑，与一二近习者决事于深宫之中，群臣莫得参预筹画，此乱之萌也……若臣积者，禀性驽钝，昧然无识。然以当陛下临御之始，首陛下策贤之科，擢授谏司，恩迈常品。若复默默与在位者处，则臣莫大之罪，亦迈于常品矣。辄敢冒昧殊死，件奏十事于后：
>
> 一曰教太子以崇邦本；二曰任诸王以固磐石；三曰出宫人以消水旱；四曰嫁诸女以遂人伦；五曰无时召宰相以讲庶政；六曰序次对百辟以广聪明；七曰复正衙奏事以示躬亲；八曰许方幅纠弹以慑奸佞；九曰禁非时贡献以绝诛求；十曰省出入畋游以防衔橛。凡此十者，设使言之而是，是而见用，非臣之福也，天下之福也。[1]

在这篇表奏中，元稹首先表明自己的观点：言路畅通是理乱之始的"萌象"。接下来，在将太宗朝谏言鼎沸的盛况与当朝谏言寥落的现状进行对比后，元稹提出了自己所认为的十件当今要务，但每一件要务，元稹都能用短至七字、长至九字的话语概括，其语言之精炼概括可见一斑。

元稹、白居易的公文亦骈亦散、骈散相间，体现出平易自然的行文风格。如白居易在《让绢状》中说：

> 臣家素贫，非不要物；但以昨者陛下遣臣宣谕田布，不同常例；田布今日之事，不同诸家。何者？未报父仇，未雪国耻；凡人有物，犹合助之；

---

[1] 元稹：《元稹集》，冀勤点校，中华书局1982年版，第370—373页。

况取其材，有所不忍。又昨除田布魏博节度制中诚云：一饭之饱，必均于士卒；一毫之费，必用于戈矛。今以五百匹绢与臣，臣若便受，则是有违制令，不副天心。臣又以凡节将之臣，发军讨叛，大费虽资于公给，小用亦藉其家财。今陛下方欲使田布誓心报仇，捐躯杀贼，伏料宣谕慰问，使者道路相望。若奉使之人，悉须得物；臣恐镇州贼徒未殄，田布财产已空。欲救将来，乞从臣始。[1]

文中偶句比比皆是，但这些偶句读来自然顺口、松散舒展，与传统骈体文中对仗精工的对偶不能同日而语，此外，全文既无使事用典，又无藻词丽句，文中"但"、"又"、"则是"等连词的使用，更起到了调整节奏、化骈为散的作用，文章自然也就坦易平实、畅达无滞了。

值得一提的是，元稹还尝试着以复古之道改革制诰等骈体公文。元稹《制诰序》云："元和十五年，余始以祠部郎中知制诰，初约束不暇，及后累月，辄以古道干丞相，丞相信然之。又明年，召入禁林……上好文，一日，从容议及此，上曰：'通事舍人不知书便其宜，宣赞之外无不可。'自是司言之臣，皆得追用古道，不从中覆……追而序之，盖所以表明天子之复古，而张后来者之趣尚耳。"[2]为响应唐穆宗的号召，元稹以"古道"来变革制诰类公文，并取得了很好的效果。如其《钱货议状》：

今陛下初临亿兆，首问群僚。诚能禁藩镇大臣不时之献，罢度支转运别进之名，绝赂遗之私，节侈靡之俗，峻风宪之举，深赃罪之刑，精核考课之条，慎选字人之长，若此，则不减税而人安，不改法而人理矣。至于古今言钱币之轻重者熟矣。或更大钱，或放私铸；或龟或贝，或皮或刀；或禁埋藏，或禁销毁；或禁器用，或禁滞积：皆可以救一时之弊也。然而或损或益者，盖法有行不行之谓也。[3]

文中四字句较多，杂有骈偶，但在整段的排比句中，又通过字数的变化、散句的穿插，形成整齐中有变化、回环中有流动的效果，元稹有的文章还有意识地模仿《尚书》等先秦典籍，如《幽州平告太庙祝文》：

维长庆元年岁次辛丑五月景申朔十四日己酉，孝曾孙嗣皇帝臣讳，敢

[1] 白居易：《白居易集》，顾学颉校点，中华书局1979年版，第1267页。

[2] 元稹：《元稹集》，冀勤点校，中华书局1982年版，第442页。

[3] 元稹：《元稹集》，冀勤点校，中华书局1982年版，第396—397页。

昭告于太祖景皇帝：天革隋暴，付唐养理。高祖太宗，奉顺天纪。玄宗平宁，六合同轨。物盛而微，墉崇则毁。网漏鲸鲵，隟开蝼蚁。幽燕狼顾，齐赵虎视。割据封壤，传序孙子。不贡不觐，自卒自始。圣父披攘，霆骇波委。擒灭斩除，如运支指。冀方独迷，再伐再已。碣石是征，承诏唯唯。逮臣寡昧，虔奉先旨。洞开诚明，涤濯痕耻。承元云奔，总亦风靡。悉率赋舆，尽献州里。不命一将，不戮一士。不费一金，不亡一矢。五纪逆命，一朝如砥。实天垂休，实圣垂祉。敢荐成功，以永千祀。尚飨，顺宗室宪宗一室。馀并同。[1]

这篇文章几乎通篇四言，语言古奥且一韵到底，简直像是一篇上古颂文了。

有的文章引用大量经典典籍中的语句，辨理明意，用典寓识。如其《迁庙议状》中：

> 曷若削汉朝不经之说，征殷周可久之文，从亲尽则迁之常规，为万代不朽之定制。不易亲亲之祀，终无惑惑之疑，诚一王之盛典也。[2]

看着只有七句话，但元稹遍引了《礼纬》《礼记·王制》《周礼·守祧注》以及汉代匡衡、贡禹等人的建议，如此，他的见解更有分量、更可信了，文章也带有了"高古"之风。

元稹的这种创作手法得到了时人的推崇，白居易《馀思未尽加为六韵重寄微之》："制从长庆辞高古"句自注中对此指出："微之长庆初知制诰，文格高古，始变俗体，继者效之也。"[3] 充分表明，元稹以其创作实践，改革制诰取得了成功。"自是司言之臣，皆得追用古道。"[4]

第三节　陆贽与李商隐骈体公牍文

在以文明道的功利主义文学思想推动下，中唐文人对骈文进行了大刀阔斧的改造，骈体公牍文也因此离传统骈文对仗精工、辞藻华丽的要求越来越远，而日益显现出与散体文的趋近与融合。但文宗大和以后，随着政治改革的失败，文人们载道救世、言志刺世的梦想也逐渐衰微，反功利主义的文学思想慢慢抬头，到了晚唐五代的都市文人，则干脆地逃向声色文艺，反对载道，提倡缘情，表现在骈文领域，

[1] 元稹：《元稹集》，冀勤点校，中华书局1982年版，第458页。

[2] 元稹：《元稹集》，冀勤点校，中华书局1982年版，第395页。

[3] 白居易：《白居易集》，顾学颉校点，中华书局1979年版，第503页。

[4] 元稹：《元稹集·制诰自序》，冀勤点校，中华书局1982年版，第442页。

则是骈文家们一改中唐文人少用典故、不重辞藻,以平易朴实、通俗浅白为美的写法,大量使事用典,极力追繁逐艳,使骈文重新回归到六朝的风调,这其中表现最突出、成就最高的便是创造四六文的李商隐。

翻阅李商隐留存下来的文稿,其文章的数量是远远多于诗歌的,"李商隐樊南甲集二十卷、乙集二十卷、玉溪生诗三卷,又赋一卷、文一卷"[1]。其中《樊南甲集》共收文433篇,皆为骈文,《樊南乙集》收入经过删汰的骈文共400篇,而李商隐文章至今共存350篇,其中状、启、表、祝文、牒、行状、书等公文275篇,都是代人捉刀。可见,李商隐的文章创作以骈文尤其是骈体公牍文为主。

李商隐创作如此多的骈文与其个人理想和时代风尚均有关系。作为一个深受儒家文化熏陶的士人,李商隐具有根深蒂固的济世思想,他积极入世,渴望建功立业,重振门庭,致身显贵,要实现这一切,首先就应努力跻身统治集团。而纵观唐朝,国家公文、诗赋取士,皆以骈文为本,在唐人心中,骈文才是文章之正宗。为此,当机缘巧合投身到晚唐骈文大师令狐楚门下做巡官后,李商隐开始在令狐楚指导下努力学习写作骈文:"商隐能为古文,不喜偶对。从事令狐楚幕,楚能章奏,遂以其道授商隐,自是始为今体章奏。博学强记,下笔不能休。"[2]李商隐习得骈文后也对其产生了很大的兴趣,在《樊南甲集序》中他回忆道:"樊南生十六能着《才论》《圣论》,以古文出诸公间。后联为郓相国、华太守所怜,居门下时,敕定奏记,始通今体。后又两为秘省房中官,恣展古集,往往咽噱于任、范、徐、庾之间。有请作文,或时得好对切事,声势物景,哀上浮壮,能感动人。"[3]因工作之便,李商隐阅读到大量的古籍,特别是前代优秀的骈体公牍文,深为折服之余,也勤写苦练,"仲弟圣仆,特善古文,居会昌中进士,为第一二,常表以今体规我,而未焉能休"[4]。

学习六朝精华,兼取众家之长,让李商隐的骈文取得了极高成就。《新唐书·文艺下》中说:"商隐初为文瑰迈奇古,及在令狐楚府,楚本工章奏,因授其学。商隐俪偶长短,繁缛过之。时温庭筠、段成式俱用是相夸,号'三十六体'。"[5]清人孙梅说:"惟樊南甲乙则今体之金绳,章奏之玉律也。循讽终篇,其声切无一字

[1] 欧阳修、宋祁:《新唐书·李商隐传》(卷二〇三),中华书局1975年版,第5792页。

[2] 刘昫:《旧唐书·文苑下》(卷一九〇),中华书局1975年版,第5078页。

[3] 李商隐:《李商隐文编年校注》,刘学锴、余恕诚校注,中华书局2002年版,第1713页。

[4] 李商隐:《李商隐文编年校注》,刘学锴、余恕诚校注,中华书局2002年版,第1713页。

[5] 欧阳修、宋祁:《新唐书·李商隐传》(卷二〇三),中华书局1975年版,第5793页。

之謷屈，其抽对无一语之偏枯，才敛而不肆，体超而不空，学者舍是何从入手？"[1]推崇备至中可见后人对商隐四六的肯定与对其艺术造诣的极高评价。

因为散佚很多，从现存的史料中，很难找到李商隐对陆贽其人其文的观点与看法，但他的骈体公文深受陆贽公文影响却是历代学者承认的事实：

> 李商隐的文章和他的诗一样，以使事精博、色泽浓丽见长……灵动的笔法，疏宕的文气，真叫读的人觉得娓娓忘倦。徐陵一派如此，陆贽一派也如此，商隐尤能融合他两家之长，一个善于叙事，一个善于说理，都被他兼收并蓄了。[2]

> 他的骈文融合徐陵、陆贽两家骈文，取前者之善叙事，取后者之善说理，笔法灵活，文气疏宕，耐人寻味。[3]

> （商隐骈文）多为书判奏启等，因系官样文字，其又善于融合六朝徐庾和中唐陆贽骈文之长，故属对精密，色彩艳丽，华赡典雅，遂为唐代骈文的集成者。[4]

> 李文上承徐庾骈文之长，又与唐贤接轨，是骈文发展史上的又一集大成的人。李商隐之骈文熔"四杰"与陆贽骈文于一炉，丽辞云簇，藻采纷呈，但叙事仍能跌宕有致，说理仍能精辟无累，抒情更感人至深。其文情动于中而形于言，既有文采又畅达无累，可谓华实相扶，文情并茂，形式与内容完美统一。[5]

在晚唐浮华靡弱的骈体文风愈演愈烈的形势下，李商隐既汲取徐陵、庾信等六朝骈文的精粹，同时又融合了陆贽等优秀唐代骈文的特点，始终坚持走自己的创作

---

[1]　刘学锴、余恕诚等：《李商隐资料汇编》，中华书局2001年版，第783页。

[2]　瞿兑之：《中国骈文概论》，载刘麟生等：《中国文学七论》，广西师范大学出版社2007年版，第163页。

[3]　于景祥：《中国骈文通史》，吉林人民出版社2002年版，第620页。

[4]　郭预衡：《中国古代文学史长编》（隋唐五代卷），北京师范学院出版社1993年版，第437页。

[5]　于景祥：《骈文的蜕变》，载《文学评论》2003年第5期。

道路，创作出文情并茂、华实相扶的文章。李商隐骈体公牍文独特的风格和魅力体现为：一在保持骈体本质特征的前提下，叙事跌宕有致，说理精辟无累；二注重感情和气势，改变骈文过分追求形式美而忽视内容充实的弊病；三使事精博，属对精密，色彩艳丽，华赡典雅，真正地实现了骈体公牍文审美与实用的完美结合。

1. 在保持骈体本质特征的前提下，叙事跌宕有致，说理精辟无累

好的骈文，对仗精工，辞藻华美，声律和谐，用典合适，但也正因为这隶事用典、偶对声律等方面的约束，妨碍了文章内容主旨的表达。李商隐的骈文"使事精博，色彩浓丽"[1]，乃至于"章离造次之华，句挟惊人之艳"[2]，更因好用典故赢得"獭祭鱼"[3]的外号，但很难得的是，他的骈体公牍文既具有极高的艺术造诣，又具有很强的实用性，主要表现在叙事和说理两个方面。

在叙事方面，李商隐的骈体公牍文概括精要，详略得当。如《代彭阳公遗表》中对五朝重臣令狐楚主要经历和仕途际遇的概括：

> 臣早缘儒学，得厕人曹。克绍家声，不亏士行。词赋贡名于宗伯，书槲应聘于诸侯。东汜西浮，南登北走。时推倚马，人或荐雄。西披承荣，得以言之无罪；曲台备位，粗明物有其容。允谓才难，便叨郎选。振衣华省，历履名曹。高步内庭，光扬密命……伏思自长庆厥后，开成之前，凡乐悉迁升，几遭退斥，若非不欺天地，不负君亲，至于几微，寻合颠陨。伏惟皇帝陛下，道超覆载，仁极照临，既委铜盐，又分端揆，逮今控压，亦在重镇。陛下之恩，微臣何益；微臣之节，陛下方知。兴言及斯，碎首殊晚。[4]

令狐楚出身名门，德宗时，以文才颇受器重，宪宗、穆宗、敬宗、文宗四朝野均为朝廷重臣，可以说，回顾一生，令狐楚可写的素材太多太多，但李商隐下笔时，重点围绕令狐楚身为朝臣克职尽忠和身为文人才质不凡两方面来写，这已经把握住了重点，而对许多纷繁复杂的历史事件，李商隐也善于概括，选择最具有代表性和典型意义的材料。如令狐楚才思俊丽，善写文章，年轻时曾在太原节度使郑儋手下担任从事。后郑儋在节度使任上暴病身亡，来不及安排后事，结果军中喧哗，将有

---

[1] 于景祥：《中国骈文通史》，吉林人民出版社 2002 年版，第 620 页。

[2] 朱鹤龄：《愚庵小集》（卷七），上海古籍出版社 1979 年版，第 312 页。

[3] 《唐才子传校笺》，傅璇琮校笺，中华书局 1990 年版，第 277 页。

[4] 《李商隐文编年校注》，李商隐著，刘学锴、余恕诚校注，中华书局 2002 年版，第 141—142 页。

急变。半夜三更，十几个骑兵手持刀剑，把令狐楚胁迫到军营大门口，让他以郑儋的口吻草拟上奏朝廷用的遗书。在一片刀光剑影中，令狐楚从容淡定，提笔蘸墨，文不加点，一挥而就，"读示三军，无不感泣，军中乃安"[1]。对这一富有传奇色彩的事件，李商隐只用了"时推倚马，人或荐雄"八个字，简括备赅，令狐楚的才华也就不言而喻，给读者以深刻印象。

值得一提的是，李商隐还常常用典故帮助自己更好地叙事。众所周知，用典是骈文的基本特征，叙事是骈文的基本任务，但要在一篇骈文里处理好两者的关系，却不是件容易的事情，因为叙事要求用语言简意赅，表达清楚明确，但典故却使文章在典雅含蓄之余，也易带来晦涩难懂的弊病。所以，典故运用得当，可以增加文采，全文皆活；反之，有可能画蛇添足，贻笑大方。李商隐用典虽多，但一定是紧紧围绕文章主旨，在叙事中穿插使用，使其文章显得既恰切又不晦涩。他善用平易通俗之典，如其《上河东公启》中叙述自己处境一段：

> 某悼伤以来，光阴未几。梧桐半死，方有述哀；灵光独存，且兼多病。
> 眷言息胤，不暇提携。或小于叔夜之男，或幼于伯喈之女。检庾信、荀娘之启，
> 常有酸辛；咏陶潜、通子之诗，每嗟漂泊。[2]

除首句外，句句用典，但所用典故古人都是耳熟能详。其中，言典均来自古代名人的名篇名作，如"梧桐半死"句分别来自枚乘《七发》中的"龙门之桐，高百尺而无枝，其根半死半生"，以及白居易《为薛台悼亡》中的"半死梧桐老病身，重泉一念一伤神"；"灵光独存"句来自东汉王延寿《鲁灵光殿赋序》中的"自西京未央，建章之殿，皆见隳坏，而灵光岿然独存"；事典则引自嵇康、蔡邕、庾信、陶渊明等人，看似信手拈来，实则脍炙人口，即使是今人阅读，也不会有理解障碍，如此用典，叙事简洁，既能以少量的文字包容更多的内容，又以对偶的手法加强了感情思维的振荡共鸣，自是收到了散体文所不能达到的效果与作用。

在叙事中，李商隐还善于结合所叙事主的生平经历，恰如其分地选择典故。如《为濮阳公陈情表》：

> 臣某言：臣闻事君以忠者，所宜效死；食君之禄者，亦戒妨贤。苟非
> 内慊私诚，外忧官谤，则安肯固辞武节，强委信圭，拒七命赐国之荣，舍
> 万里封侯之策？必知不可，安敢无言！臣某中谢。

---

[1]　刘昫：《旧唐书·令狐楚传》（卷一七二），中华书局1975年版，第4460页。
[2]　《李商隐文编年校注》，李商隐著，刘学锴、余恕诚校注，中华书局2002年版，第1902页。

臣因缘代业，遭逢圣时，窃尝有志四方，不扫一室。奉随武之家事，无愧陈辞；篆邓傅之门风，不伤清议。属者每忧不试，深耻因媒。自荐之书，朝投象魏；殊常之泽，暮降芸香。其后契阔星霜，羁离戎旅。从军王粲，徒感所知；草檄陈琳，亦常交辟。吕元膺东周保釐之日，李师道天平畔换之时。潜入其徒，盈于留邸。[1]

　　李商隐这篇文章是为其岳父王茂元写的奏表。几乎句句带典，但引用的每一句古语每一件古事都与王茂元的经历极为切近，从年少自我推荐获得任职机会，到其一生效命王室，屡出节镇，为国尽忠，到年老体衰，不贪功恋栈，主动请求隐退，叙述都十分详尽。其中如"不扫一室"的典故来自汉代名臣陈蕃，李商隐用这一典故说明王茂元年轻时即志在天下，不以己身为务。"奉随武之家事"的典故来自范武子，指"春秋时期，子木问范武子之德于赵孟，得到的答复是夫子之家事治言于晋国无隐情，祝史陈信于鬼神无愧辞"[2]。李商隐用此典故形容王茂元对国对君就如范武子一样，是一片赤诚之心。"篆邓傅之门风"则是借东汉人邓禹的典故形容王茂元家教谨严，教子有方。其他如"七命"、"象魏"、"芸香"、"白简"等都句句有来历。商隐通过一个个的典故叙述了王茂元的仕宦经历及其乞求罢官退隐的缘由，表现了其勤勉尽责、忠君爱主的品质和精神，也突出了其不贪功恋栈、主动让贤的风范，使读者更透彻深刻地了解王茂元。与只用白话平铺直叙相比，李商隐此文显得更加生动、形象，既突出了骈文的典雅之美，同时也兼备应用文的叙事功能。

　　"凡是说事理的文字，愈整齐愈有力量，愈反复愈明白，整齐反复都是骈文擅长之点。所以骈文用在说理的文字——一是论说一是书札——都最合宜。"[3]李商隐的骈体公牍文也非常善于运用典故、对偶等手段议论说理。这方面最具代表性的文章应是《为濮阳公与刘稹书》。该文作于会昌三年（843），彼时，昭义节度使刘从谏卒，其子刘稹秘不发丧，更因朝廷没答应立他为节度使的要求而反叛。河阳节度使王茂元奉命讨伐，出师之前，王茂元命商隐代拟檄文，促使刘稹归顺。在文中，李商隐以父执的口吻"丁宁恳款"、耳提面命，动之以情，晓之以理，喻之以势，他回顾了刘稹祖、父两代效忠朝廷的历史，指责了他的错误行为，分析了诸镇合围

---

　　[1]　《李商隐文编年校注》，李商隐著，刘学锴、余恕诚校注，中华书局2002年版，第341—342页。

　　[2]　丁守和等主编：《中国历代奏议大典》（下），哈尔滨出版社1994年版，第909—910页。

　　[3]　瞿兑之：《中国骈文概论》，载刘麟生等：《中国文学七论》，广西师范大学出版社2007年版，第132页。

的严峻形势，劝其弃暗投明，停止叛乱，归顺朝廷，以下是其中一段引文：

> 又计足下未必不恃太傅之好贤下士，重义轻财，吴国之钱，往往而有；梁园之客，比比而来。将倚以为墙藩，托以为羽翼，使之谋取，使以数求。细而思之，此又非计。山高则祈羊自至，泉深则沈玉自来。己立然后人归，身正然后士附。语有之曰："政乱则勇者不为斗，德薄则贤者不为谋。"故吴濞有奸而邹阳去，燕惠无德则乐生奔。晋宠大夫，卒成分国之祸；卫多君子，孰救渡河之灾？此之前车，得不深镜！[1]

李商隐以众多历史故实为论据，深入剖析顺逆向背之利害，反复阐说归顺朝廷之希冀。全文虽典故很多，但浅显易懂，运用妥帖精当，外加精巧的对句、整齐的句式以及抑扬顿挫的节奏，更增强了作品的感染力，使文章气势飞动，辞理俱壮，具有震撼人心的力量。在这里，典故已然成为文章进行说理议论的有力论据。"李义山用意深微，使事稳惬，直欲于前贤之外，另辟一奇。"[2]管世铭在《读雪山房唐诗序列》中的这番议论极为精当，点出了李商隐深厚的艺术功力。

李商隐的其他骈文虽不像《为濮阳公与刘稹书》那样全篇议论说理，但也时有精彩的片断。如《为濮阳公论皇太子表》一文旨在为皇太子李永申辩，也希望文宗不要听信杨贤妃谗言，废逐太子。因此在文中说道：

> 伏惟皇帝陛下，道冠百王，功高三古，事窥化本，谋洞几先。皇太子自正位春坊，传辉望苑，陛下旁延隽义，以赞温文，并学探泉源，气压浮竞，嗜鱼不进，求珷莫从。有王褒之献箴，无卞兰之奉赋。今纵粗乖睿旨，微嗛圣心，当以犹属妙龄，未加元服，或携徒御，时纵逸游。乐野夏储，亦常观舞，南皮魏副，屡见飞觞。陛下睿发慈仁，殷勤指教，稍逾规戒，即震威灵。虽伐木析薪，必循其理；而逝梁发筍，亦有可虞。抑臣又闻：父之于子也，有严训而无责善；君之于臣也，有掩恶而复录功。故得各务日新，并从夕改。同置于道，不伤其慈。傥犯在斯须，便遗天性；过当造次，遽抵国章。则以古以今，孰为令子？在朝在野，谁曰全臣？虚牵复之微言，

---

[1]　《李商隐文编年校注》，李商隐著，刘学锴、余恕诚校注，中华书局2002年版，第648页。

[2]　转引自郭预衡主编：《中国古代文学史长编》（隋唐五代卷），首都师范大学出版社2000年版，第418页。

失不贰之深旨。[1]

文章中先夸赞了唐文宗与皇太子李永，指出之前李永表现得体，唐文宗对李永也没有什么不满意的地方，但因为杨贤妃之诬谮，李永日渐失宠。对此，李商隐用周幽王与褒姒的典故形容。"虽伐木析薪，必循其理；而逝梁发笱，亦有可虞"两句出自《诗经·小弁》中的"无逝我梁，无发我笱。"。汉代郑玄对此的解释是："之人梁，发人笱，此必有盗鱼之罪。以言褒姒淫色来嬖于王，盗我太子母子之宠。"所以，李商隐用此典，是以褒姒喻贤妃，以宜臼喻太子，甚至可以说以幽王喻文宗，所表达的意思明白激烈而少忌讳，其回护太子的心情忠鲠而剀切。看似信手拈来的典故，与李商隐所要谈的问题恰到好处地融为一体，自然贴切地抒发着他的胸臆、表达着他的思想、强化着他的观点，真是出神入化，浑然天成。而段末直接发以议论："倘犯在斯须，便遗天性；过当造次，遽抵国章。则以古以今，孰为令子？在朝在野，谁曰全臣？"更是畅快淋漓，气势遒劲。纵观全文，逻辑严密，词义正严，体势豪宕，层折反复，而又显得疏畅磊落，气盛言浮，其议论说理给人以强烈的震撼与深刻的印象。

2. 注重感情和气势，改变骈文过分追求形式美而忽视内容充实的弊病

李商隐是个很有个性与思想的文人，他虽然深受儒家思想影响，却反对在文中只明周公、孔子之道，反对将文章单纯变为儒家仁义道德的载体，在《上崔华州书》一文中，李商隐这样说道："愚生二十五年矣。五年诵经书，七年弄笔砚。始闻长老言，学道必求古，为文必有师法，常怏怏不快。退自思曰：'夫所谓道，岂古所谓周公、孔子者独能邪？盖愚与周、孔俱身之耳。'以是有行道不系今古，直挥笔为文，不爱攘取经史，讳忌时世。百经万书，异品殊流，又岂能意分出其下哉！"[2]观念的大胆使得李商隐"突破了传统思想的束缚，明确反对文学创作上的师圣明道，而主张缘情体物、抒写性灵，更彻底、更自觉地使文学与儒家政教脱钩，而成为表现个人感情的角落、心灵世界的产物"[3]。在《献相国京兆公启一》中，李商隐开诚布公地说：

人禀五行之秀，备七情之动，必有咏叹，以通性灵。故阴惨阳舒，其途不一；安乐哀思，厥源数千。远则塘、邺、曹、齐，以扬领袖；近则苏、李、

---

[1] 《李商隐文编年校注》，李商隐著，刘学锴、余恕诚校注，中华书局 2002 年版，第 232 页。

[2] 《李商隐文编年校注》，李商隐著，刘学锴、余恕诚校注，中华书局 2002 年版，第 108 页。

[3] 张少康：《中国文学理论批评发展史》，北京大学出版社 1995 年版，第 427 页。

颜、谢，用极菁华。嘈嘈而钟鼓在悬，焕烂而锦绣入玩。刺时见志，各有取焉。[1]

人既然是万物的灵长，内心七情备具，自然会应物斯感，性灵摇荡，所以，文学的职志即在于适应人们抒写内心"七情"的需要，用适应的形式表达丰富多样的情感。李商隐的骈体公牍文就非常注重感情和气势。如其《为濮阳公与刘稹书》一篇开头几句：

> 前以肺肝，布诸简素，仰承复命，犹事枝辞。夫岂告者之不忠，抑乃听之而未审？择福莫若重，择祸莫若轻。一去不回者良时，一失不复者机事。噫嘻执事，谁与为谋？延首北风，心焉如灼。是以再陈祸福，用释危疑。言不避烦，理在易了。丁宁恳款，至于再三者，诚以某与先太傅相国，俱沐天光，并为藩后……此仆隶之所共惜，儿女之所同悲。况某拥节临戎，援旗誓众，封疆甚迩，音旨犹存。忍欲卖之以为己功，间之以开戎役？将祛未窾，欲罢不能。愿思苦口之言，以定束身之计。[2]

为劝说刘稹归顺，李商隐在书信中没有一开始就直言斥责，而是巧诉衷肠，婉表款曲，站在刘稹的立场上，设身处地地为他分析局势，严明利害。文中偶句虽多，但读来自然顺口，松散舒展，还有一点口语化色彩，且偶句之后一定以散句起承转合，进一步疏宕了文意，此外，文中"噫嘻"、"诚以"、"夫岂"、"况"等虚词，以及设问句的穿插使用，更让李商隐的情感表露无遗，文章也因此以情动人、感人至深了。对此，前人有云："商隐最善于叙宛转之情，虽取骈体之形式，而气机音节，都非常疏宕，绝无板滞之弊。比陆贽的庄严，又更觉添一番流走之美。"[3]

李商隐的骈体公牍文在陈说事理透彻详尽之外，更善于运用妍美的色泽声调，发挥情韵。对于文章外在形式美与内在思想情感的关系，李商隐有独特的见解。在审美趣味上，李商隐一反由隋至唐以来鄙薄六朝文学、提倡素雅文风的态度，转而崇尚绮丽。在《献相国京兆公启》中，他说："旧诗一百首，谨封如别。延之设问，希鲍昭之一言；何逊著名，系沈约之三读。"[4]《南史·颜延之传》中记载："延之

---

[1]　《李商隐文编年校注》，李商隐著，刘学锴、余恕诚校注，中华书局2002年版，第1911—1912页。

[2]　《李商隐文编年校注》，李商隐著，刘学锴、余恕诚校注，中华书局2002年版，第646—647页。

[3]　瞿兑之：《中国骈文概论》，载刘麟生等：《中国文学七论》，广西师范大学出版社2007年版，第163页。

[4]　《李商隐文编年校注》，李商隐著，刘学锴、余恕诚校注，中华书局2002年版，第1912页。

尝问鲍照己与灵运优劣。照曰：'谢五言如初发芙蓉，自然可爱；君诗若铺锦列绣，亦雕缋满眼。'"[1] 李商隐在文中以鲍照比"相国京兆公"，以"铺锦列绣、亦雕缋满眼"的颜诗比己诗，明确表示了自己对绮丽文辞的追求。

但李商隐的可贵之处在于，他能辩证看待辞采与内容的关系，主张以丽辞显真情。在《献侍郎巨鹿公启》中，他明确说道：

> 况属词之工，言志为最。自鲁、毛兆轨，苏、李扬声，代有遗音，时无绝响。虽古今异制，而律吕同归。我朝以来，此道尤盛。皆陷于偏巧，罕或兼材。枕石漱流，则尚于枯槁寂寥之句；攀鳞附翼，则先于骄奢艳佚之篇。推李、杜则怨刺居多，效沈、宋则绮靡为甚。[2]

在李商隐看来，优美的外在形式与丰富深刻的内在情感是互相衬托、互为表里的，好的文章既要有优美的形式，即"使事精博华丽富艳"，同时还要抒写情志，抒发内心的真情实感。在这种理论的指导下，李商隐写文章既用心又用情，力求丽辞情韵皆备。试看其《献相国京兆公启二》第一段：

> 某启：昔师旷荐音，玄鹤下舞；后夔作乐，丹凤来仪。是则师旷之丝桐，以玄鹤知妙；后夔之金石，以丹凤彰能。然而师旷之前，抚徽轸者不少；后夔之后，谐律吕者至多。曾不闻玄鹤每来，丹凤常至。岂鸣皋藻质，或有所私；巢阁灵心，不能无党？以今虑古，愚窃疑焉。
>
> 伏惟相公正始敦风，中和执德。卫玠谈道，当海内之风流；张华聚书，见天下之奇秘。自顷出持戎律，入践台司，暗合孙、吴，乃山涛馀力；自比管、乐，亦孔明戏言。斯皆尽纪朝经，全操乐职。虽鲁庭更仆，魏馆易衣，欲尽揄扬，终成漏略。而复调元气之暇，居外相之馀，偃仰缥细，留连章句，亦师旷之玄鹤，后夔之丹凤不疑矣。[3]

这一段话，奇偶并用，文采斐然，典丽清峻，深情款款，属对精工、丽辞华荣而不害文意，幽雅婉转、情意悠长而不浮靡纤弱，完美地体现了骈文所应具备的抒情功能。《四库全书简明目录》卷十五评其文曰："婉约雅饬，于唐人为别格。"[4] 是矣。

---

[1] 李延寿：《南史·颜延之传》（卷三十四），中华书局 1975 年版，第 881 页。

[2] 《李商隐文编年校注》，李商隐著，刘学锴、余恕诚校注，中华书局 2002 年版，第 1188 页。

[3] 《李商隐文编年校注》，李商隐著，刘学锴、余恕诚校注，中华书局 2002 年版，第 1919 页。

[4] 永瑢：《四库全书简明目录》，上海古籍出版社 1985 年版，第 603 页。

3.使事精博，属对精密，色彩艳丽，华赡典雅，真正地实现了骈体公牍文审美与实用的完美结合

陆贽对骈文进行了大刀阔斧的改革，在内容上，将骈文从写景言情为主转向了叙事说理为主；在形式上，以散带骈、少用典故、多用长句，通过这种种手法，传统的台阁体骈文从内容到形式发生了脱胎换骨的变化。但需要指出的是，为使骈体公牍文承载起经世致用、教民化世的重任，陆贽的骈体公牍文在一定程度上也牺牲了一些骈体文所固有、所特有的美学特征，即"真意笃挚，反复曲畅，不复见排偶之迹"[1]，严格来讲，陆贽所创作的骈文应该说是骈文发展过程中的一个变体。相较之下，李商隐的骈文内容充实，又遵守骈体文的体制，注重文章的形式之美，真正实现了骈体公牍文审美与实用的完美结合。下文从对偶、用典、声律、辞藻四方面简要分析。

（1）对偶是骈文最基本的要素，对偶的水平如何直接关系到骈文成就的高低。李商隐骈体公牍文中的对偶不仅形式多样，更用得精巧灵活、准确简练。如其《为濮阳公论皇太子表》一文：

> 臣闻《礼》赞元良，《易》标明两。是司匕邑，以奉宗祧。华夏式瞻，邦家大本。

> 自昔质文或异，步骤虽殊。既立之以贤，则辅之有道。北宫养德，东序承荣。务近正人，用光继体。周则周公为太傅，太公为太师；汉则疏氏二贤，商山四老。

> 内扬孝道，外尽忠规，犹在去彼嫌猜，辨其疑似。不由微细，轻致动摇。乃得守三十代之丕图，延四百年之景祚。著于史册，焕若丹青。

> 伏惟皇帝陛下，道冠百王，功高三古，事窥化本，谋洞几先。皇太子自正位春坊，传辉望苑，陛下旁延隽义，以赞温文。并学探泉源，气压浮竞，嗜鱼不进，求玦莫从。有王褒之献箴，无卞兰之奉赋。今纵粗乖睿旨，微嗛圣心，当以犹属妙龄，未加元服，或携徒御，时纵逸游。乐野夏储，亦常观舞；南皮魏副，屡见飞觞……[2]

---

[1]　瞿兑之：《中国骈文概论》，载刘麟生等：《中国文学七论》，广西师范大学出版社2007年版，第163页。

[2]　《李商隐文编年校注》，李商隐著，刘学锴、余恕诚校注，中华书局2002年版，第231—232页。

这一段话中，有言对，"既立之以贤，则辅之有道"；有事对，如"《礼》赞元良，《易》标明两"、"北宫养德，东序承荣"，其中"元良"、"明两"均指太子，"北宫"、"东序"则指太子居所；有正对，"周则周公为太傅，太公为太师；汉则疏氏二贤，商山四老"；也有反对，"有王褒之献箴，无卞兰之奏赋。"除了这几种基本的对偶方法外，还有"人名对"与"数字对"，如"王褒"对"卞兰"、"守十三代之丕图，延四百年之景祚"、"道冠百王，功高三古"等等。这些对偶形式精美工整，运用妥帖恰当，表意清晰而不显繁琐拖沓，很好地帮助了李商隐言事析理。

（2）用典是骈文的又一基本要素。《唐才子传》载："商隐工诗，为文瑰迈奇古，辞难事隐，及从楚学，俪偶长短而繁缛过之，每属缀，多检阅书册，左右鳞次，号'獭祭鱼'。"[1]说明李商隐骈文与其诗歌一样都长于用典。与陆贽一样，李商隐在骈体公牍文中的用典也是多取材经典典籍，少用冷僻之典。

如："宁韫玉而待贾，窃运甓以私劳。"[2]这句话的典故分别出自《论语·子罕》和《晋书·陶侃传》。《论语·子罕》："子贡曰：'有美玉于斯，韫匮而藏诸？求善贾而沽诸？'子曰：'沽之哉，沽之哉！吾待贾者也。'"《晋书·陶侃传》言："侃在广州，朝辄运百甓于齐外，夕运百甓于齐内，曰：'吾方致力中原，过而优游，恐不堪事。'"李商隐用短短十二个字高度概括了典事内涵，委婉而鲜明地表明了自己的上进之心。又如《为安平公兖州谢上表》中"抚躬而沾背汗下，仰恩而溢面泪流"[3]一句，用了《史记·陈丞相世家》"右丞相勃汗出沾背，愧不能对"和《列士传》"朱亥眦裂血溅"的典故。《代彭阳公遗表》中"对冠冕而始讶傥来，指坟墓而已知息处"[4]一句，化用了《庄子》"轩冕在身，非性命也；物之傥来，寄也"和《列子》中的"望其圹，睪如也，坟如也，则知所息矣"的语言等等。但因为引用的这些人物、事迹、语言都十分常见，所以即使不标明出处，仍然不影响读者对其句义的理解。

为达到语义畅达的正面效应，李商隐也常常如陆贽一样，将典故当作论据使用，通过较详尽的叙述表明自身观点与立场。如：《为汝南公以妖星见贺德音表》一文中，

[1] 傅璇琮：《唐才子传校笺》，中华书局 1990 年版，第 277 页。

[2] 《李商隐文编年校注·为安平公谢除兖海观察使表》，李商隐著，刘学锴、余恕诚校注，中华书局 2002 年版，第 41 页。

[3] 《李商隐文编年校注》，李商隐著，刘学锴、余恕诚校注，中华书局 2002 年版，第 65 页。

[4] 《李商隐文编年校注》，李商隐著，刘学锴、余恕诚校注，中华书局 2002 年版，第 142 页。

"贞观之理也，太宗文皇帝吞蝗而灾沴息；泰岱之封也，玄宗明皇帝露坐而风雨消"[1]这句话即是通过直接叙述前朝故事劝导当朝皇帝；其《代安平公华州贺圣躬痊复表》中"天，普覆也，应运而健若龙行；日，至明焉，有时而气如虹贯"[2]，更是以类似议论的方式，表明对帝王的观感，不仅生动贴切，而且准确简明，确实达到了《文心雕龙·议对》中所说的"文以辨洁为能，不以繁缛为巧；事以明核为美，不以深隐为奇"[3]的要求。

（3）沈约在《宋书·谢灵运传论》中指出："欲使宫羽相变，低昂互节，若前有浮声，则后须切响；一简之内，音韵尽殊，两句之中，轻重悉异。妙达此旨，始可言文。"[4]可见，文学创作与声律关系密切。李商隐的骈体公牍文比较严格地遵守了骈文在形式上的要求，他的骈文读来声调和谐、悦耳动听，富有音乐美。如其《献舍人河东公启》：

> 每念大汉之兴，好文为最。悦《洞箫》之制，则讽在后庭；美《子虚》之文，则恨不同世。然犹扬雄以草《玄》见诮，马卿亦用赀为郎。何宾实之纷纶，而名义之乖爽！况乎志异数子，事非当时。司寇栖栖，反叹为佞；嗇夫喋喋，谁为非贤？又安可坐荣于寒谷之中，自致于刚气之上？刻灰钥难驻，圭管无停。若使蜀臣之九考不移，汉郎之三朝莫过。人潮染鬓，带愤减围。即葛洪命屯，永处跛驴之伍；田光精竭，必为驽马所先。伊秀锐之既衰，亦铓颖之都尽。方今外无战伐，内富英贤。[5]

这一段的平仄如下：

> 仄仄仄仄平平，仄平平仄。仄仄平仄，仄仄仄仄平；仄仄平平平，仄仄中平仄。平平平平仄仄平仄，仄仄仄仄平平。平平平平平平，平平仄平平平！仄平仄仄仄仄，仄平平平平。平平平，仄仄平仄；仄平仄仄，平平平平？仄平仄仄平仄平平，仄仄平平平仄？仄仄平仄，平平平平。仄仄仄平仄平平，仄平平仄仄仄。平平平仄仄平，仄仄平平平仄。仄仄平仄平，仄仄仄平仄；平平平仄，仄平平仄仄平。平仄仄平仄平，仄

[1]　董诰等编：《全唐文》（卷七七一），中华书局1983年版，第8035页。

[2]　《李商隐文编年校注》，李商隐著，刘学锴、余恕诚校注，中华书局2002年版，第27页。

[3]　《文心雕龙注》，刘勰著，范文澜注，人民文学出版社2001年版，第438页。

[4]　沈约：《宋书》，中华书局1974年版，第1779页。

[5]　《李商隐文编年校注》，李商隐著，刘学锴、余恕诚校注，中华书局2002年版，第471—472页。

平仄平平仄。平平仄平仄仄，仄仄平平。

对偶句讲究平仄相对，对于叙事说理的文章而言，上下句间要做到字字相对非常困难，但总的来说，句尾是一定要平仄相对的。李商隐的这段文字共有 32 句，每一句的句尾都严格做到了平仄相对，并且，平起仄收和仄起平收的句子是交替出现的，这样，全文读来抑扬顿挫，徐疾有致，很有一番节奏美。

（4）"古来文章，以雕缛成体。"[1]文词优美是文章的基本要求之一。李商隐的骈体公牍文"章离造次之华，句挟惊人之艳"[2]，在藻饰方面也取得了很高的成就。他的文章铺采摛文，神采飞扬，突出体现了骈文"美文"的特征。以《为荥阳公谢赐冬衣状》一文为例：

> 臣叨蒙重寄，适控退陬。地虽五镇之冲，气得四时之正。每玄冥应律，颛顼司辰。当二日之凿冰，则殊齐野；及两楹之飞雪，无异朔山。重以䌷布少温，蛮绵乏暖，方求丽密，以御严凝。岂望司服颁衣，贵臣传诏。绫裁飞鹤，絮裹仙蚕。白分椒壁之光，紫夺兰芽之色。已均下将，仍逮连营。晏子狐裘故弊，何彰于国俭；王恭鹤氅风流，不自于君恩。被服有辉，负戴无力。[3]

从色彩而言，其文色彩鲜明，美不胜收；从形态而言，景物的描写和比拟手法的运用使其骈文生动形象，充满活力，而围绕赐冬衣一事开展的大肆铺排更使其文有一种典雅富丽之美。较之陆贽公文的庄严华贵，李商隐的这种文风更增添了一番流丽之美，也更贴切骈体文的文体特征。故而，古今文论家们对其评价都很高，在唐代就有人将之归为一种文体："元和、太和之代，李义山杰起中原，与太原温庭筠、南郡段成式皆以格韵清拔、才藻优裕为西昆三十六。"[4]现代学者也推崇备至，将李商隐推到了骈文一代宗师的高度，公认李商隐之骈文"属对精密，色彩艳丽，华赡典雅，遂为唐代骈文的集成者"[5]。

[1] 《文心雕龙注》，刘勰著，范文澜注，人民文学出版社 2001 年版，第 725 页。

[2] 朱鹤龄：《愚庵小集》，上海古籍出版社 1979 年版，第 312 页。

[3] 《李商隐文编年校注》，李商隐著，刘学锴、余恕诚校注，中华书局 2002 年版，第 1694 页。

[4] 刘学锴等：《李商隐资料汇编》，中华书局 2001 年版，第 258 页。

[5] 郭预衡主编：《中国古代文学史长编》（隋唐五代卷），首都师范大学出版社 2000 年版，第 423 页。

第九章　陆贽对唐后骈体公牍文之影响

第一节　对宋代骈体公牍文影响

唐朝之后，陆贽的骈体公牍文仍然得到了历代文人的认可与推崇，其中表现最为突出的是宋代与清代。

"宋初由柳开、王禹偁等承传唐代韩愈、柳宗元宗经明道、重散反骈的旨趣，首倡文风复古，启开一代文风。继而欧阳修主盟文坛，曾巩、王安石、苏洵、苏轼、苏辙相继崛起，古文运动形成了高潮。他们创作了许多广布士林的名篇，确立了平易自然、婉转爽畅、叙议结合、骈散兼容的文章风格，使当时'文风一变，时人竞为模范'，促进了宋文的健康发展。"[1] 这一段话主要讲的是宋代文学在散文领域的变化与发展，但在骈文特别是骈体公牍文领域，其实也是这样一拨文人，遵循着同样的变化轨迹，而对欧阳修、曾巩、王安石等人而言，他们学习、模仿的主要对象就是陆贽。"宋人章奏，多法陆宣公奏议，宣公议论纆纆，自出机杼，易短为长，改华从实，笔文互用，工为驰骤，而宋人利其朗畅，以为楷模，飞书驰檄，其体最宜。"[2] 钱基博的这番话道出了宋人心中陆贽公牍文的地位。

一、宋代文人对陆贽的推崇

在宋代，陆贽的地位被抬得相当高。从北宋至南宋，对陆贽其人其文，文人们均推崇备至。

为倡导诗文革新、横扫唐末五代以来文坛颓靡浮艳的文风，宋初文人们已经将期待的目光投向陆贽。柳开把陆贽骈文与韩柳之文相提并论："又其言文之最者，

---

[1]　刘乃昌：《情缘理趣展妙姿——两宋文学探胜》，山东教育出版社2003年版，第4—5页。
[2]　钱基博：《骈文通义》，大华书局1934年版，第68页。

曰之韩、柳、陆也。"[1]认为两者成就都非常高。王禹偁则认为陆贽之成就已经超过所谓的韩柳元白,在《贺柴舍人新入西掖》一诗中,他写道,"好继忠州文最盛,应嫌长庆格犹卑",两相比较之下,对陆贽的赞扬崇拜之意已经非常明显,但他仍嫌不够,在自注中进一步表明:"舍人尝与予评前贤诏诰以为陆相首出,若奉天罪己诏,元白之徒可坐在庑下。"[2]对陆贽之文的推崇堪称是溢于言表。

欧阳修是宋代古文运动的领袖,是受人尊敬的"四海文章伯,三朝社稷臣"[3],在其主编的《新唐书·陆贽传》中,他不仅明确指出了陆贽骈文"可为后世法"的典范性,破例收录了陆贽的十余篇骈文,更对陆贽忠心为国却无辜被贬的命运唏嘘慨叹不已:

> 赞曰:德宗之不亡,顾不幸哉!在危难时听赞谋,及已平,追仇尽言,怫然以谗幸逐犹弃梗。至延龄辈,则宠任盘桓,不移如山,昏佞之相济也。世言赞白罢翰林,以为与君通玄兄弟争宠,窦参之死,赞漏其言,非也。夫君子小人不两进,邪谄得君则正士危,何可訾耶?观赞论谏数十百篇,讥陈时病,皆本仁义,可为后世法,炳炳如丹,帝所用才十一。唐祚不竟,惜哉! [4]

在这段话中,欧阳修直言德宗性多猜忌,进用小人,造成了陆贽的不幸命运,并明确指出了陆贽最突出也最值得后代文人学习的是他做事行文"皆本仁义",见解大胆深刻。

在宋代作家中,学习陆贽最自觉、受陆贽影响最深的是天才文人苏轼。从年轻时起,苏轼就"好贾谊、陆贽书"[5],并公开宣称"文人之盛,莫如近世,然私所敬慕者,独陆宣公一人"[6]。在任翰林学士兼侍读时,苏轼还将家中藏有的陆贽奏议的善本,缮写进呈给宋哲宗,郑重地向宋哲宗推荐陆贽的奏议。在《乞校正陆贽奏议上进札子》一文中,苏轼这样写道:"若陛下能自得师,莫若近取诸贽。夫六经三史、诸子百家,非无可观,皆足为治。但圣言幽远,末学支离,譬如山海之崇深,

[1] 柳开:《答梁拾遗改名书》,转引自祝尚书:《论宋代理学家的"新文统"》,载《文学遗产》2006年第4期。

[2] 王禹偁:《小畜集》,光绪20年福建增刻武英殿聚珍版,第16—17页。

[3] 曾巩:《曾巩集·寄致仕欧阳少师》,陈杏珍、晁继周点校,中华书局1984年版,第99页。

[4] 欧阳修、宋祁:《新唐书·陆贽传》(卷一五七),中华书局1975年版,第4932页。

[5] 脱脱等撰:《宋史·苏轼传》(卷三三八),中华书局1977年版,第10801页。

[6] 苏轼:《苏轼文集·答虔倅俞括一首》,孔凡礼点校,中华书局2004年版,第1793页。

难以一二而推择。如贽之论，开卷了然。聚古今之精英，实治乱之龟鉴。"[1] 在苏轼看来，陆贽为人好，"才本王佐，学为帝师"，器识才学也突出，其文"开卷了然，聚古今之精英，实治乱之龟鉴"。在思想内涵和社会价值方面远比"幽远"、"崇深"的经史诸子，更便于观览，更有益于治道，更切于时用。所以，不仅皇帝，天下文人都要学习陆贽之文："且欲推此学于天下，使家藏此方，人挟此药，以待世之病者，岂非仁人君子之至情也哉！"[2] 真是大胆颠覆、石破天惊之论。一直到晚年，苏轼仍好陆贽之书，并致力于它的传播。"贾谊、陆贽之学，殆不传于世。老病且死，独欲以此教子弟。"[3] 可见苏轼对陆贽之书的重视程度。

有了欧阳修、苏轼的定论在前，后来的宋朝文人们也纷纷从为人品性、学识修养、文章成就等方面评点肯定陆贽其人其文。苏洵在《上欧阳内翰第一书》中指出："陆贽之文，遣言措意，切近的当，有执事之实。"[4] 黄庭坚在《病起荆江即事十首》之七中说："文章韩杜无遗恨，草诏陆贽倾诸公。"[5] 再一次将陆贽骈文与韩文杜诗相提并论。延至南宋，文人们仍推崇陆贽之文，如南宋首任宰相李纲在《书檄志》一文中说："一应书檄之作，皆当以陆宣公为法。"[6] 朱熹在《朱子语录》中具体分析道："陆宣公奏议极好看。这人极会议论，事理委曲说尽，更无渗漏。虽至小底事，被他处置得亦无不尽。如后面所说二税之弊，极佳。"[7] 均是明证。对此，清代刘大櫆说得更具体直白："宣公止敷陈条达明白，足动人主之听，故欧、苏咸效其体。"[8] 一语道出了陆贽之文与宋朝文人公牍文之间的传承关系。

值得一提的是，因为推崇陆贽，宋朝文人在品评他人的政事与文章时，常将陆贽之文作为参照系，作为评价的楷模与标准。如对于欧阳修，不止一人指出他的奏疏类文章在谋篇布局上效法陆贽之文。苏轼在《六一居士集序》中说得确切："欧阳子论大道似韩愈，论事似陆贽，记事似司马迁。"并强调："此非余言也，天下

---

[1]　苏轼：《苏轼文集·乞校正陆贽奏议上进札子》，孔凡礼点校，中华书局2004年版，第1012页。

[2]　苏轼：《答虔倅俞括一首》，载苏轼：《苏轼文集》，孔凡礼点校，中华书局2004年版，第1793页。

[3]　苏轼：《苏轼文集·与王庠书》，孔凡礼点校，中华书局2004年版，第1422页。

[4]　苏洵：《苏洵集》，邱少华点校，中国书店2000年版，第111页。

[5]　黄庭坚：《山谷集》（卷七），吉林出版集团2005年版，第306页。

[6]　李纲：《李纲全集》，王瑞明点校，岳麓书社2004年版，第1309页。

[7]　黎靖德编：《朱子语类》，王星贤点校，中华书局1986年版，第3248页。

[8]　高步瀛：《唐宋文举要》，上海古籍出版社1982年版，第1083页。

之言也。"[1]苏洵在《上欧阳内翰第一书》中的分析具体而微:"李翱之文,其味黯然而长,其光油然而幽,俯仰揖让,有执事之态;陆贽之文,遣言措意,切近的当,有执事之实。"[2]直言欧阳修文章委婉曲折、容与闲易的风格得力于李翱、陆贽。陆贽对宋代文人的影响可见一斑。

北宋古文家们尚且高度评价和自觉认同骈文大家陆贽,南宋骈文大家们就更不例外了。汪藻是南宋四六文的最高代表之一。《四库全书总目》评价其文:"藻文章淹雅,为南渡词臣之冠,论者谓其著作得体,足以感动人心,实为辞令之极则。其代言之文如《隆佑太后手书》《建炎德音诏》皆明白洞达,曲当情事。诏令所被,无不凄愤激发,天下传诵,以比陆贽。"[3]周必大为南宋初文人孙觌所作《鸿庆居士集序》时也说:"公轶群迈往,赋才独异;而复天假之年,磨淬锻炼,重之以湖山之助,名章隽语,少而成,壮而盈,晚而愈精。靖康时为执法词臣,其章疏、制诰、表奏往往如陆敬舆,明辩骏发。"[4]

除了谋篇布局外,宋朝文人还常常引用、化用陆贽文中的语言,王安石就是典型例子。孙梅《四六丛话》卷九中载:"陆宣公随德宗自奉天还阙,兴元元年下悔过制书曰:'失守宗祧,越在草莽。不念率德,诚莫追于既往;永言思咎,期有复于将来。'明征其文以示天下。其后荆公罢相守金陵,谢上表末云:'经体赞无,废任莫追于既往;承流宣化,收功尚冀于将来。'用宣公语意,乃知文章师承未有无从来者也。"[5]可见,陆贽奏议对宋朝作家的深刻影响。

二、推崇的原因:在文道关系上有完全一致的认同

宋朝文人为何如此推崇肯定陆贽其人其文,笔者认为,最重要最关键的缘由在于陆贽与宋代文人在文道关系上有完全一致的认同。因为在文章领域,宋代文人成就最高、影响最为深远的无疑是"唐宋八大家"中的欧阳修、"三苏"父子、曾巩、王安石,为了论述的方便,下文将主要以这六人为例。

前文已经讲过,在唐王朝风雨飘摇之际,作为一个饱读诗书、以儒家思想为安身立命之本的文人,陆贽对文章的理解就是要传承儒家思想,通过对儒家思想的遵

[1] 苏轼:《苏轼文集·六一居士集叙》,孔凡礼点校,中华书局2004年版,第316页。

[2] 苏洵:《苏洵集》,邱少华点校,中国书店2000年版,第111页。

[3] 永瑢等撰:《四库全书总目提要》,中华书局1997年版,第2094页。

[4] 孙觌:《鸿庆居士集》,景印文渊阁四库全书本,(台湾)商务印书馆1983年版,第1页。

[5] 孙梅:《四六丛话》(卷九),载杨家骆主编:《中国学术名著第三辑·中国文学名著第四集》,(台北)世界书局1984年版。

循与宣扬，达到经世致用、教民化世的政治功用。无独有偶，宋代文人对文章内涵与功用的理解与陆贽完全一致。

晚唐五代的大乱给宋朝文人敲响了警钟，以天下为己任的士大夫们为防止"礼崩乐坏"的局面再度出现，再一次祭出了儒学的大旗。他们批判地继承自先秦至汉唐以来的儒家文化传统，再三提倡"古道"。如一代文宗欧阳修说："君子之于学也务为道，为道必求知古，知古明道，而后履之以身，施之于事，而又见于文章而发之，以信后世。其道，周公、孔子、孟轲之徒常履而行者是也。"[1] 接续由周公下传至孟子之道统的志向坚定不移。致力于社会改革的政治家王安石言："欲传道义心虽壮，学作文章力已穷。他日若能窥孟子，终身何敢望韩公！"[2] 孔孟之道传承者的角色意识清晰明确。

孔孟之道既已成为宋朝文人立身处世的基本价值标准，在写作文章时，自然就要传承、体现儒家之"道"。在他们看来，好的文章必须有益于社会，能直接为政治改革服务，成为改革的快当工具和锋利武器。苏轼说："儒者之病，多空文而少实用。贾谊、陆贽之学，殆不传于世。"[3] 一代醇儒曾巩，说得更是直白："至治之极，教化既成，道德同而风俗一，言理者虽异人殊世，未尝不同其指。何则？理当故无二也。是以《诗》《书》之文，自唐虞以来，至秦鲁之际，其相去千馀载，其作者非一人，至于其间尝更衰乱，然学者尚蒙馀泽，虽其文数万，而其所发明，更相表里，如一人之说，不知时世之远，作者之众也。呜呼！上下之间，渐磨陶冶，至于如此，岂非盛哉！"[4] 在曾巩眼中，文章与教化、治乱密切相连，并且教化为本，治乱为用，由此，儒道与文章的关系发挥到了极致。

从宣扬儒家之道、协助皇帝治理天下的立足点出发，宋代文人在道统统序中确立了自我独立的主体精神，并衍生形成了两种相关的价值取向：一是对国家天下的责任意识；二是对道德人格的自觉追求。因为前者，北宋文人普遍具有强烈的社会关怀意识和批判现实的意识，以"古道"来衡量、对照现实，文人们"极陈古今治

---

[1]　欧阳修：《与张秀才棐第二书》，载欧阳修：《欧阳修全集·居士外集》（卷六十七），李逸安点校，中华书局2001年版，第978页。

[2]　王安石：《王文公文集·奉酬永叔见赠》（卷五十五），唐武标校，上海人民出版社1974年版，第620页。

[3]　苏轼：《苏轼文集·与王庠书》，孔凡礼点校，中华书局2004年版，第1422页。

[4]　曾巩：《曾巩集·王子直文集序》，陈杏珍、晁继周点校，中华书局2004年版，第197页。

乱成败，以指切当世，贤愚善恶，是是非非，无所忌讳"[1]。总体来说，"朝廷庶事，微有过差，则上自公卿大夫，下及郡县小吏，皆得尽言极谏，无所讳忌，其议论不已，则至于举国之士，咸出死力而争之"[2]。具体而言，范仲淹担任小小的秘阁校理时便直言上书，批评刘太后独揽朝政，请刘太后还政于仁宗，即使因此被贬也无怨无悔；石介"著《唐鉴》以戒奸臣、宦官、宫女，指切当时，无所讳忌"[3]，在《原乱》一文中，更对当时社会的横征暴敛、后妃干政、宦官专权等现实之"乱"做了尖锐批判，具有极强的现实指向性。即使是天灾，北宋文人评介时也往往和君王统治贤明与否挂起钩来。如仁宗天圣年间(1023—1032)，各地水旱蝗灾，黄河决口于滑州(今属河南)。太常博士谢绛即上疏指陈时弊："按《洪范》、京房《易传》，皆以为简祭祀。逆天时，则水不顺下；政令逆时，水失其性，则坏国邑，伤稼穑；专事者如诛罚绝理，则大水杀人；欲德不用，兹谓张厥灾荒；上下皆蔽，兹谓隔其咎旱。天道指类示戒。"[4]他建议仁宗下诏引咎自责，并实施仁政，让百姓能休养生息。仁宗嘉纳其言，方才罢休。对此，郭预衡分析道："北宋之初的论道之文，和南宋以下的某些理学家的语录之文并不相同。实际上，北宋初年，文人论道也即是论政；其所谓道，实即指统治思想。"[5]应该看到，是传统文化所承载的强烈的使命感和担道意识，赋予了北宋文人针砭时弊、直言谠论的热情和勇气。而这，又何尝不是陆贽舍身为君、安身为道，"上不负天子，下不负吾所学。不恤其他"[6]的精神动力之源呢。

在对国家社会指陈时弊的同时，北宋文人也非常注重修身和完善个人名节。"在儒家士人看来，只有自身人格达到理想境界，他们才能够担负起建构文化话语体系并进而规范社会、压迫君权的历史重任。宋代士人最重修身，对理想人格境界梦寐以求，其主要目的之一就是使自身拥有完满充溢的人格力量，以便足以承担重新安排社会价值秩序之重任。"[7]欧阳修对士人"名节"之提倡即为典型。他明确宣称，

[1] 欧阳修：《欧阳修全集·徂徕石先生墓志铭》，李逸安点校，中华书局2001年版，第506页。

[2] 赵汝愚：《皇朝名臣奏议·自序》，转引自马端临：《文献通考·经籍考》(卷七十六)，景印文渊阁四库全书本，(台湾)商务印书馆1983年版，第1000页。

[3] 脱脱等撰：《宋史·石介传》(列传第一九一)，中华书局1977年版，第12834页。

[4] 冯琦：《宋史纪事本末》(卷二)"天圣灾议"，商务印书馆1936年版，第53页。

[5] 郭预衡：《北宋文章的两个特征》，载《历代散文研究》，山西人民出版社1986年版，第244页。

[6] 刘昫：《旧唐书·陆贽传》(卷一三九)，中华书局1975年版，第3817页。

[7] 李春青：《宋学与宋代文化》，北京师范大学出版社2001年版，第142页。

自己"所守者道义，所行者忠信，所惜者名节"[1]。而"所谓名节之士，知廉耻，修礼让，不利于苟得，不牵于苟随，而惟义之所处。白刃之威有所不避，折枝之易有所不为，而惟义之所守。其立于朝廷，进退举止皆可以为天下法也"[2]。在欧阳修看来，唯有如此，才能不"俯仰徇时"，在纷纭的社会生活中始终保持士人的尊严，才能将自己所学坚定地付诸实践，而不会希世苟合以致"忘本趋末，流而不返"[3]。比较陆贽和欧阳修，两者有太多的相似之处。

（1）他们所处环境相似，均处在王朝由盛转衰的关键时期；他们为官都清正廉明，陆贽不收下官或同僚赠送的任何礼物，欧阳修也坚拒淮南转运使吕绍宁进献的十万"羡馀"之钱；他们均有仁政爱民之心，提出了很多很好的改革政治的建议，主张减轻赋税，实行宽简之政；更难得的在于，他们立身行事以道义为准则，决不苟且，明明知道自己的直言肯定会得罪皇帝，对自己仕途不利，但仍坚持正义，陆贽因痛斥裴延龄而被贬忠州，欧阳修因为范仲淹辩护得罪当权者而被贬为夷陵令……当现实政治波云诡谲，仕宦生涯升沉起落，他们均超越了一己之得失荣辱，以道德自信来超越不幸，稀释不平，完美体现了儒家理想中的知识分子形象。

（2）对文道关系的相同见解，还使欧阳修、苏轼等与陆贽一样，都能以包容超脱的眼光看待骈散之争。他们早年间都创作了不少纯正意义上的骈文且成就颇高："欧阳文忠公早工偶俪之文，故试于国学、南省，皆为天下第一。"[4]"本朝四六，以欧公为第一，苏、王次之。"[5]他们提倡古文却并不一概排斥骈文，如欧阳修曾明确宣称："俪偶之文，苟合于理，未必为非，故不是此而非彼也。"[6]苏轼也以辩证客观的态度评价自己和时人的骈文作品："凡文字，少小时须令气象峥嵘，采色绚烂，渐老渐熟乃造平淡；其实不是平淡，绚烂之极也。汝只见爷伯而今平淡，一向只学此样，何不取旧日应举时文字看，高下抑扬，如龙蛇捉不住，当且学此。"[7]而在《邵茂诚诗集叙》中苏轼更肯定友人的成就："其文清和妙丽如晋、宋间人。"[8]相反，

---

[1]　欧阳修：《欧阳修全集·朋党论》，李逸安点校，中华书局 2001 年版，第 297 页。

[2]　欧阳修：《欧阳修全集·论包拯除三司使上书》，李逸安点校，中华书局 2001 年版，第 1692 页。

[3]　欧阳修：《欧阳修全集·答祖择之书》，李逸安点校，中华书局 2001 年版，第 1009 页。

[4]　邵伯温：《邵氏闻见录》（卷十五），中华书局 1983 年版，第 166 页。

[5]　吴子良：《荆溪林下偶谈》（卷二），丛书集成初编本，商务印书馆 1936 年版，第 18 页。

[6]　欧阳修：《欧阳修全集·论尹师鲁墓志》，李逸安点校，中华书局 2001 年版，第 1046 页。

[7]　苏轼：《苏轼文集·与二郎侄一首》，孔凡礼点校，中华书局 2004 年版，第 2523 页。

[8]　苏轼：《苏轼文集》，孔凡礼点校，中华书局 2004 年版，第 320 页。

针对六朝骈文存在的浮华繁缛等缺点，欧阳修等将古文之法引入骈文创作中，对骈文进行了积极的改造："国初大夫例能四六，然用散语语故事尔……欧阳少师以文体为对属，又善叙事，不用故事陈言而文益高。"[1]在骈体文中融入古文体制，少用故事及陈言，欧阳修、苏轼等的努力开创了宋代骈文的新格局，使骈文一扫西昆体浮靡堆砌之风，形成了一种内容形式兼顾、情辞双美、文质彬彬的文学形式，即后人所谓"宋四六"。从文体学的角度而言，这种文体的源头在陆贽，但相较于陆贽，欧阳修、苏轼等人对骈文的改造更为积极主动，更富于一种文学的自觉精神。

三、正实切事、明晰峻切的文风：内在精神气质的影响

宋代舆论政策相对开明，鼓励士大夫敢言直谏。赵匡胤在太庙寝殿夹室立碑，其中有一条告诫嗣位太子："不得杀士大夫及上书言事人。"并说："子孙有渝此誓者，天必殛之。"[2]"其后历朝嗣君遵从'祖宗家法'，大体上保留了比较自由的建言议政的风气。"[3]

在这种政治氛围中，宋朝文人形成了强烈的自我意识和社会使命感，拥有饱满的与宋王朝"共治天下"的热忱。他们"开口揽时事，议论争煌煌"[4]，反映在奏议中，首先就是如陆贽般勇于任事、忠言敢谏。范仲淹忠直敢谏，得罪权贵也在所不惜，乃至于政治生涯三起三落；欧阳修"天资刚劲，见义勇为，虽机阱在前，发之不顾"[5]，即使已在贬官任上，仍不平则鸣，冒死上《论杜衍范仲淹等罢政事状》，为因"新政"被贬的范仲淹等辩诬，批评皇帝远贤臣近小人；苏轼怀抱着儒家辅君治国、经世济民的政治理想，一生虽饱经忧患，历尽坎坷，但始终不忘国事，关心民瘼。如熙宁二年 (1069)，宋神宗为了个人的奢欲，下令减价收购浙灯，苏轼当即上呈奏状《谏买浙灯状》，指斥神宗以个人耳目不急之玩，夺百姓口体必用之资；王安石敢作敢为，直言无畏，向宋仁宗上万言书，对当时朝廷的官制、科举以及奢靡无节的颓败风气做了深刻的揭露……他们深沉的忧患意识、救时的理想、敢言的风节，与陆贽一脉相承。

在奏议内容上，北宋文人也与陆贽一样切中时病、不为空言。如有宋一朝，积

---

[1] 陈师道：《后山诗话》，载何文焕：《历代诗话》（上），中华书局2004年版，第310页。

[2] 周辉：《清波杂志》（卷一）"祖宗家法"，载《清波杂志校注》，刘永翔校注，中华书局1994年版，第15—18页。

[3] 刘乃昌：《情缘理趣展妙姿——两宋文学探胜》，山东教育出版社2003年版，第9页。

[4] 欧阳修：《欧阳修全集·镇阳读书》，李逸安点校，中华书局2001年版，第35页。

[5] 脱脱等撰：《宋史》，中华书局1977年版，第10380页。

贫积弱，开国君主重文轻武的统治策略使宋朝军事能力软弱，在官兵、战阵、后勤及防御工事等各方面都颇多弊端。对此，欧阳修在《论军中选将札子》中说：

> 臣伏见国家自西鄙用兵，累经败失。京师劲卒，多在征行；禁卫诸军，全然寡少；又无将帅，以备爪牙。方今为国计者，但务外忧夷狄，专意边陲……臣亦历考前世有国之君，多于无事之际，恃安忘危，……然未有于用兵之时而反忘武备如今日者。[1]

文章一针见血地指出了北宋王朝忽视武备建设、缺兵少将的严酷事实，在对国防担忧的同时，更将批判的矛头直指最高统治者。

导致宋朝积贫积弱的一大原因就是"冗费"。元丰三年（1080），曾巩连上《议经费札子》和《再议经费札子》，对"冗费"进行立论，分析现象，探讨原因，提出了"以节用为理财之要"的对策，受到了宋神宗的激赏，认为"世之言理财者，未有及此"[2]。

王安石开展了轰轰烈烈的改革，但由于用人不当，也因为操之过急，带来了一些不好的影响与后果。针对当时的朝政局面，苏轼认为变法有必要，但应循序渐进，不要急躁冒进，所以在《上皇帝书》中，他针对这一点说："陛下生知之性，天纵文武，不患不明，不患不勤，不患不断，但患求治太速，进人太锐，听言太广。"[3]直言宋神宗太过急于求成，恳请神宗静下心来，细心观察，徐徐图之。因为议论贴切，即使是逆耳之言，神宗也欣然接受，表示一定深思熟虑，认真改过。对此文，后人评价很高，明代茅坤评价："指陈利害似贾谊，明切事情似陆贽。"[4]清人刘大櫆更是称许道："虽自宣公奏议来，而笔力雄伟，抒词高朗，宣公不及也。"[5]可见，在陆贽的影响下，苏轼之文确实做到了缘事而发、切中进弊。

出于统治稳固长久的需要，宋朝统治者摆出了虚心纳谏的姿态，但君主毕竟是君主，君要臣死，臣不得不死，是封建专制社会君臣关系的实质。所以，北宋文人虽常在具体的行文中深刻地揭露时弊，但剖析事理婉切周详，论证结构完整严密，力求以理服人。这与陆贽骈体奏议的特色也非常相近。如欧阳修的《论任人之体不

---

[1]　欧阳修：《欧阳修全集·论军中选将札子》，李逸安点校，中华书局2001年版，第1520页。

[2]　曾巩：《曾巩集·再议经费札子》，陈杏珍、晁继周点校，中华书局1984年版，第456页。

[3]　苏轼：《苏轼文集》，孔凡礼点校，中华书局2004年版，第741—742页。

[4]　高步瀛：《唐宋文举要》，上海古籍出版社1982年版，第1083页。

[5]　高步瀛：《唐宋文举要》，上海古籍出版社1982年版，第1083页。

可疑札子》：

> 臣近见淮南按察使邵饰奏，为体量知润州席平为政不治及不教阅兵士等，朝廷以饰为未足信，又下提刑司再行体量。
>
> 臣窃以转运、提刑俱领按察，然朝廷寄任重者为转运，其次乃提刑尔。今寄任重者言事反不信，又质于其次者而决疑，臣不知邵饰为人才与不才，可信与不可信。如不才不可信，则一路数十州事岂宜委之？若果才而可信，又何疑焉？又不知为提刑者，其才与饰优劣如何？若才过于饰，尚可取信。万一不才，于饰见事相背，却言席平为才，邵饰合有罔上之罪矣。若反以罪饰，臣料朝廷必不肯行。若舍饰与席平俱不问，则善恶不辨，是非不分。况席平曾作台官，立朝无状，只令制勘，亦不能了，寻为御史中丞，以不才奏罢。朝廷两府而下，谁不识平？其才与不才，人人尽知，何必更令提刑体量，然后为定。今外议皆言执政大臣托以审慎为名，其实不肯主事而当怨，须待言事者再三陈述，使被黜者知大臣迫于言者不得已而行，只图怨不归己。苟诚如此，岂有念民疾苦、澄清官吏之意哉？若无此意，是好疑不决，则尤是朝廷任人之失……[1]

首段简单介绍事情原委后迅速转入分析。欧阳修首先提出了自己对朝廷此举的疑问："不知邵饰为人才与不才，可信与不可信。"接下来，笔分二路，通过假设判断与二难推理指出了朝廷此举的第一个矛盾——衡量人才标准不明，反问句的使用让欧阳修的态度显露无疑。但这只是浅显的分析，随后，欧阳修使用连词"又"将议论转入到了更深一层——提刑与邵饰的才能优劣是取信的关键。同样是通过假设判断与二难推理，朝廷此举的第二处矛盾"善恶不辨，是非不分"不言而自明。行文至此，读者已经产生了极大的兴趣，产生矛盾的原因何在呢？由此，欧阳修才顺势而为，一语点破了矛盾的根源，这也是欧阳修写作此文的根本用意："好疑不决，则尤是朝廷任人之失"。

从论证方法与技巧来看，这篇文章环环相扣，节节相生，如藕抽丝，如笋剥壳，绵密的理性分析使道理讲得透辟清晰，文意虽然几度闪转腾挪，但"又"、"若"、"则"等连词的运用使各层之间衔接自然、简易容与，批判的锋芒虽然直指朝廷，但反问句、假设判断与二难推理的大量使用又使该文婉转委折，事理周备严密，结论水到渠成，

---

[1]　欧阳修：《欧阳修全集》，李逸安点校，中华书局2001年版，第1608—1609页。

顺理成章。意见即使尖锐，听者也不会有抵触反感之情。

多种论证手法的运用让北宋文人的公牍文具有强大的逻辑说服力，但他们也时常如陆贽一样，不为空言，用数据说话，试比较以下两段文字：

今京畿之内，每田一亩，官税五升，而私家收租，殆有亩至一石者，是二十倍于官税也。降及中等，租犹半之，是十倍于官税也。夫以土地王者之所有，耕稼农夫之所为，而兼并之徒，居然受利。官取其一，私取其十，稽人安得足食，公廪安得广储，风俗安得不贪，财货安得不壅！

昔之为理者，所以明制度而谨经界，岂虚设哉！斯道浸亡，为日已久，顿欲修整，行之实难，革弊化人，事当有渐。望令百官集议，参酌古今之宜，凡所占田，约为条限，裁减租价，务利贫人。法贵必行，不在深刻，裕其制以便俗，严其令以惩违。微损有余，稍优不足。损不失富，优可赈穷。此乃古者安富恤穷之善经，不可舍也。[1]

——其六《论兼并之家私敛重于公税》

方今制禄，大抵皆薄。自非朝廷侍从之列，食口稍众，未有不兼农商之利而能充其养者也。其下州县之吏，一月所得，多者钱八九千，少者四五千，以守选、待除、守阙通之，盖六七年而后得三年之禄，计一月所得，乃实不能四五千，少者乃实不能及三四千而已。虽厮养之给，不窘于此矣，而其养生、丧死、婚姻、葬送之事，皆当出于此。夫出中人之上者，虽穷而不失为君子；出中人以下者，虽泰而不失为小人。唯中人不然，穷则为小人，泰则为君子。计天下之士，出中人之上下者，千百而无十一，穷而为小人，泰而为君子者，则天下皆是也。[2]

事实胜于雄辩，数据是最好的说明。这两段文字没有太多的说理技巧，只有朴素的叙述、冷静的说理，但确凿的数据增强了文章持论的鲜明性和信服力，文章也因此显得理性十足了。

四、平易自然的艺术风格：外在结构技法的传承

北宋初年，土地兼并日剧，各种社会矛盾日益暴露，政治斗争日趋尖锐，一些

---

[1]　陆贽：《陆贽集·均节赋税恤百姓六条》，王素点校，中华书局2006年版，第768—769页。

[2]　王安石：《王文公文集·上皇帝万言书》，唐武标校，上海人民出版社1974年版，第8页。

开明的中下层士大夫文人主张革除社会弊病，要求文学反映现实。为了实现政道与文道的统一，以欧阳修为领袖的文人们掀起了轰轰烈烈的诗文革新运动，反映在文章领域，则是反对绮靡流荡的西昆体，倡导内容上紧密结合现实、风格上平易自然的古文。流韵所及，他们的新体骈文也具有明显的平易风格。

他们的骈体公牍文骈散相间，娓娓而谈。试看如欧阳修的《亳州乞致仕第二表》：

> 今乃苦于衰病，莫自支持，顾难冒于宠荣，始欲收于骸骨，敢期圣念，过轸天慈，谓虽迫于桑榆，未忍弃于草莽。窃以古今之制，沿袭不同。盖由两汉而来，虽处三公之贵，每上还于印绶，多自驾于车辕，朝去朝廷，暮归田里，一辞高爵，遂列编民。岂如至治之朝，深笃爱贤之意；每示隆恩之典，以劝知止之人。故虽有还政之名，而仍享终身之禄。固已不类昔时之士，无殊居位之荣。然则在臣素心，虽切退休之志；迹臣所乞，尚虞侥幸之讥。[1]

这段文字虽然句式整齐，以四字、六字为主，但仔细读来，却不似传统骈文。从对偶而言，并非两句一对，而是一句一事，且句与句之间或是事理的逻辑关系，或是时间发展的逻辑顺序，叙事因此明白流畅，在骈体的外表下蕴含着生动流走的散文之气。从用典来说，辞官归田对古代文人是常事，应有很多典故可以用，但这段文字却基本上没用典故，即使是举例两汉以来的制度，也不厌其烦，做了充分的解释。欧阳修曾称赞苏轼的骈体文不"多用古人语，及广引故事，以衒博学"，夸赞其"以四六述叙，委曲精尽，不减古人"[2]。从此段文字来看，他自己的骈体公牍文又何尝不是如此呢。

在辞藻方面，该文用语简洁明了、平易明白，无险怪奇涩、尖新深僻之语。至于声律，除"劝"、"有"、"在臣"三处不协外，整体上都是和谐的音节，显得纡徐婉转。对偶也比较工整，但因为多用虚字勾勒而构成流水对，文气流转，意脉贯通，而不复见排偶之迹。总之，骈文的布局、古文的气势，形成了该文骈文散化的鲜明特色。对此，施懿超在《宋四六论稿》中说："欧阳修的四六文和他的古文同样地婉曲动人，四六文的婉曲其实也可以看作是骈散结合的最佳产物，是运散于

---

[1]　欧阳修：《欧阳修全集》，李逸安点校，中华书局 2001 年版，第 1390 页。

[2]　欧阳修：《欧阳修全集·试笔·苏氏四六》，李逸安点校，中华书局 2001 年版，第 1983 页。

骈的结果。"[1] 而在后代，该文既"被明王志坚《四六法海》和清彭元瑞《宋四六选》两部四六文选选中，作为四六篇目。但同时，又被明茅坤《唐宋八大家文抄》(表启部分)和清张伯行《唐宋八大家文抄》两本有代表性的古文文选选中，作为古文入选"[2]，可见欧阳修骈文散化的创作实绩。

其实，以上所分析的都是些外在之"散"，相比陆贽，宋代文人骈体散化的精髓在于以古文之气行骈体之文，试看苏洵《贺欧阳枢密启》：

伏审光奉帝诏，入持国枢，士民欢哗，朝野响动。恭惟国家所以设枢密之任，乃是天下未能忘威武之防。虽号百岁之承平，未尝一日而无事。兵不可去，职为最难，任文教则损国威，专武事则害民政。

伏自近岁，屡更大臣，皆由省府而来，以答勋劳之旧。一历二府，遂超百官。既无践足之求，仅若息肩之所。自闻此命，欣贺实深。盖因物议之所归，以慰民心之大望。伏惟某官一时之杰，举代所推。经世之文，服膺已久；致君之略，至老不衰。顾惟平昔起于小官，曷尝须臾忘于当世。以为天下之未大治，盖自贤者之在下风。自今而言，夫复何难。愿因千载之遇，一新四海之瞻！

洵受恩至深，为喜宜倍。尝谓未死之际，无由知王道之大行，不意临老之年，犹及见君子之得位。阻以在外，阙于至门，仰祈高明，俯赐亮察。[3]

文章不长，只有三段。第一段表明观点，即只有文武并重、协调才能有效治理国家；第二段在新旧比较中肯定欧阳修有文有武，文武兼备，是枢密副使的合适人选；第三段则在祝贺之余，表达了对国家选任官员合宜的欣喜之情。相比苏轼、苏辙一味赞誉欧阳修文武兼略的贺启而言，这篇文章文意看似多重，其实彼此脉理相通，都源自苏洵对国事之关切牵挂。这种以一种精神统领、各个片段相对独立的创作手法多见于唐宋古文家，如方苞就曾评价韩愈《张中丞传》"截然五段，不用勾连，而神气流注，章法浑成"[4]。可见宋代骈体公牍文改革与由唐至宋古文运动之间密切的关系。

[1]　施懿超：《宋四六论稿》，上海古籍出版社 2005 年版，第 31 页。

[2]　蔡业共：《欧阳修与骈文散化运动》，载《肇庆学院学报》第 28 卷第 3 期。

[3]　《嘉佑集笺注》，苏洵著，曾枣庄、金成礼笺注，上海古籍出版社 2001 年版，第 478 页。

[4]　方苞：《张中丞传》文后评语，载高步瀛：《唐宋文举要》(甲编卷二)，上海古籍出版社 1982 年版，第 172 页。

也正是为了革新诗文、传道明心，宋朝文人的骈体公牍文不用浮靡轻艳之词，只以平淡浅易的文字析事论理，倾吐心曲。如曾巩的《奏乞回避吕升卿状》：

> 右，臣伏奉敕命，就差权知洪州军州事，充江南西路兵马都钤辖，已发来赴任次。今睹吕升卿授江西转运副使，伏缘臣先任齐州，得替后，吕升卿为京东路察访，于齐州多端非理，求臣过失，赖臣无可捃拾。兼臣弟布与吕惠卿又有嫌隙，二事皆中外共知。今升卿任江西监司，洪州在其统属，须至陈乞回避，伏乞指挥检会。臣先奏乞移洪州，或宣州，或东南一般州郡。臣为母亲见在饶州，迤逦前去饶州，伺候朝旨。[1]

这篇奏议没有用华词丽句，也没有旁征博引，短短几句，既将自己与吕升卿的瓜葛交代得清清楚楚，也将自己的要求表达得明白合理，可谓明白坦易。

为了叙事说理更为清楚明了，他们也常如陆贽一样，在奏议中打比方、举例子，特别是在议论时，以生动形象的比喻出之。试看以下文字：

> 故喻君为舟，喻人为水。水能载舟，亦能覆舟。舟即君道，水即人情。舟顺水之道乃浮，违则没；君得人之情乃固，失则危。[2]
>
> 譬如乘轻车，驭骏马，冒险夜行，而仆夫又从后鞭之，岂不殆哉！臣愿陛下解辔秣马，以须东方之明，而徐行于九轨之道，甚未晚也。[3]

高步瀛说过："善言事者，每于最难明之处，设譬喻以明之，东坡诗文皆以此擅长。"[4]前者陆贽以水舟关系比拟君民关系，后者苏轼以骏马夜行比喻新政改革要缓缓而行，均是生动而贴切。而在《上神宗皇帝书》中，苏轼更是以一连串的譬喻形容君民关系：

> 人心之于人主也，如木之有根，如灯之有膏，如鱼之有水，如农夫之有田，如商贾之有财。木无根则槁，灯无膏则灭，鱼无水则死，农夫无田则饥，商贾无财则贫，人主失人心则亡。[5]

[1] 曾巩：《曾巩集》，陈杏珍、晁继周点校，中华书局1984年版，第479页。

[2] 陆贽：《陆贽集·奉天论前所答奏未施行状》，王素点校，中华书局2006年版，第373页。

[3] 苏轼：《苏轼文集·拟进士对御试策》，孔凡礼点校，中华书局2004年版，第304页。

[4] 高步瀛：《唐宋文举要》，上海古籍出版社1982年版，第1036页。

[5] 苏轼：《苏轼文集》，孔凡礼点校，中华书局2004年版，第730页。

清代汪中评价此文时直言："篇中凡议论譬喻引证，纯用双行，是陆宣公奏议体。"[1] 可见，苏轼公牍文沿袭陆贽文风已是世人共识。

陆贽奏议的显著特色就是打破骈文用典的常规，少用甚至不用典故，而出之以晓畅自然、精辟真挚的议论，这也是宋朝文人潜心效法之处。如苏辙的《乞诛窜吕惠卿状》，全文2 089个字，但除了开头119字引述汉唐史实以为佐证外，全文几乎不用典故，而出之以直接有力的议论，情感驱动之下，甚至近于诟骂：

> 夫惠卿与安石，出肺腑，托妻子，平居相结，唯恐不深，故虽欺君之言见于尺牍，不复疑问。惠卿方其无事，已一一收录，以备缓急之用。一旦争利，遂相抉擿，不遗馀力，必致之死。此犬彘之所不为，而惠卿为之，曾不愧耻。天下之士，见其在位，侧目畏之。[2]

其他如苏轼的《奏浙西灾伤第一状》《上皇帝书》《代张方评谏用兵书》《乞校正陆贽奏议进御札子》等等，都是这方面的代表作。

此外，陆贽骈体公文常用虚词突破骈俪之文句式工整的局促，疏宕文意，使之明白连贯。在宋代文人中，这已成为普遍平常的手法。如曾巩的《吏部尚书制》：

> 尚书政本，而吏部天官，所以考择人材，以成天下之务。近世既失其职，但受成事而已。今朕既正官名，且将归其属任。立法之始，推行在人。其于程能议功，定勋颁爵，当率厥属，仅循科条，非得周材，曷称兹位。某忠厚仁笃，秉义守正。列于侍从，休有令名。是用选而受之，其务将明。使朕所以作则垂宪，不独于今可行，方当施之后世。盖汝有称职之美，则朕有知人之明。尚其懋哉，无替厥服。[3]

开头四句中就用了"而"、"所以"、"以"三个虚词，接下来四句又连续用了"既"、"但"、"既"、"且"四个虚词，通过这些虚词的应用，该段文字虽然字数上工整，但句与句之间没有形成严密的对仗，文气变得疏朗，意脉变得清晰，字里行间自有一种从容不迫的气度，语言也因此而平易自然了。

总而言之，宋朝文人为人学陆贽，为文也效法陆贽，通过对陆贽之文的学习与发挥，宋朝的四六文与古文都步入到了新的境界，在文学史上留下了重要的一页。

---

[1] 高步瀛：《唐宋文举要》，上海古籍出版社1982年版，第1036页。

[2] 苏辙：《苏辙集·栾城集》（卷三十八），中华书局出版社1999年版，第676页。

[3] 曾巩：《曾巩集》，陈杏珍、晁继周点校，中华书局1984年版，第375页。

第二节　对清代骈体公牍文之影响

在欧阳修、苏轼等文人的努力下，韩愈、柳宗元发起的古文运动取得了极大的成功。文坛上，以散行为主的古文逐渐成为文章的正宗，骈文失去了原有的地位，即使是欧阳修等确立的宋代四六文，也随着时局的变化，格调愈卑，实用面越来越窄。元、明两代，骈文几乎沦为科第策论专用之物，创作大多佻巧卑冗，极少佳作。入清之后，随着文人学者对亡明的深刻反思、对经世致用文学思想的强调以及封建专制统治的再次强化，清朝的文章创作盛况空前，骈文创作也迎来了中兴局面。

清代骈文名家有陈维崧、毛奇龄、胡天游、汪中等人，但从骈体公牍文的角度而言，成就最突出的无疑是清代中兴名臣曾国藩，故而，本部分主要以曾国藩为例，探析清朝骈体公牍文对陆贽骈体公牍文的继承与发展。

作为中国近代史上重要的历史人物，曾国藩宦海沉浮数十年，封侯拜相，位极人臣，为"同治中兴"打下坚定基石。同时，身为"一代鸿儒"，他笔耕不辍，一生所上奏疏数以千计。对陆贽，曾国藩也是推崇敬佩的：

> 古今奏议推贾长沙、陆宣公、苏文忠三人为超前绝后，余谓长沙明于利害，宣公明于义理，文忠明于人情。[1]

如果放宽到整个骈文领域，曾国藩的评价更高：

> 骈体文为大雅所羞称，以其不能发挥精义，并恐以芜累伤其气也。陆公则无一句不对，无一字不谐平仄，无一联不调马蹄。而义理之精，足以比隆濂、洛，亦堪方驾韩苏。退之本为陆公所取士，子瞻奏议，终身效法宣公，而公之剖析事理，精当不移，则非韩所能及。文章之道，以气象光明俊伟为最难而可贵：如久雨初晴，登高山而望广野；如楼俯大江，独坐明窗净几之下，而可以远眺；如英雄侠士裼裘而来，决无龌龊猥鄙之态。此三者皆光明俊伟之象，文中有此气象者，大抵得于天授，不尽关乎学术。

---

[1]　曾国藩：《曾文正公（国藩）全集》（卷九），王启原编辑，（台北）文海出版社 1984 年版，第 17862—17863 页。

自孟子、韩子而外，此气象最多。[1]

在曾国藩看来，陆贽的骈文有难能可贵的"光明俊伟之象"，而从古至今，唯有孟子、韩子能与之匹敌。这样的骈体公牍文作家自然是他学习效仿的榜样了。

从文学的角度而言，曾国藩对陆贽骈体公牍文创作方向的继承与发展在于：一反对尊道贬文，主张文道俱至。二革除门户之见，提出了"古文之道与骈体相通"的理论。在注重切合实际、丰富内容的同时，他把骈文与辞赋的写作经验引入公牍文的创作中，注意修辞与声调的运用，注重辞藻的优美雅洁，从而使其骈体公牍文实现了内容与形式的双美。三提出"情"与"理"结合，倡导"自然之文"。

一、反对尊道贬文，主张文道俱至

文道关系是中国传统文论中的核心概念之一，从前文的论述中可知，古文与骈文抗衡较量的关键点就在于是否"文以载道"，在多大程度上实现了"文以载道"。曾国藩作为深受儒家思想影响的士大夫，作为"桐城派"的重要一员，无疑是主张积极入世、强调经世致用的。在读《刘向极谏外家封事》时，曾国藩说："余尤好刘子政忠爱之忱，若有所甚不得已于中者，足以贯三光而通神明。是故识精而不炫，气盛而不矜……宅心平实，指事确凿，皆本忠爱二字，弥纶周浃而出。"[2]本着这股忠爱之情，曾国藩对清朝君主朝廷忠心耿耿，于文，他多次上书指出清王朝弊病之所在。如咸丰初，广西兵事起，在"寇氛益炽"的背景下，曾国藩即在奏疏中直言："国用不足，兵伍不精，二者为天下大患。于岁入常额处，诚不可别求搜刮之术，增一分则民受一分之害。至岁出之数，兵饷为巨，绿营兵额六十四万，常虚六七万以资给军用……自古开国之初，兵少而国强，其后兵愈多则力愈弱，饷愈多则国愈贫。应请皇上注意将才，但使七十一镇中有十馀镇足为心腹，则缓急可恃矣。"[3]不仅道出了面对起义军，清廷节节败退的根本原因，还提出了切实可行的对策措施。于武，在清王朝风雨飘摇之际，他投笔从戎，一手创办湘军，镇压太平天国起义，转战湘鄂赣皖诸省，挽狂澜于既倒，为朝廷收复湘潭、岳州、武昌、汉阳、蕲州、九江、景德镇等军事重镇立下汗马功劳，为当时的政权稳定、人民安宁、社会进步建立了不朽功业。此时对情感、辞藻等文学外在形式，曾国藩的态度是轻蔑的，他强调在

---

[1]　曾国藩：《鸣原堂论文》，清同治 12 年王定安刻本，第 1 页。

[2]　曾国藩：《曾国藩全集》，岳麓书社 1995 年版，第 498 页。

[3]　转引自赵尔巽等：《清史稿·曾国藩传》（卷四〇五），中华书局 1977 年版，第 11907—11908 页。

文中宣扬"周情孔思",乃至于认为"为文者要窥得此四字,乃为知本,外此皆为枝叶耳"[1],认为"但于孝弟上用功,不于诗文上用工,则诗文不期进而自进矣"[2]。

但 1840 年鸦片战争的爆发让曾国藩逐渐改变了观点。面对中国沦为半殖民地半封建社会这一前所未有的社会危机,他发现,传统的儒家社会理想,儒家思想中的教义、理学和教化等已经难以应对,时代需要的是以儒学为中心,将理学、礼学、经济、汉学、西学、诸子学等各种传统学术资源充分调动起来所形成的新的治世武器。在《劝学篇示直隶士子》文中,曾国藩提出了他的见解:

> 为学之术有四:曰义理,曰考据,曰辞章,曰经济。义理者,在孔门为德行之科,今世目为宋学者也。考据者,在孔门为文学之科,今世目为汉学者也。辞章者,在孔门为言语之科,从古艺文及今世制义诗赋皆是也。经济者,在孔门为政事之科,前代典礼、政书,及当世掌故皆是也。[3]

由此,所谓的"义理"再不是原桐城派空虚的玄谈,而是上与圣门四科、下与现实政治社会紧密相连,文学创作也因此走上了一条"明理习道修身济世"、文道一统的道路。

文学既然已经成为改良社会的重要方式和手段,就再不能像以往一样只注重内在道德的传承,反而更需要讲究词章,因为只有义正辞雅的文章,才能更好地宣传封建道统,发挥文学维护封建统治的政治作用。在《致刘孟容书》中,曾国藩这样说道:

> 盖仆早不自立,自庚子以来,稍事学问,涉猎于前明、本朝诸大儒之书,而不克辨其得失。闻此间有工为古文诗者,就而审之,乃桐城姚郏中鼎之绪论,其言诚有可取。于是取司马迁、班固、杜甫、韩愈、欧阳修、曾巩、王安石及方苞之作,悉心而读之,其他六代之能诗者,及李白、苏轼、黄庭坚之徒,亦皆泛其流而究其归,然后知古之知道者,未有不明于文字者也。能文而不能知道者,或有矣,乌有知道而不明文者乎?[4]

显然,在曾国藩看来,文学固然要载道,但却不能直接用作载道的工具,只有

---

[1] 曾国藩:《曾国藩全集·日记》(一),岳麓书社 1987 年版,第 593 页。

[2] 曾国藩:《曾国藩全集·家书·致澄弟沅弟季弟》(一),岳麓书社 1985 年版,第 68 页。

[3] 曾国藩:《曾国藩全集·诗文》,岳麓书社 1986 年版,第 442 页。

[4] 曾国藩:《曾国藩全集·书信》,岳麓书社 1986 年版,第 5 页。

文道并存，才能在实现自身充分发展的基础上发挥文学的社会功能。

为此，他揶揄讽刺那些主张崇道贬文的人："今世雕虫小夫，即溺于声律绘藻之末，而稍知道者，只谓读圣贤书以明其道，不当究文字。是犹论观人者当观其心所载之理，不当观其耳目言动血气之末也，不也诬乎？舍血气无以观心理，则知舍文字无以知人之道。"明确表示："于诸儒崇道贬文之说，尤不敢雷同而苟随。"[1]而好的文学作品应做到内容与形式双修双美：

> 徒有真意而无文饰以将之，则真意亦无所托以出，《礼》所谓无文不行也。余生平不讲文饰，到处行不动，近来大悟前非。[2]

怎样才能言而有文呢？曾国藩倡导多向前人学习，"转益多师是汝师"：

> 国藩以为欲着字之古，宜研究《尔雅》、《说文》、小学、训诂之书，故尝好观近人王氏、段氏之说；欲造句之古，宜仿效《汉书》、《文选》，而后可贬俗而裁伪；欲分段之古，宜熟读班、马、韩、欧之作，审其行气之短长，自然之节奏；欲谋篇之古，则群经诸子以至近世百家，莫不各有匠心，以成章法。如人之有肢体，室之有结构，衣之有要领。大抵以力去陈言、戛戛独造为始事，以声调铿锵、包蕴不尽为终事。[3]

只有在着字、造句、谋篇、声调四方面广泛向前人学习，潜心琢磨，才能成就蔚然天下之文，发挥文学经世致用的社会实用功能。

曾国藩的作品突出体现了这些要求，试比较其《道光三十年应诏陈言疏》与陆贽的《请许台省长官举荐属吏状》：

> 臣窃惟用人行政二者，自古皆相提并论，独至我朝，则凡百庶政，皆已著有成宪。既备既详，未可轻议。今日所当讲求者，惟在用人一端者。方今人才不乏，欲作育而激扬之，端赖我皇上之妙用，大抵有转移之道，何也？我朝列圣为政，大抵因时俗之过而矫之，使就于中。顺治之时疮痍初复，民志未定，故圣祖继之以宽。康熙之末，久安而更驰，刑措而民偷，故世宗救之以严。乾隆、嘉庆之初，人向才华，士骛高远，故大行皇帝敛

---

[1]　曾国藩：《曾国藩全集·书信》，岳麓书社1986年版，第8页。

[2]　曾国藩：《致沅弟》，咸丰八年正月十四日，载《曾国藩全集·家书》(一)，岳麓书社1985年版，第367页。

[3]　曾国藩：《曾国藩全集·书信》，岳麓书社1986年版，第1971页。

之以镇静，以变其浮辞。[1]

　　夫理道之急，在于得人，而知人之难，圣哲所病。听其言则未保其行，求其行则或遗其才。校劳考则巧伪繁兴，而贞方之人罕进；徇声华则趋竞弥长，而沉退之士莫升。自非素与交亲，备详本末，探其志行，阅其器能，然后守道藏用者可得而知，沽名饰貌者不容其伪。故孔子云："视其所以，观其所由，察其所安，人焉廋哉！"夫欲观视而察之，固非一朝一夕之所能也。是以前代有乡里举选之法，长吏辟署之制，所以明历试，广旁求，敦行能，息驰骛也。

　　昔周以伯冏为太仆，命之曰："慎柬乃寮，罔以巧言、令色、便僻、侧媚；其惟吉士！"是则古之王朝，但命其大官，而大官得自柬寮属之明验也。汉朝务求多士，其选不唯公府辟召而已。又有父任兄任，皆得为郎，选入之初，杂居三署，台省有阙，即用补之。是则古之郎官，皆以任举充选，此其明验也。[2]

　　从观点而言，曾国藩之文直指"今日所当讲者，惟在用人一端耳"，提出应根据时局的变化，施行"转移之道"，选拔、培养更多人才。陆贽之文明确提出"理道之急，在于得人"，并提出应宽容待人，以培养奖劝的方法让更多优秀人才脱颖而出，两人的看法是非常一致的。从论述技巧而言，两文都采用了议古论今的方法，叙事精简凝练，逻辑紧密严整，举例贴切适合，议论有为而发，字里行间更流淌着对国事的忧心耿切之情，可见曾国藩对陆贽之文的学习与借鉴。而"从上面对曾国藩的文道思想的分析，可以看到曾国藩并没有重复死守桐城文论，而是适应了时代对文学的需要，采取了开放兼通的方略，对桐城派古文理论做了丰富、发展，在'文''道'关系上，既主张经世济民，又强调美感怡情，使古文有了新的活力和魅力。因此，曾国藩不愧是'桐城派古文的中兴大将'"[3]。

二、革除门户之见，提出了"古文之道与骈体相通"的理论

　　从早期独以理学、文学为支撑，到中年后主张汉宋融合，将"经济、义理、考据、

---

[1]　曾国藩：《曾文正奏议·道光三十年应诏陈言疏》，同治刊本，第7—8页。

[2]　陆贽：《陆贽集·请许台省长官举荐属吏状》，王素点校，中华书局2006年版，第536—537页。

[3]　胡适：《五十年来之中国文学》，（台北）远流出版公司1986年，第65页。

辞章"汇于一炉，曾国藩的思想框架表现出一种扩展与整合的总体趋势。以这种包容开阔的眼界，曾国藩也跳出了骈散不容的藩篱，明确提出了"古文之道与骈体相通"的见解。在《送周荇农南归序》一文中，他说：

> 天地之数，以奇而生，以偶而成。一则生两，两则还归于一。一奇一偶，互为其用，是以无息焉。物无独，必有对……故曰一奇一偶者，天地之用也。文字之道，何独不然？六籍尚已，自汉以来，为文者莫善于司马迁。迁之文，其积句也皆奇，而义必相辅，气不孤伸，彼有偶焉者存焉。[1]

从哲学角度而言，骈散不仅存在而且互相转换，"互为其用"；从学史上看，即使是后世文人最为推崇的司马迁之文，也是骈散相间、奇偶互用的。故而，对待骈散，大可不必非要争个高下主次，而应调和折中、不废一家。

在曾国藩的家书日记中，这种对于文学史上骈散相融、和谐共处的状态的描述更为清晰：

> 偶思古文之道与骈体相通。由徐、庾而进于任、沈，由任、沈而进于潘、陆，由潘、陆而进于左思，由左思而进于班、张，由班、张而进于卿、云，韩退之之文比卿、云更高一格。解学韩文，即可窥六经之间奥矣。[2]

所以，即使是写作古文，也应学习优秀骈文作品，取其长处。曾国藩自己写古文是直取魏晋辞赋，借其藻丽俳语，兼重骈散："尔于古人之文，若能从江、鲍、徐、庾四人之圆步步上溯，直窥卿、云、马、韩四人之圆，即无不可读之古书矣，即无不可通之经史矣。"[3]教育子弟也不例外："欲明古文，须略看《文选》及姚姬传之《古文辞类纂》二书……盖孟坚于典雅瑰玮之文，无一字不甄采。"[4]相应的，公文的写作也应如此。在骈散相通的思想指引下，曾国藩将骈文与辞赋的写作经验引入公牍文的创作中，注意修辞与声调的运用，注重辞藻的优美雅洁，从而使其公牍文实现了内容与形式的双美。如其《应诏陈言疏》中对所谓"转移之道"的论述：

> 所谓转移之道，何也？我朝列圣为政，大抵因时俗之过而矫之，使就于中。顺治之时，疮痍初复，民志未定，故圣祖继之以宽。康熙之末，久

---

[1]　曾国藩：《曾国藩诗文集》，上海古籍出版社2005年版，第166—167页。

[2]　曾国藩：《曾国藩全集·日记》，岳麓书社1987年版，第474—475页。

[3]　曾国藩：《曾国藩全集》，中国华侨出版社2003年版，第643页。

[4]　曾国藩：《曾国藩全集·家书》，岳麓书社1985年版，第331页。

安而吏弛，刑措而民偷，故世宗救之以严。乾隆、嘉庆之际，人尚才华，士鹜高远，故大行皇帝敛之以镇静，以变其浮夸之习。一时人才循循规矩准绳之中，无有敢才智自雄，锋芒自逞者。然有守者多，而有猷有为者，渐觉其少。大率以畏葸为慎，以柔靡为恭。以臣观之，京官之办事通病有二：曰退缩，曰琐屑。外官之办事通病有二：曰敷衍，曰颟顸。退缩者，同官互推，不肯任怨，动辄请旨，不肯任咎是也。琐屑者，利析锱铢，不顾大体，察及秋毫，不见舆薪是也。敷衍者，装头盖面，但计目前剜肉补疮，不问明日是也。颟顸者，外面完全，而中已溃烂，章奏粉饰，而语无归宿是也。有此四者，习俗相沿，但求苟安无过，不求振作有为。将来一有艰巨，国家必有乏才之患。[1]

这段文字以骈句为主，从字数而言，除常见的四四对、六六对外，文中尚有四六隔句对、四五对、五五对、七七对等，从分布来说，有句内对，也有隔句对，种类可谓丰富多样。在大量运用骈句的同时，曾国藩也很注意运用虚字或散句以转承文意，疏宕文气，对句让全文有回环往复之美，散句则添灵动活泼之妙，全文也因此一扫骈文板滞之弊。从表现手法来看，有设问，有排比，有比喻，文章因此读来跌宕起伏，字里行间自有一股流畅豪放之气。从辞藻来说，全文纯用书面语，但又声调和谐，音韵铿锵，极富于表现力。"文正之文虽由姬传入手，后益探源扬、马，专宗退之，奇偶错综，而偶多于奇。复字单谊，杂侧相间。厚集其气，使声彩炳焕，而夐焉有声。"[2]而从文学史上而言，也正因为曾国藩的取道辞赋、骈散兼重，才使桐城派走出了故步自封的壁垒，以新的活力回到了文坛的中心位置。

三、提出"情"与"理"结合，倡导"自然之文"

有清一代，桐城派在文坛地位显赫，被誉为文坛正宗，影响长达两三百年之久，但因为内容上死守程朱的"义理"之说，专注解说考据之事，创作方法上法则繁细，禁忌颇多，延至晚清，这种故纸堆里做学问的文论主张既不符合当时统治者的意愿，又不能反映危机四伏的社会现实，已经不再适应时代发展的需要。为了救治桐城派

---

[1] 转引自马啸、李芳：《试论曾国藩的"转移人才"之道》，载《兰州教育学院学报》2002年第4期。

[2] 转引自郭延礼：《曾国藩与桐城派的"中兴"》，载《社会科学辑刊》1988年第6期。

之弊，曾国藩提出了情理结合、创作"自然之文"的思路：

> 窃闻古之文，初无所谓法也。《易》、《书》、《诗》、《仪礼》、《春秋》诸经，其体势声色曾无一字相袭，即周秦诸子，亦各自成体。持此衡彼，昼然若金玉与卉木之不同类，是乌有所谓法者。后人本不能文，强取古人所造而模拟之，于是有合有离，而法不法名焉。若其不侯摹拟，人心各具自然之文，约有二端：曰理，曰情。二者人人之所固有，就吾所知之理，而笔诸书而传诸世，称吾爱恶悲愉之情，而缀辞以达之，若剖肺肝而陈简策，斯皆自然之文。性情敦厚者，类能为之，而浅深工拙，则相去十百千万而未始有极。自群经而外，百家著述，率有偏胜。以理胜者，多阐幽造极之语，而其弊或激宕失中；以情胜者，多悱恻感人之言，而其弊常丰缛而寡实。[1]

在曾国藩看来，好的创作首先要突破陈规，发乎真情，表达个人所思所感，反过来说，只要有自得之理，有真挚之情，写出来的文字即使"率有偏胜"，也是值得肯定的好文章。这种观点是对桐城文论的反驳甚至颠覆，体现了对文学独立价值的肯定。

这种肯定反映在文体上，是要根据各个文体的本质特征，选择合适贴切的风格。对于奏疏，曾国藩认为，写作的基本要求是做到"明白显豁"：

> 奏议以明白显豁，人人易晓为要。后世读此文者，疑其称名甚古，其用字甚雅，若仓卒不能解者，不知在汉时乃人人共称之名，人人惯用之字，即人人所能解也。即以称名而论，其称淮南、济北如今日称端华、肃顺也，其称匈奴如今日称英吉利也……由此等以类推则当日通称之名，通用之字，断无不共谕者，然则居今日而讲求奏章亦用今日通用之字可矣。[2]

为了达到明白显豁，奏疏在文字上就不能奇难险怪，而应"用今日通用之字可矣"。特别是同治三年春与沈葆桢争夺江西牙厘得失各半，受人微词后，曾国藩更改变以往尚有的学习六朝文采的主张，而将平淡质实作为奏疏写作的最高目标。他提炼了奏疏"典、显、浅"的三字创作原则：

---

[1]　曾国藩：《曾国藩诗文集·湖南文征序》，上海古籍出版社 2005 年版，第 411—412 页。

[2]　曾国藩：《曾文正公（国藩）全集》（卷九），王启原编辑，（台北）文海出版社 1984 年版，第 17536—17537 页。

奏疏总以明显为要，时文家有典、显、浅三字诀，奏疏能备此三字则尽善矣。典字最难，必熟于前史之事迹，并熟于本朝之掌故，乃可言典。至显、浅二字，则多本于天授，虽有博学多闻之士，而下笔不能显豁者多矣，浅字与雅字相背，白香山诗务令老妪皆解，而细求之，皆雅饬而不失之率，吾尝谓奏疏能如白诗之浅，则远近易于传播而君上亦易感动。[1]

纵观曾国藩的奏疏，大多是明白显豁如话，《病难速痊请开各缺仍留军中效力折》即为典型例子：

臣不善骑马，未能身临前敌，亲自督阵。又行军过于迟钝，十馀年来，但知结硬寨、打呆仗，从未用一奇谋，施一方略制敌于意计之外。此臣之所短也。臣昔于诸将来谒，无不立时接见，谆谆训诲，上劝忠勤以报国，下戒骚扰以保民。别后则寄书告诫，颇有师弟督课之象，其馀银米子药，搬运远近，亦必计算时日，妥为代谋，从不诳以虚语。各将士谅臣苦衷，颇有家人父子之情。此臣昔日之微长也。臣病势日重，惮于见客，即见亦不能多言，岂复能殷殷教诲？不以亲笔信函答诸将者已年馀矣，近则代拟之信稿亦难核改，稍长之公牍皆难细阅。是臣昔日之长者，今已尽失其长；而用兵拙钝，剿粤匪或尚可幸胜，剿捻实大不相宜，昔之所短，今则愈形其短。[2]

同治五年，曾国藩剿捻欠效，一时之间，朝廷上下一片责难之声。在这种情况下，曾国藩以病难速痊为由，请求开缺谢职。在军务棘手之时，上下责望之际，功臣开口要辞职，本难措辞，稍有不慎即给人脱干系、甩担子之嫌。但此奏态度平和谦虚，行文波澜不惊，特别是语言，浅显平实，如口语般娓娓道来，读罢全文，曾国藩权位所在、重责所归的惕然与不平没有显露出一丝半毫，为国为君、任劳任怨、死而后已的忠爱之情反而显露无疑。事实上，曾国藩对此文也很满意，认为"无一语不平实，无一字不谨慎"[3]，将之列为平实谨慎的范例赠予友人。

总之，作为晚清文坛大家，曾国藩的奏疏创作，思想忠爱笃诚，气象光明俊伟，

[1] 曾国藩：《曾文正公（国藩）全集》（卷九），王启原编辑，（台北）文海出版社1984年版，第17864页。

[2] 曾国藩：《曾国藩全集》，岳麓书社1995年版，第5395—5396页。

[3] 曾国藩：《曾国藩全集》，岳麓书社1995年版，第6050页。

语言明白显豁，佐证了朱光潜关于文章"实用性与艺术性不是互相排斥，而是相辅相成"[1]的论断。这其中，有曾国藩的天赋与努力使然，也离不开陆贽等前辈文人的熏陶与指引。前文引用了曾国藩评价陆贽之语："古今奏议推贾长沙、陆宣公、苏文忠三人为超前绝后。余谓长沙明于利害，宣公明于义理，文忠明于人情。"紧随着的就是："吾辈陈言之道，纵不能兼明此三者，亦须有一二端明达深透，庶无格格不吐之态。"[2]这也可以理解为曾国藩学习、效仿陆贽等人写作奏议的宣言吧。

---

[1]　张啸虎：《中国政论文学史稿》，武汉出版社 1992 年版，第 19 页。

[2]　曾国藩：《曾文正公（国藩）全集》（卷九），王启原编辑，（台北）文海出版社 1984 年版，第 17863 页。

结　语

　　由隋至唐，沿袭六朝文风的骈体公牍文一直饱受批评，但陆贽的骈体公牍文却不但免于此劫，还备受推崇与赞誉，很大程度上在于其思想与创作取得的成绩。事实上，面对中唐乱世，要真正发挥文学经世致用的功能，单纯地以文载道或弃骈文写古文，都不是有效的解决之道。陆贽作为一代名相，也正是看到了传承儒家之道与保留骈体之美之间并非势不两立，相反可以共生相融，故而从经世致用的政治目的出发，超越骈散的门户之见，从内容、结构、语言、表达方式上对传统骈文进行了大胆的改革，最终成功地赋予了骈文新的生机与活力，使之能辗转延绵，与整个封建社会的发展相始终。

　　陆贽对骈文的改造和发展与唐朝文化、政治层面中儒家之道的兴起与阐发紧紧相伴。文学自身的发展与整个学术框架的发展和架构、与伦理道德交融结合在一起，体现出了文学观念的新变。文学内部伦理的变化，也将骈文这一传统的抒情体裁推向应用的领域，它所带来的思索和启发是多方面的，带来的变化也是可喜的。

　　陆贽在文学领域的最大贡献在于，在骈文封闭自守，走进了创作的死胡同时，在骈文因外在形式上的约束，难以承载经世致用的功能而日渐衰微萎靡时，他以自己的创作实践证明了骈文也可以在抒情之外，自如地叙事、议论、说理。在保留文学本体特征的基础上实现骈文的实用功能，是陆贽骈文成功的重要原因。他的骈体公牍文数量不多，但质量极高，几乎是篇篇名作。千年以来，除了骈文家们学习膜拜外，古文家们也是赞不绝口。从小的方面来说，因为陆贽的创作，中唐骈文完成了从艺术审美到实际应用功能的转变；从大的层面而言，儒家之道与文学找到了新的结合点和表现形式，并在唐后以四六文的形式传承下去，意义重大。

　　但陆贽不仅是个文学人物，更是个文化人物。他是骈文大家，却能客观辩证地看待古文，不仅与中唐时古文家们互相尊重、交流往来，更在拔擢士子时不拘一格，选出了对中唐政坛和文坛意义深远的龙虎榜；他主张从先秦诸子等传统文化领域中汲取治世的智慧与力量，但又能根据现实的具体情况灵活调整变化，协助德宗安然度过了一个又一个政治危机……经世致用是儒家思想教导下文人们普遍的人生旨归，但如何结合时局，将之落到现实社会政治的层面，陆贽以他的经历与文章，为当世与后世的年轻文人树立了效仿的榜样。

陆贽本人所拥有的文化资本，为扩大这种效仿的广度与深度提供了有利条件。在中晚唐时期，观念上对文学性的追求与现实中对文学功利性的发掘是文人们普遍关注的命题，不同经历、不同性格气质的文人们有不同的答案。但不论是韩愈、柳宗元这样的缘道派，还是李商隐这样的缘情派，他们均能从陆贽的公文中吸取养分，丰富自己的理论创作。通过他们的努力，文学具有了更深刻的现实关怀，唐朝公文也体现出了更丰富的内容、更多样的形式。

而当我们将这种效仿放在唐宋文化转型的大背景上时，我们会发现，真正与陆贽心灵相契的是宋代文人。唐代文人热心"兼济天下"，普遍具有一股劲健豪侠之气，这种气质使他们兼容并蓄，具有开放活泼的文化精神；宋代文人注重"兼济天下"，也强调"独善其身"，更将自我人格修养的完善看作人生的至高目标，故而由唐入宋，文人的精神气质由积极、浪漫、进取、关注现实转向了内隐、含蓄、淡泊和理智，喜好的文风也由唐朝的纵情恣肆变为宋朝的理性内敛。陆贽先为翰林，后为宰辅，在辅政方面做出了杰出的成就：他辅佐君王殚心竭虑，但又能保有一份文人士大夫的独立人格与清醒认识，在道统与君统之间发生矛盾冲突时，坚决地维护道统；他洁身自好，以儒家的理念约束自己、提升自己，具有不唯圣是从、不唯经是信的独立意识；尤为可贵的是，在日常化的思维方式与行为模式上，他也体现出了与唐代时代气质不同的包容精神和高度理性化的色彩。在文学创作上，他有强烈的淑世精神，有传承传统文化的自觉意识，有着正实切事、明晰峻切的主导风格和骈散相间、晓畅自然的语言……如此种种，与宋人的喜好深度契合，自然也就是他们效仿分析的最佳样本了。从这一点而言，陆贽与宋人相隔百年，但却拥有着相同的精神世界，在唐宋文化转型的轨迹中，陆贽是不可忽视的一环。论文中所引宋人对陆贽的高度评价与赞誉，即为明证。

研究过往是为了更好地了解现在、服务将来。作为上层建筑的重要组成部分，文学与政治永远密不可分,与现实永远紧密相连。过往的文学怎样反映政治、服务现实?在瞬息万变、纷纭复杂的现实社会变动中,我们又该如何积极调动各种文化、学术的因素,促使文学健康发展,并发挥其反映现实、改造现实的功能,也是令人困惑的难题。以对过往的研究为现实提供借鉴的样本,而这,或许正是本书的研究意义所在。

主要参考文献

专著作品
（按作者姓名音序排列）

A

［清］爱新觉罗·弘历选，允禄等编：《唐宋文醇》，中国三峡出版社 1997 年版。

［清］爱新觉罗·玄烨：《御选古文渊鉴》，景印文渊阁四库全书本，（台湾）商务印书馆 1983 年版。

B

［唐］白居易：《白居易集》，顾学颉校点，中华书局 1979 年版。

［汉］班固：《汉书》，中华书局 1962 年版。

［美］包弼德：《斯文：唐宋思想的转型》，江苏人民出版社 2001 年版。

C

［汉］蔡邕：《独断》，景印文渊阁四库全书本，（台湾）商务印书馆 1983 年版。

《曹丕集校注》，［魏］曹丕著，魏宏灿校注，安徽大学出版社 2009 年版。

岑仲勉：《郎官石柱题名新考订》，上海古籍出版社 1984 年版。

柴毅龙：《尊道与贵德——中国人的价值观》，云南人民出版社 1999 年版。

陈必祥：《古代散文文体概论》，河南人民出版社 1986 年版。

陈飞：《唐代试策考述》，中华书局 2002 年版。

陈寅恪：《元白诗笺证稿》，生活·读书·新知三联书店 2001 年版。

陈寅恪：《唐代政治史述论稿》，上海古籍出版社 1997 年版。

陈引驰：《刘师培中古文学论集》，中国社会科学出版社 1997 年版。

［唐］陈子昂：《陈子昂集》，徐鹏校点，中华书局 1962 年版。

程千帆、吴新雷：《两宋文学史》，上海古籍出版社 1991 年版。

成云雷：《先秦儒家圣人与社会秩序建构》，上海古籍出版社 2007 年版。

褚斌杰：《中国古代文体概论》，北京大学出版社 2003 年版。.

［英］崔瑞德：《剑桥中国隋唐史》，中国社会科学出版社 1994 年版。

D

丁守和、陈有进等：《中国历代奏议大典》，哈尔滨出版社 1995 年版。

丁晓昌：《中国公文发展史》，苏州大学出版社 2004 年版。

［清］董诰等编：《全唐文》，中华书局 1983 年版。

董乃斌：《唐代文学史》，人民文学出版社 1995 年版。

杜维明：《儒教》，上海古籍出版社 2008 年版。

《说文解字注》，［汉］许慎撰，［清］段玉裁注，上海古籍出版社 1981 年版。

F

《文心雕龙注》，［梁］刘勰著，范文澜注，人民文学出版社 2001 年版。

［宋］范晔：《后汉书》，［唐］李贤等注，中华书局 1965 年版。

［宋］范祖禹：《唐鉴》，上海古籍出版社 1984 年版。

［唐］房玄龄等：《晋书》，中华书局 1974 年版。

冯琦：《宋史纪事本末》，商务印书馆 1936 年版。

［唐］封演：《封氏闻见记》，学苑出版社 2001 年版。

傅德岷、赖云琪：《古文观止鉴赏》，湖北辞书出版社 2007 年版。

傅绍良：《唐代谏议制度与文人》，中国社会科学出版社 2003 年版。

傅璇琮等：《翰学三书》，辽宁教育出版社 2003 年版。

傅璇琮主编：《唐才子传校笺》，中华书局 1989 年版。

傅璇琮、陶敏、李一飞：《唐五代文学编年史》，辽海出版社 1998 年版。

付兴林：《白居易散文研究》，中国社会科学出版社 2007 年版。

G

高步瀛：《唐宋文举要》，上海古籍出版社 1982 年版。

葛晓音：《诗国高潮与盛唐文化》，北京大学出版社 1998 年版。

葛兆光：《中国思想史》，复旦大学出版社 2004 年版。

郭庆藩：《庄子集释》，上海书店出版社 1996 年版。

郭绍虞：《宋诗话辑佚》，中华书局 1980 年版。

郭绍虞：《中国历代文论选》，上海古籍出版社 1979 年版。

《隋唐五代散文选注》，郭预衡主编，林邦钧选注，岳麓书社 1998 年版。

郭预衡主编：《中国古代文学史长编》（隋唐五代卷），首都师范大学出版社2000年版。

郭预衡：《中国古代文学史》，上海古籍出版社1998年版。

H

《韩愈文集汇校笺注》，韩愈著，刘真伦、岳珍笺注，中华书局2010年版。

何书置：《柳宗元研究》，岳麓书社1994年版。

何文焕：《历代诗话》，中华书局2004年版。

何焯：《义门读书记》，中华书局2006年版。

［宋］洪迈：《容斋随笔》，上海古籍出版社1978年版。

胡适：《五十年来之中国文学》，（台北）远流出版公司1986年版。

胡士明、徐树仪：《唐五代散文》，上海书店出版社2000年版。

黄均、贝远辰、叶幼明选注：《历代骈文选》，湖南文艺出版社1986年版。

黄庭坚：《山谷集》，吉林出版集团2005年版。

黄永年：《六至九世纪中国政治史》，上海书店出版社2004年版。

J

蒋伯潜、蒋祖怡：《骈文与散文》，上海书店出版社1998年版。

姜书阁：《骈文史论》，人民文学出版社1986年版。

金秬香：《骈文概论》，商务印书馆1933年版。

L

冷成金：《文学与文化的张力》，学苑出版社2002年版。

［宋］黎靖德编：《朱子语类》，王星贤点校，中华书局1986年版。

李春青：《宋学与宋代文化》，北京师范大学出版社2001年版。

李德辉：《唐代文馆制度及其与政治和文学之关系》，上海古籍出版社2006年版。

［宋］李昉等编：《文苑英华》，中华书局1982年版。

李煌明：《宋明理学中的"孔颜之乐"问题》，云南人民出版社2006年版。

［唐］李林甫等：《唐六典》，陈仲夫点校，中华书局2008年版。

《李商隐文编年校注》，［唐］李商隐著，刘学锴、余恕诚校注，中华书局2002年版。

李兆洛：《骈体文钞》，中州古籍出版社1990年版。

林纾：《春觉斋论文》，人民文学出版社1998年版。

林大志：《苏颋张说研究》，齐鲁书社2007年版。

刘德清：《欧阳修论稿》，北京师范大学出版社 1991 年版。

刘国盈：《唐代古文运动论稿》，陕西人民出版社 1984 年版。

刘后滨等：《隋唐顶级文臣》，花山文艺出版社 2007 年版。

刘后滨：《唐代中书门下体制研究》，齐鲁书社 2004 年版。

刘俊田、林松、禹克坤：《四书全译》，贵州人民出版社 1991 年版。

刘俊文：《中华传世法典：唐律疏议》，法律出版社 1999 年版。

刘麟生：《中国骈文史》，上海书店出版社 1984 年版。

刘麟生：《中国文学概论》，世界书局 1934 年版。

刘麟生：《骈文学》，商务印书馆 1934 年版。

刘麟生、方东岳等：《中国文学七论》，广西师范大学出版社 2007 年版。

刘乃昌：《情缘理趣展妙姿——两宋文学探胜》，山东教育出版社 2003 年版。

刘肃：《大唐新语》，许德楠、李鼎霞点校，中华书局 1984 年版。

《文心雕龙校释》，［梁］刘勰著，刘永济校释，中华书局 1962 年版。

刘文勇：《价值理性与中国文论》，巴蜀书社 2006 年版。

刘雨樵：《公文起源与演变》，档案出版社 1988 年版。

［后晋］刘昫：《旧唐书》，中华书局 1975 年版。

刘宣阁：《公牍文研究》，世界书店 1946 年版。

刘学锴、余恕诚、黄世中：《李商隐资料汇编》，中华书局 2001 年版。

［汉］刘熙：《释名》，景印文渊阁四库全书本，（台湾）商务印书馆 1983 年版。

［清］刘熙载：《艺概》，上海古籍出版社 1978 年版。

刘振娅：《历代奏议选注》，广西人民出版社 1993 年版。.

［唐］柳宗元：《柳宗元集》，吴文治点校，中华书局 1979 年版。

［晋］陆机：《陆机集》，金涛声点校，中华书局 1982 年版。

［唐］陆贽：《陆贽集》，王素点校，中华书局 2006 年版。

［宋］罗大经：《鹤林玉露》，王瑞来点校，中华书局 1997 年版。

罗宗强：《隋唐五代文学思想史》，中华书局 2003 年版。

罗宗强、郝世峰主编：《隋唐五代文学史》，高等教育出版社 1994 年版。

《骆临海集笺注》，［唐］骆宾王著，［清］陈熙晋笺注，中华书局 1961 年版。

骆祥发：《初唐四杰研究》，东方出版社 1993 年版。

M

马端临：《文献通考》，景印文渊阁四库全书本，（台湾）商务印书馆 1983 年版。

［德］马克斯·韦伯：《儒教与道教》，江苏人民出版社 2003 年版。

马茂军：《北宋儒学与文学》，暨南大学出版社 1999 年版。

马其昶：《韩昌黎文集校注》，上海古籍出版社 1986 年版。

马　勇：《儒学兴衰史》，广东人民出版社 1996 年版。

毛蕾：《唐代翰林学士》，社会科学文献出版社 2001 年版。

闵庚尧：《中国公文研究》，中国社会科学出版社 2000 年版。

莫道才：《骈文通论》，广西教育出版社 1994 年版。

O

［宋］欧阳修：《欧阳修全集》，李逸安点校，中华书局 2001 年版。

［宋］欧阳修、宋祁：《新唐书》，中华书局 1975 年版。

P

［清］彭定求等编：《全唐诗》，中华书局 1960 年版。

彭亚非：《中国正统文学观念》，社会科学文献出版社 2007 年版。

Q

启功：《诗文声律论稿》，中华书局 2006 年版。

钱基博：《中国文学史》，中华书局 1993 年版。

钱基博：《骈文通义》，大华书局 1934 年版。

钱钟书：《管锥编》，中华书局 1996 年版。

钱钟书：《钱钟书手稿集》，商务印书馆 2003 年版。

［唐］权德舆：《权德舆诗文集》，郭广伟校点，上海古籍出版社 2008 年版。

R

［清］阮元校刻：《十三经注疏》，中华书局影印本 1980 年版。

S

萨孟武：《中国政治思想史》，东方出版社 2008 年版。

沙红兵：《唐宋八大家骈文研究》，人民文学出版社 2008 年版。

邵伯温：《邵氏闻见录》，中华书局 1983 年版。

［清］沈曾植：《海日楼札丛》，辽宁教育出版社 1998 年版。

［梁］沈约：《宋书》，中华书局 1974 年版。

施懿超：《宋四六论稿》，上海古籍出版社 2005 年版。

〔宋〕司马光：《资治通鉴》，〔元〕胡三省音注，中华书局 1956 年版。

〔汉〕司马迁：《史记》，中州古籍出版社 1994 年版。

〔宋〕宋敏求：《唐大诏令集》，中华书局 2008 年版。

〔宋〕苏轼：《苏轼文集》，孔凡礼点校，中华书局 1986 年版。

〔宋〕苏洵：《苏洵集》，邱少华点校，中国书店 2000 年版。

《嘉佑集笺注》，〔宋〕苏洵著，曹枣庄、金成礼笺注，上海古籍出版社 2001 年版。

〔宋〕苏辙：《苏辙集》，陈宏天、高秀芳点校，中华书局 1999 年版。

孙昌武：《唐代古文运动通论》，百花文艺出版社 1984 年版。

孙昌武：《柳宗元评传》，南京大学出版社 1998 年版。

〔宋〕孙觌：《鸿庆居士集》，景印文渊阁四库全书本，（台湾）商务印书馆 1983 年版。

孙以昭、陶新民：《中国古代散文研究》，安徽大学出版社 2001 年版。

T

〔清〕汤文璐编：《诗韵合璧》，上海书店出版社 1982 年版。

童庆炳：《文体与文体的创造》，云南人民出版社 1994 年版。

〔元〕脱脱等撰：《宋史》，中华书局 1977 年版。

W

〔宋〕王安石：《王文公文集》，唐武标校定，上海人民出版社 1974 年版。

《王勃全集笺注》，〔唐〕王勃著，蒋清翊笺注，铸记书局 1943 年版。

《唐语林校证》，〔宋〕王谠撰，周勋初校证，中华书局 1997 年版。

〔宋〕王溥：《唐会要》，中华书局 1955 年版。

〔清〕王夫之：《读通鉴论》，中华书局 1975 年版。

王吉林：《君相之间——唐代宰相与政治》，中国人民大学出版社 2007 年版。

《九钥集》，王利器校录，中国社会科学出版社 1984 年版。

《文心雕龙校证》，〔梁〕刘勰著，王利器校证，上海古籍出版社 1980 年版。

《颜氏家训集解》，〔北齐〕颜之推著，王利器集解，上海古籍出版社 1982 年版。

王启心主编：《古文观止注译》，湖北人民出版社 1994 年版。

《艺概笺注》，〔清〕刘熙载著，王气中笺注，贵州人民出版社 1986 年版。

〔宋〕王若钦等编：《册府元龟》，中华书局 1960 年版。

王水照：《历代文话》，复旦大学出版社 2007 年版。

王水照：《唐宋文学论集》，齐鲁书社出版社 1984 年版。

王素：《陆贽评传》，南京大学出版社 2001 年版。

［宋］王禹偁：《小畜集》，光绪 20 年福建增刻武英殿聚珍版。

王运熙：《中古文论要义十讲》，复旦大学出版社 2004 年版。

王运熙、黄霖主编：《中国古代文学理论体系》，复旦大学出版社 2000 年版。

王忠善：《历代文人论文学》，文化艺术出版社 1985 年版。

［美］韦勒克、沃伦：《文学理论》，刘象愚译，生活·读书·新知三联书店 1984 年版。

［清］魏源：《老子本义》，上海书店出版社 1996 年版。

［唐］魏徵：《隋书》，中华书局 1973 年版。

吴承学：《中国古代文体形态研究》，中山大学出版社 2000 年版。

吴孟复：《唐宋古文八家概述》，安徽教育出版社 1985 年版。

吴讷：《文章辨体序说》，于北山点校，人民文学出版社 1962 年版。

吴文治：《韩愈资料汇编》，中华书局 1983 年版。

吴子良：《荆溪林下偶谈》，丛书集成初编本，商务印书馆 1936 年版。

X

奚彤云：《中国古代骈文批评史稿》，华东师范大学出版社 2006 年版。

［梁］萧子显：《南齐书》，中华书局 1972 年版。

《贞观政要集校》，谢保成集校，中华书局 2003 年版。

谢无量：《中国大文学史》，中州古籍出版社 1992 年版。

谢无量：《骈文指南》，中华书局 1918 年版。

辛刚国：《六朝文采理论研究》，中国社会科学出版社 2005 年版。

［宋］辛弃疾：《辛弃疾全集》，徐汉明校勘，四川文艺出版社 1996 年版。

《张九龄集校注》，熊飞校注，中华书局 2008 年版。

徐复观：《儒家思想与人文世界》，湖北人民出版社 2002 年版。

［明］徐师曾：《文体明辨序说》，罗根泽点校，人民文学出版社 1962 年版。

徐松：《登科记考》，中华书局 1984 年版。

徐望之、许同莘：《公牍通论》，上海书店 1991 年版。

徐兴华、徐尚衡、居万荣：《中国古代文体总揽》，沈阳出版社 1994 年版。

徐月芳：《苏轼奏议书牍研究》，（台湾）永华制版印刷公司 2002 年版。

许嘉璐：《古代文体常识》，北京出版社 1980 年版。

许力生：《文体风格的现代透视》，浙江大学出版社 2006 年版。

许同莘：《公牍学史》，档案出版社 1989 年版。

Y

［清］严可均校辑：《全上古三代秦汉三国六朝文》，中华书局 1999 年版。

杨伯峻：《论语译注》，中华书局 1963 年版。

杨幼炯：《中国政治思想史》，商务印书馆 1998 年版。

［唐］姚思廉：《陈书》，中华书局 1972 年版。

［宋］叶梦得：《石林避暑录话》，上海书店 1990 年版。

尹恭弘：《骈文》，人民文学出版社 1994 年版。

［清］永瑢等：《四库全书简明目录》，上海古籍出版社 1985 年版。

［清］永瑢等：《四库全书总目提要》，中华书局 1983 年版。

《世说新语笺注》，余嘉锡笺注，中华书局 1983 年版。

于景祥：《中国骈文通史》，吉林人民出版社 2002 年版。

于景祥：《唐宋骈文史》，辽宁人民出版社 1991 年版。

于景祥：《陆贽研究》，辽宁人民出版社 1998 年版。

郁贤皓：《唐刺史考全编》，安徽大学出版社 2000 年版。

袁晖、宗廷虎：《汉语修辞学史》（修订本），山西人民出版社 1995 年版。

［唐］元稹：《元稹集》，冀勤点校，中华书局 1982 年版。

云贵川陕甘宁六省广播电台编播：《中国历代文学名篇欣赏·唐宋文》，贵州人民出版社 1985 年版。

Z

［宋］曾巩：《曾巩集》，陈杏珍、晁继周点校，中华书局 1984 年版。

曾国藩：《曾文正公（国藩）全集》，王启原编辑，（台北）文海出版社 1984 年版。

曾国藩：《曾国藩诗文集》，王澄华校点，上海古籍出版社 2005 年版。

曾国藩：《曾国藩全集》，岳麓书社 1986 年版。

查屏球：《唐学与唐诗》，商务印书馆 2000 年版。

《文心雕龙义证》，詹锳义证，上海古籍出版社 1999 年版。

张岱年、方克立主编：《中国文化概论》，北京师范大学出版社 2004 年版。

张国：《中国治国思想史》，新华出版社 2002 年版。

张舜徽：《张舜徽学术文化随笔》，中国青年出版社 2001 年版。

张仁青：《中国骈文发展史》，浙江大学出版社 2009 年版。

张少康：《中国文学理论批评发展史》，北京大学出版社 1995 年版。

张啸虎：《中国政论文学史稿》，武汉出版社 1992 年版。

张毅：《文学文体概说》，中国人民大学出版社 1993 年版。

［清］张玉书等编：《佩文韵府》，清文渊阁四库全书本。

张忠刚：《唐代官职》，三秦出版社 1987 年版。

章权才：《宋明经学史》，广东人民出版社 1999 年版。

章太炎讲演：《国学概论》，曹聚仁记录，巴蜀书社 1987 年版。

赵尔巽、柯劭忞等：《清史稿》，中华书局 1977 年版。

赵望秦：《陆贽年谱》，载《古代文献研究集林》（第一集），陕西师范大学出版社 1989 年版。

［清］赵翼：《陔馀丛考》，商务印书馆 1957 年版。

［清］赵翼：《廿二史札记》，王树民校证，中华书局 1984 年版。

赵义山、李修生：《中国分体文学史 散文卷》，上海古籍出版社 2001 年版。

钟涛：《六朝骈文形式及其文化意蕴》，东方出版社 1997 年版。

周贵钿：《中国儒学讲稿》，中华书局 2008 年版。

周相录：《元稹年谱新编》，上海古籍出版社 2004 年版。

《文心雕龙注释》，周振甫注释，人民文学出版社 1981 年版。

周祖譔：《隋唐五代文论选》，人民文学出版社 2006 年版。

朱刚、刘宁主编：《欧阳修与宋代士大夫》，上海人民出版社 2007 年版。

朱光潜：《无言之美》，北京大学出版社 2005 年版。

［清］朱鹤龄：《愚庵小集》，上海古籍出版社 1979 年版。

朱日耀：《中国古代政治思想史》，吉林大学出版社 1988 年版。

［宋］朱熹：《四书章句集注》，中华书局 1983 年版。

［清］朱一新：《无邪堂答问》，吕鸿儒、张长法点校，中华书局 2000 年版。

朱子南：《中国文体学辞典》，湖南教育出版社 1988 年版。

朱自清：《经典常谈》，复旦大学出版社 2004 年版。

梓潼、谢无量：《骈文指南》，中华书局 1940 年版。

［日］佐藤一郎：《中国文章论》，上海古籍出版社 1996 年版。

期刊论文

陈德长：《陆贽骈文简论》，载《重庆师专学报》1999 年第 3 期。

陈小英：《从〈翰苑集〉看陆贽的为文之道》，载《集美大学学报》（哲学社会科学版）2010 年第 4 期。

陈正炎：《陆贽经济思想研究》，载《财经研究》1986 年第 1 期。

付琼：《韩愈"古文"中的"骈文成分"》，载《周口师范学院学报》2006 年第 3 期。

葛晓音：《盛唐"文儒"的形成和复古思潮的滥觞》，载《文学遗产》1998 年第 6 期。

郭延礼：《曾国藩与桐城派的"中兴"》，载《社会科学辑刊》1988 年第 6 期。

韩淑红：《试析陆贽"以人为本"的财政思想》，载《东北财经大学学报》2007 第 2 期。

黄清敏：《简论陆贽民本主义仁政观》，载《福州师专学报》2000 年第 5 期。

孔艳霞：《蔡邕政论散文文风特色研究》，载《学理论》2009 年第 12 期。

吕双伟：《〈四六金针〉非陈维崧撰辨》，载《中国文学研究》2006 年第 4 期。

刘绍卫：《骈文的文体语言结构的语言文化学札记》，载《柳州师专学报》2001 年第 1 期。

马克锋：《有关激进与保守的几个问题——"中国近代思想史上的保守与激进"学术研讨会发言》，载《中国社会科学院院报》2004 年 1 月 8 日。

马啸、李芳：《试论曾国藩的"转移人才"之道》，载《兰州教育学院学报》2002 年第 4 期。

马自力：《翰林学士及其活动与中唐文学》，载《国学研究》第 9 卷。

莫道才：《20 世纪前期骈文学学术发展述论》，载《东方丛刊》2000 年第 3 辑。

莫山洪：《从〈钦定四库全书总目〉看清代中叶的骈文文体观念》，载《东方丛刊》2007 年第 2 期。

沈时蓉：《试论陆贽对韩愈及唐古文运动的影响》，载《四川师范大学学报》（社会科学版）1991 年第 1 期。

谭淑娟：《唐代科举判文的政治意义及文学特质》，载《贵阳学院学报》（社会科学版），2009 年第 1 期。

王春庭：《陆贽政论艺术管窥》，载《江西师范大学学报》1993 年第 2 期。

王太阁：《论张说散文创作的"新变"》，载《郑州大学学报》（哲学社会科学版）2004 年第 4 期。

王在京：《唐代大政治家陆贽》，载《开封教育学院学报》1984 年第 2 期。

吴承学、刘湘兰：《诏令类文体（二）制书、诰、敕书》，载《古典文学知识》2008 年第 3 期。

吴永福：《散文的情与理》，载《阅读与写作》2009 年第 7 期。

徐艳：《试析袁宏道小品的语体解放及其与五四白话散文的关系》，载《复旦学报》2002 年第 3 期。

于景祥：《骈文的蜕变》，载《文学评论》2003 年第 5 期。

张安福：《唐代西域治理：多元文化融合的文化实边策略》，载《光明日报》2010 年 7 月 6 日。

郑力戎：《陆贽与唐宋古文大家》，载《文史哲》1996 年第 3 期。

祝尚书：《论宋代理学家的"新文统"》，载《文学遗产》2006 年第 4 期。

学位论文

高洁：《陆贽公文研究》，南京师范大学 2006 年硕士学位论文。

冷琳：《论隋至中唐骈体公文改革及陆贽的杰出成就》，长春理工大学 2008 年硕士学位论文。

刘京：《〈陆宣公集〉研究》，首都师范大学 2004 年硕士学位论文。

田恩铭：《陆贽与中唐文学》，陕西师范大学 2005 年硕士学位论文。

喻进芳：《论曾巩的文化品格与诗文创作》，华中师范大学 2008 年博士学位论文。

郑强：《陆贽研究》，山东师范大学 2008 年硕士学位论文。